Franz Burger (Hrsg.)

25 Jahre
Neues Groschenblatt

Zurückgeblättert

Und auf die Glaubensnot der Gegenwart gestoßen

Das Neue Groschenblatt
Wien

Gott und Sein Christus

An den Unendlichen

Urgrund Du und Quelle /
Licht und Dunkelheit /
Meer und Meereswelle /
Zeit und Ewigkeit.

Grenzenlos Begrenzter /
Wesen und Person /
Allerbarmer / Schönster /
Vater / Geist und Sohn.

Namenlos Genannter /
Weg und Wahrheit Du /
Großer / Unbekannter /
Gnade / Friede / Ruh.

               R. Romay

© DAS NEUE GROSCHENBLATT
WIEN / FREUNDORF 1995

Herstellung: LINS -Verlag, Gebhard u. Josef Lins
A-6804 Feldkirch

Auslieferung: Das Neue Groschenblatt
Staasdorfer Straße 1, A-3441 Freundorf

ISBN 3-900-378-07-X

*Gott zum Gruß,
lieber Leser, liebe Leserin!*

*Eine kleine Portion Kühnheit mag schon mit dabei gewesen sein, als
sich vor 25 Jahren "Das Neue Groschenblatt" in die wohletablierte und
-dotierte kirchliche Medienlandschaft wagte, nicht auf Hochglanz und
bunt bebildert, sondern schlicht und schmucklos, wie der einfache Mann
im Arbeitskleid. Trotzdem fand es eine weit breitere Annahme, als
Fachleute erwartet hatten. Zu groß war die Verwirrung, zu tief die
Verunsicherung im Herzen des gläubigen Volkes. War über Nacht nicht
alles anders geworden, galt denn der katholische Glaube noch? So
fragten sich viele, und wahrlich nicht die schlechtesten Katholiken.*

*Die geistliche Not war größer als manche wahrhaben wollten. Es war
der Vorsitzende des Österreichischen Pastoralinstituts, Prälat Dr. Erwin
Hesse, den das Gewissen schlug. Er ergriff die Initiative, um in der
schwierigen Situation auf breiterer Basis wenigstens eine kleine Hilfe
anzubieten. Dazu war unbedingt ein kleines, preisgünstiges Presseor-
gan notwendig. Auf der Suche nach einem solchen fiel der Blick wie von
selbst auf die "Flugschrift für Recht und Wahrheit", die unter Prälat Dr.
Josef Gorbach als "Zwei-Groschenblatt" in den Jahren vor Hitler in
Österreich so viel Gutes gewirkt hatte. Eine Handvoll Priester und Laien,
die bereit waren, um Gotteslohn auf den Damm zu steigen, war bald
gefunden. Und Gott segnete das Werk. Ohne Protektoren und Sponso-
ren erstanden, erhielt und erhält es sich auch ohne solche. Seine
einzige Stütze war und ist die Treue zum Herrn und zu Seiner heiligen
Kirche.*

*Es waren erschütternde Zeugnisse, die uns erreichten: "Wir wissen
nicht mehr, was wir glauben sollen" - "Wir können aus der Kirchenzeitung die Wahrheit nicht mehr erkennen" - "Man reißt uns aus dem
Herzen, was uns Eltern und Priester, Katecheten und Jugendführer ins
Herz gepflanzt haben" - "Wir wollen nicht protestantisch werden, wir
wollen katholisch bleiben". Der Papst klagte, korrigierte und mahnte,
aber er drang nicht durch. Klare Bischofsworte waren selten. So durfte*

3

das "Neue Groschenblatt" in dunkler Stunde wirklich vielen Verunsicherten und Suchenden zur Glaubensstütze werden und sie in der Liebe zum Papst und zur Kirche stärken.

Wenn wir heute zurückblättern, so zeigt sich, daß die Fragen und Schwierigkeiten von damals die Fragen und Schwierigkeiten von heute sind. Keines der angestoßenen Probleme ist inzwischen wirklich "gelöst" - offenbar deshalb nicht, weil sie so, wie sie die Welt und welthörige Christen "gelöst" sehen möchten, nicht gelöst werden können. Was heute Stein des Anstoßes ist, war es auch vor 25 Jahren; ja war es, wie jeder in den Geschichtsbüchern nachlesen kann, schon vor vielen hundert Jahren. Somit bleibt das auf den folgenden Seiten Gesagte aktuell wie eh und je. Manche Probleme haben sich lediglich zugespitzt und der Ton offener wie getarnter Kirchengegner ist aggressiver geworden.

Der Rückblick auf die verflossenen 25 Jahre stiller Arbeit erfüllt uns mit Freude und Dankbarkeit. Unser Dank gilt vor allem dem Allmächtigen, der allerseligsten Jungfrau und Gottesmutter Maria, dem heiligen Josef, allen Engeln und Heiligen, aber auch unseren treuen Freunden und Lesern. Ihnen ist diese Nachlese frohen und dankbaren Herzens gewidmet. Sie kann leider nur die ersten fünf bis sechs Jahre umfassen, weil das Buch sonst zu umfangreich geworden wäre. Diese genügen jedoch, die Situation zu erhellen, ein wenig Orientierung und Mut zu geben und die Freude aufleben zu lassen, katholisch zu sein. Die Kirche ist nicht am Ende, im Gegenteil. Sie wird nach bestandener Glaubensprüfung und Läuterung ihre ursprüngliche Lebenskraft wieder erlangen und hell leuchtende "Stadt auf dem Berge" sein, in der die Völker ihr Heil finden.

Freundorf, am 22. August 1995   Dr. Franz Burger
dem Festtag Maria Königin   Herausgeber

Ehre dem großen Gott

Man sagt heute, daß immer mehr Menschen den Glauben an Gott verlieren und der Einfluß der Religion auf die Menschheit im Schwinden sei. Mag das stimmen oder nicht, sicher ist, daß sich für den denkenden und die Wahrheit suchenden Menschen die Wirklichkeit Gottes auch heute aufdrängt und nur im eigentlichen Sinn des Wortes "Dumme" an Gott achtlos oder überheblich vorbeisehen können.

Kann ein vernünftiger Mensch sagen, unser Sonnensystem mit dem winzigen Pünktchen Erde, das uns geradezu ideale Lebensbedingungen schenkt, sei von selbst geworden oder das Werk eines blinden Zufalls? Woher kommt die Materie, woher der Geist, woher die Ordnung, die die ganze uns bekannte Welt beherrscht? Wenn die moderne Kultur und die Zivilisation dem Menschen heute den Zugang zur Wirklichkeit Gottes auch außerordentlich erschweren, so wird doch niemand behaupten dürfen, daß sich nicht auch - oder gerade erst recht - dem gehetzten Menschen von heute die Frage nach dem "Woher" und "Wohin" und "Wozu" - und damit nach dem letzten Grund und Sinn alles Seins und Lebens - mit gebieterischer Macht stellt.

Wer den gestirnten Himmel betrachtet, wer über seinen Blutkreislauf nachdenkt, wer um die Wellen weiß, die das Fernsehbild ins Zimmer zaubern, und um das Auge, das dieses Bildwerk aufnimmt - der ist Gott auf der Spur, auch wenn er ihn nicht zu fassen vermag. "Die heilige Mutter Kirche hält fest und lehrt, daß Gott, der Ursprung und das Ziel aller Dinge, mit dem Lichte der Vernunft aus den geschaffenen Dingen mit Sicherheit erkannt werden kann." Was das Erste Vatikanum vor hundert Jahren mit diesen Worten als unumstößliche Wahrheit verkündet hat, gewinnt in unseren Tagen zunehmend an Bedeutung.

Schon das Buch der Weisheit sagt: "Töricht sind alle Menschen, in denen keine Gotteserkenntnis ist, die nicht vermochten, aus dem sichtbaren Guten den Seienden zu erkennen, die bei der Betrachtung der Werke den Künstler nicht entdecken konnten. Denn aus der Größe und Schönheit der Geschöpfe ist vergleichsweise der Urheber zu erkennen" (13,1-9). Die Kunstgegenstände in unseren Museen werden bestaunt und die Künstler gelobt, aber der Künstler des Weltalls findet keine Anerkennung. "Sie sind unentschuldbar", urteilt Paulus über solche Menschen (Röm 1,20). Denn sie haben Gott erkannt und ihm trotzdem nicht die Ehre gegeben.

Gott auf der Spur zu bleiben, ist wichtig, aber ihm die Ehre zu geben und seine Größe zu preisen, macht erst den Sinn und Zweck des Menschenlebens aus.

W. Genge

Kein lieber alter Opa

Die Neigung, Gott einen "guten Mann" sein zu lassen, sitzt tief. "Der gefährliche Alte, von dem uns die Priester erzählen, warum sich nicht gut mit ihm stellen?" philosophiert Don Camillo in Claudel's "Seidenem Schuh". "Es kostet ja nicht viel, und er geniert uns kaum und nimmt uns so wenig Platz ein! Ein Kratzfuß, und schon ist er befriedigt. Ein wenig äußere Rücksicht, ein paar Schmeicheleien, für die ja alte Leutchen nie unempfindlich sind. Im Grunde wissen wir, daß er blind ist und ein wenig senil. Es ist gar nicht schwer, ihn auf unserer Seite zu haben und ihn auszunützen für unsere behaglichen kleinen Kombinationen..."

Vielleicht ist dieses erbärmliche Gottesbild, das hinter einer solchen Haltung steht, inzwischen da oder dort zerbrochen und einer richtigeren Vorstellung gewichen, dafür ist der Mensch aber selbstbewußter geworden und hat auf seine Freiheit pochen gelernt. Christus ist für viele einfach unser "Bruder" und Gott unser "Partner" — "theologisch eine Geschmacklosigkeit", wie Urs von Balthasar bemerkt ("man stelle sich vor: Maria als Partnerin des Heiligen Geistes!"),- was manch wackeren Christen aber nicht anficht, weil er den Menschen auch dann retten will, wenn er darüber Gott verliert.

Der alte Angelus Silesius hat es noch gewußt:
"Daß ich Gott fürchten soll und lieben,
 ist mir von Anbeginn ins Herz geschrieben."

Heute will Gott niemand mehr fürchten. (Ob man ihn lieben will, weiß ich nicht. Die Bibel und die Erfahrung sagen, daß niemand Gott wirklich liebt, der ihn nicht auch fürchtet.) Man kann sich dabei sogar auf die Schrift berufen und sagen, daß die Liebe die Furcht austreibt (1 Jo 17f). Nur müßte man dann ehrlicherweise auch dazusagen, daß dies nur die "vollendete" Liebe tut. Und daß einer, der meint, Gott nicht (mehr) fürchten zu müssen, damit behauptet, daß er diese vollendete Liebe bereits besitze.

Man darf nicht das Alte Testament gegen das Neue Testament ausspielen und sagen, dieses stünde unter dem Gesetz der Liebe, jenes unter dem Gesetz der Furcht. Auch im Alten Bund wird bereits die Liebe verkündet: "Höre, Israel! Jahwe, unser Gott, ist der einzige Jahwe! Du sollst Jahwe, deinen Gott, lieben aus deinem ganzen Herzen, aus deiner ganzen Seele und mit all deiner Kraft!" (Dt 6,4f). Und Jesus der uns sein "neues" Gebot gibt, sagt seinen FREUNDEN: "Fürchtet euch nicht vor denen, die den Leib töten, euch aber sonst nichts tun können. Ich will euch zeigen, wen ihr fürchten sollt: Fürchtet euch vor dem, der nicht nur töten kann, sondern die Macht haut, euch auch noch in die Hölle zu werfen. Ja, ich sage euch: Ihn sollt ihr fürchten" (Lk 12,4f). Ist es da ein Wunder, daß auch der Apostel, der das Hohelied der Liebe singt, seinen geliebten Philippern schreibt: "Müht euch um euer Heil mit Furcht und Zittern" (Phil 2,12)?

Nur wer in Stolz und Selbstvermessenheit sich zu Gott erhebt oder Gott zu sich herabzieht, kann den unendlichen Abstand vergessen, der den Schöpfer von seinem Geschöpf, den Erlösten von seinem Erlöser, den Sünder von seinem Richter trennt. Wir dürfen die plumpe Vertraulichkeit, die sich heute unter "Brüdern" breit macht, die durchaus nicht immer den Geist christlicher Brüderlichkeit besitzen, nicht auch auf Gott übertragen. Gott ist der Andere, der Heilige, der im unzugänglichen Lichte wohnt. Wir dürfen ihn zwar "Abba - Vater" nennen, weil Er selbst den Abgrund, der uns von Ihm trennt, in Seinem geliebten, aus der Jungfrau Mensch gewordenen Sohn überbrückt hat; wir dürfen uns darüber freuen, müssen jubeln und jauchzen, Gott loben und danken - aber wir dürfen darüber nie vergessen, wer ER ist und wer WIR sind!

Die Liebe ist das Größte, und nur die Liebe rettet uns; wir können Gott aber nur lieben, weil ER SEINEN Heiligen Geist gesandt und in unsere Herzen ausgegossen hat, weil ER uns zuerst geliebt und SEINEN geliebten Sohn für uns hingegeben und in IHM uns alles geschenkt hat. Wenn wir uns das vor Augen halten, werden wir klein werden vor dem Großen Gott. Und wenn wir dann gar noch an unsere vielen Sünden, an unsere tägliche Untreue und an die Armseligkeit unserer Gottesliebe denken, dann werden wir begreifen, daß der Mensch auf Erden nicht ganz ohne Gottesfurcht leben kann. Wir werden erkennen, daß die Furcht des Herrn der Anfang der Weisheit ist. Und eine Gabe - des Heiligen Geistes.

Gott ist nicht tot

Natürlich ist Gott nicht tot. In meinem Werk habe ich 25 Jahre täglich festgestellt, daß er bei mir war. Er hat mein Vertrauen nie enttäuscht. Er hat mir immer geholfen. Darum kann ich es nicht vertragen, daß man Gott verkleinert. Wir müssen leben nach dem Wort des Täufers: "Er muß größer, ich aber kleiner werden." Wenn im Gegenteil Gott verkleinert wird und der Mensch sich erhebt - und darin besteht die heutige Krise in der Kirche - zieht er sich zurück und überläßt die Menschen ihrer eigenen Dummheit, die sie für Klugheit halten.

Er offenbart sich nicht den Weisen und Klugen, sondern den Kleinen. Denen, die reinen Herzens sind. Den Armen im Geiste. Den Hirten von Bethlehem. Allen, die von sich selbst entleert und für ihn geöffnet sind. Er ist auch nicht im Lärm, sondern in der Stille, die mehr als bei uns im Westen in den Ländern herrscht, in denen die Kirche verfolgt wird. Er ist in den Dachkammern der Priesterarbeiter, die das Wort Gottes nicht verkünden dürfen. Er ist in den Gefängniszellen derer, die um Christi willen gefesselt sind.

Diese Stille ist keineswegs ein Zeichen des Todes. Sie ist voll übernatürlichen Lebens. Sie ist mehr wert als viel Gerede in der Kirche der freien Welt. Denn während bei uns die Seminare sich leeren, geben in Jugoslawien und Polen tausende junge Männer der Stimme Gottes Gehör, die sie zu einem Priesterleben ohne jeden materiellen Vorteil ruft. Während bei uns der Zölibat für zu schwer gehalten wird, verzichten in der Tschechoslowakei hunderte Intellektueller auf die Ehe, um sich insgeheim zum Priester weihen zu lassen. Während bei uns Gott für tot erklärt wird, ist Solschenizyn zu der Überzeugung gekommen, daß er unmöglich ohne Gott leben kann.

Gott offenbart sich vor allem in Christus, der auch jetzt noch auf Erden lebt. Er wird nicht mehr in Bethlehem geboren, sondern überall, wo Kinder hungern und in Not sind. Er flüchtet nicht mehr nach Ägypten, sondern in den freien Westen. Er ist unser Zeitgenosse. Wir begegnen ihm überall. So wie St. Martin ihm begegnete. Der ritt auf seinem Pferd. Ein Bettler bat ihm um ein Almosen. Martin hatte kein Geld mehr. Er nahm seinen Mantel, schnitt ihn entzwei und gab die Hälfte dem Armen. Die Hälfte. Und dieser Arme war Christus. Jeder Arme ist Christus, der Sohn Gottes. Ja, Gott ist uns sehr nahe!   P. Werenfried van Straaten

Wieder in Gottes Namen

In Gottes Namen stand man auf. In Gottes Namen legte man sich nieder. In Gottes Namen ging man aus dem Haus und an die Arbeit. in Gottes Namen ins neue Jahr. Man wußte, daß man Gott nötig hatte. Der alte Kalenderspruch galt:

"Im Namen Gottes + fange an!   dank ihm auch fürs Mißgeschick!
In ihm ist alles wohlgetan.   Es wird in seinen Vaterhänden
Danke Gott für jedes Glück,   alles sich zum Guten wenden!"

Das war früher. Heute hat man eine solche Haltung, von denen, die es besser wissen müßten, als "mythologisch" verächtlich gemacht, unter dem Einfluß des Wohlstandes und des für alles sorgenden Vater Staat leichten Herzens aufgegeben. Heute nehmen Staat und Wissenschaft die Stelle Gottes ein. Gott ist überflüssig geworden. Zuerst zur Arbeitshypothese degradiert, habe sich zuletzt, wie Bonhoeffer leider glauben machen konnte, gezeigt, "daß alles auch ohne 'Gott' geht, und zwar ebensogut wie vorher". Wenn Gott heute überhaupt noch einen Wert hat, dann einen funktionalen: er muß dem Menschen dienen, mehr und besser Mensch zu sein. Gott selbst interessiert nicht. Noch weniger möchte man ihm dienen.

Ein typisches Beispiel für die Verdrängung und "Abschaffung" Gottes bietet die UNO. Bei den Vorbesprechungen der Großmächte zu ihrer Gründung in Dumbarton Oaks verlangte der damalige sowjetische Botschafter Maxim Litwinow, man solle in der Charta der Vereinten Nationen nicht mehr wie früher ein höchstes Wesen erwähnen, da doch der Mensch und seine Weisheit an die Stelle Gottes getreten sei. Der Agnostiker Anthony Eden aus England und der später als sowjetischer Agent entlarvte Alger Hiss aus den USA stimmten dem Vorschlag begeistert zu. Auf der ersten Vollversammlung in San Franzisko suchten dann nicht etwa die Vertreter der christlichen, sondern die Vertreter der islamischen

Staaten eine für sämtliche Glaubensgemeinschaften annehmbare Anerkennung des Allmächtigen durchzusetzen. Vergeblich. Nur sieben Mohammedaner und vier Südamerikaner stimmten für Gott, alle anderen dagegen. Das logische Ergebnis dieser Ablehnung Gottes im UNO-Palast ist ein sogenannter Meditationsraum, in dem der Mensch sich selbst anbetet.

Kann es da wundern, wenn die UNO ein so klägliches Schauspiel bietet, wie wir es Jahr für Jahr aufs neue erleben? Und daß die von solchem Ungeist Geführten die Völker nicht in den Frieden führen können? Ein Araber hat es später in einem Gespräch so ausgedrückt: "Da sie den allmächtigen Gott nicht mehr haben wollten, haben sie die Affen auf seinen Thron gesetzt. Dann dürfen sie allerdings auch nicht erstaunt sein, wenn sie nach Affenart regiert werden."

Der Mensch auf dem Throne Gottes hat immer noch eine erbärmliche Figur gemacht. Die Selbstvergötterung, die von oben nach unten rasch Schule gemacht hat, beginnt weltweit ihre Früchte zu tragen. Was, angefangen von der ersten heimlichen Glaubensverweigerung über den offenen Sittenverfall bis zur weltweiten Rohstoffverknappung plötzlich an Not von allen Seiten auftaucht, ist nichts weiter als die Offenbarung des Menschen, der sich selbst auf den Thron Gottes gesetzt hat - Gott hat ihn auch in seinem stolzen Unglauben ernstgenommen und ihn sich selbst überlassen. Wenn der Mensch nicht rasch von seinem angemaßten Thron steigt und Gott wieder die Ehre gibt, wird sein Sturz schrecklich sein.

> Allmächtiger, ewiger GOTT!
> Verleihe uns die Hilfe
> deiner himmlischen Heerscharen,
> damit wir durch sie vor den drohenden Angriffen
> des bösen Feindes bewahrt bleiben
> und, durch das kostbare Blut
> unseres HERRN JESUS CHRISTUS
> und die Fürbitte der allerseligsten
> und unbefleckten Jungfrau und Gottesmutter MARIA
> von jeder Not befreit,
> dir wieder in Frieden dienen können.
> Durch Christus, unseren Herrn.
> Amen.

Kennen Sie Jesus?

So fragten junge Katholiken anläßlich der Olympischen Festspiele in den Straßen Münchens. "Ich kenne nur die Kirchensteuer", gab darauf ein gewiefter Bundesrepublikaner zur Antwort. Das ist schade und gewiß nicht nur die Schuld der Kirche, der jener Herr immerhin noch die Kirchensteuer zahlt. Denn Jesus nicht kennen heißt sich selbst und den Sinn seines Lebens nicht kennen.

Es gibt heute zwar eine Flut von Jesus-Büchern, aber nicht alle sind ihr Geld wert, und wenn einer auch ein Dutzend davon gelesen hätte, so wüßte er nachher wohl kaum besser als vorher, wer dieser Jesus von Nazaret wirklich ist.

Einig ist man sich nur in einem Punkt: Jesus ist der Christus. Das ist gut und schön, aber was besagt das schon? Das ist, strenggenommen, nicht einmal eine Glaubensaussage. Man muß konsequent weiterfragen: Wer aber ist dieser Christus?

Das Konzil von Nicäa hat schon 325 darauf die Antwort gegeben. Und 431, als in Ephesus ein Teil der Konzilsväter Maria "Christusgebärerin" nennen wollte, wies das Konzil dieses Ansinnen klar zurück und bestimmte: Nein, Maria ist "Gottesgebärerin"! Sie gebar nicht nur den Menschen Christus, sie gebar "Gott selbst"!

Der Irrtum des Arius und des Nestorius feiert heute in den verschiedensten Formen wieder Urständ. Man weiß plötzlich nicht mehr, daß sich der Sohn im dreifaltigen Gott vom Vater und vom Heiligen Geist unterscheiden soll; man will nichts mehr davon wissen, daß die eine Person Jesu Christi ihrer göttlichen Natur nach vor der Zeit von Gott und in der Zeit aus der Jungfrau Maria gezeugt ist, und schmuggelt in die menschliche Natur Jesu wieder eine menschliche Person ein, indem man unschuldig erklärt (was zwar nicht grundsätzlich falsch ist, die Gottheit jedoch verschleiert): "In Christus ist uns Gott nahegekommen."

Und das alles, obwohl wir Sonntag für Sonntag beten: "Gott von Gott, Licht vom Licht, wahrer Gott vom wahren Gott - für uns Menschen und zu unserem Heil ist er vom Himmel gekommen", ganz wie 451 auch das Konzil von Chalkedon erklärt hat, daß es nur einen Christus gibt: zwei vollständige Naturen, die göttliche und die menschliche, "unvermischt, unverwandelt, ungetrennt und ungesondert", daß diese beiden Naturen aber nur von der einen göttlichen PERSON getragen werden!

Die Glaubenskongregation hat diese neu-alten Irrtümer am 21. Februar 1972 entschieden zurückgewiesen und die Bischöfe aufgefordert, über die Reinheit der Lehre zu wachen und in keiner Weise zuzulassen, "daß die Diener des Wortes Gottes von der gesunden Lehre abweichen, sie verderben oder unvollständig weitergeben".

Arnold Lunn, der englische Journalist und Konvertit bekennt: "Es war mir klargeworden, daß ich nicht außerhalb der (katholischen) Kirche verharren dürfte, wenn ich einmal die Gottheit Christi annehmen würde." Er ist sich selbst treu geblieben und hat, als es soweit war, den Übertritt vollzogen. "Wenn ich gefragt werde, warum es für mich nie in Betracht käme, zu der Kirche, in der ich getauft wurde, zurückzukehren - er war Sohn eines methodistischen Kaufmannes und Missionärs -, so kann ich nur antworten: Nachdem ich einmal überzeugt war, daß Christus wahrer Gott und wahrer Mensch ist, könnte ich mich unmöglich einer

Kirche anschließen, deren Führer diese fundamentale Lehre in Frage stellen."

Wenn heute in der katholischen Kirche diese alten, längst verurteilten Irrtümer wiederaufleben, so liegt ein Grund dafür gewiß auch darin, daß berufene Lehrer des Glaubens mehr über Jesus als mit Jesus reden und zu selten vor ihm im Tabernakel knien.

Wenn Jesus nicht Gott wäre

Wird die Glaubenswahrheit, daß in Jesus der ewige Gottessohn Mensch geworden ist und Mensch bleibt, aufgegeben oder auch nur abgeschwächt, dann ist die Gefahr nicht abzuwenden, daß die Heilswirklichkeit nur unsere Gesinnung und nicht mehr Gnade, nicht mehr gewährte Verbindung mit Christus und darin mit Gott selbst ist; dann besteht unabweisbar die Gefahr, daß Christus nur noch Vorbild und nicht mehr Quelle des Heiles ist. Wir können dann Christus zwar nachahmen, aber nicht lieben; die Frage "Petrus, liebst du mich?" brauchten wir nicht mehr auf uns zu beziehen, ja wir könnten es nicht. Von dem Christen muß aber immer gelten: "Ihr habt ihn nicht gesehen und liebt ihn" (1 Petr 1,8).

Man kann nicht übersehen, daß es Verfälschungen des christlichen Glaubens gibt, etwa wenn gesagt wird, man könne Christus überhaupt nur im Nächsten und nicht unmittelbar in sich selbst lieben. Dann wird die heilige Kommunion zum bloßen Gemeinschaftsmahl unter Menschen und man kann mit den biblischen Verheißungen im 6. Kapitel des Johannesevangeliums nichts mehr anfangen: "Wer mein Fleisch ißt und mein Blut trinkt, der bleibt in mir und ich in ihm. Wie mich der lebendige Vater gesandt hat und ich durch den Vater lebe, so wird auch jeder, der mich ißt, durch mich leben." Ohne die Gottheit Christi im Sinne der Inkarnation würden alle jene Aussagen, in welchen Christus alle Menschen heilshaft auf sich bezieht, Sinn und Recht verlieren.   Bischof Hermann Volk, Mainz

Das Ureigenste zur Geltung bringen

Die Kirche muß in der heutigen Gesellschaft wieder einmütig und nachdrücklich ihr Ureigenstes zur Geltung bringen. - Die Kernfrage ist doch nun einmal, wer dieser Jesus von Nazaret ist! Wer das christologische Dogma von Jesus trennt, der nimmt ihm das Ureigene und damit auch der Kirche das Ureigene, nämlich das Evangelium Jesu Christi in der doppelten Bedeutung dieses Genitivs: die Frohe Botschaft, die Jesus Christus verkündigt hat, und die Frohe Botschaft, die Er selber ist.

Die geistige Situation, in der wir Christen uns heute in der Kirche befinden, ist angestoßen durch die Öffnung der Kirche zur Welt hin, geprägt durch das Bemühen, alles und jedes, was uns da an Erkenntnissen, Einsichten, Theorien, Weltdeutungen und Lebensentwürfen begegnet, ganz ernst zu nehmen; mit jedem Gesprächspartner - sei er Heide oder Christ, Marxist oder Atheist - in einen Dialog einzutreten, radikal offen zu sein, sich jedem Einwand zu stellen, die eigenen Grundlagen schonungslos hinterfragen zu lassen. Das ist im Grunde eine großartige und christliche Haltung.

Sie ist aber nur dann für uns selber lebbar und für die Welt von Bedeutung, wenn wir dabei unsere christliche Identität bewahren, unser Ureigenes tiefer begründen, leuchtender darstellen und der Gesellschaft als kritischen Maßstab für ihre Bestrebungen und Zielsetzungen einmütig, nachdrücklich, verständlich und konkret vorstellen. Geben wir unser Ureigenes auf, dann sind wir - zur Enttäuschung und zum Schaden der menschlichen Gesellschaft - in sehr kurzer Zeit nicht mehr interessant.

Die schreiende Lücke im geistigen Haushalt der heutigen Gesellschaft und Menschheit - wer Augen hat, zu sehen, der sehe! - ist das Fehlen einer glaubwürdigen, nicht nur innerweltlichen, sondern totalen Hoffnung auf Freiheit, Leben, Liebe - einer Hoffnung, die der Größe und Sehnsucht des menschlichen Herzens gerecht wird und sie übersteigt. Wer bietet sie an? Buddha oder Marx? Buddha entflieht der Welt ins Nirwana, Marx scheitert beim Versuch der Herstellung des Paradieses an der Todesgrenze. Jesus allein weckt und verkörpert eine solche zugleich immanente wie transzendente, das diesseitige Leben erfüllende und es über die Todesgrenze hinaus vollendende Hoffnung.

Aber nur dann, wenn er wirklich der Christus ist, der universale Heilbringer: das menschgewordene Wort eines lebendigen und persönlichen Gottes; Ursprung, Sinn, Mitte und Ziel der Schöpfung und der menschlichen Geschichte; das Alpha und das Omega. Und nur dann, wenn die Kirche diesen Jesus Christus einmütig und nachdrücklich so verkündet!   Bischof Heinrich Tenhumberg, Münster

Wahrer Gott und wahrer Mensch

Zu Beginn des 4. Jahrhunderts verbreitete der Priester Arius in Alexandrien die Irrlehre, Jesus Christus sei nicht wahrer Gott, sondern ein Geschöpf, das Gott zwar nahesteht, aber doch ein Mensch sei wie wir alle. Die Kirche erschrak. Es wurde ein allgemeines Konzil einberufen, das im Jahre 325 zu Nicäa verkündete: Jesus Christus ist "Gott von Gott, Licht vom Lichte, wahrer Gott vom wahren Gott, gezeugt, nicht geschaffen, wesensgleich mit dem Vater".

Es ist nicht überflüssig, heute an diese Grundwahrheit unseres Glaubens zu erinnern. Denn auch heute sagen manche, es gebe keinen Sohn Gottes, der "von Ewigkeit her im Geheimnis der Gottheit, unterschieden vom Vater und vom Heiligen Geist, existiere". Die Sendung Jesu Christi bestehe vielmehr darin, "daß der sich offenbarende Gott in höchster Weise in der menschlichen Person Jesu gegenwärtig sei". Jesus Christus sei nicht wahrer Gott, sondern ein Mensch, gewiß ein besonderer Mensch, in dem wir irgendwie Gott erfahren, aber doch ein Mensch. Das ist die alte Irrlehre des 4. Jahrhunderts.

Wer sich dieser Irrlehre anschließt, ist, wie die Glaubenskongregation am 21. Februar 1972 erklärte, "vom wahren Glauben an Christus weit entfernt". Privatmeinungen sind für den Glauben der Kirche unverbindlich. Wer solche Privatmeinungen vorträgt, gleicht, wie Kardinal Newman gesagt hat, einem Possenreißer, der auf dem Marktplatz vor den Leuten Sprüche macht.

Als Bischof schließe ich mich in meinem Glauben und in meiner Glaubensverkündigung dem Heiligen Vater und dem Kollegium der Bischöfe an, das heißt, dem Lehramt der Kirche, dem allein die "Aufgabe, das geschriebene oder überlieferte Wort Gottes verbindlich zu erklären", anvertraut ist.

Der Sohn Gottes ist "seiner Gottheit nach vor aller Zeit vom Vater gezeugt und seiner Menschheit nach in der Zeit von der Jungfrau Maria geboren worden". Im Credo bekennen wir: "Er hat Fleisch angenommen, durch den Heiligen Geist aus Maria, der Jungfrau, und ist Mensch geworden." Der Engel sprach zu Maria: "Der Heilige Geist wird über dich kommen, und die Kraft des Allerhöchsten wird dich überschatten." Glaubt jenen nicht, die sagen, Maria habe ihren Sohn nicht durch die Kraft des Heiligen Geistes, sondern von einem irdischen Vater empfangen!

"Wahrer Gott", "wahrer Mensch", "geboren aus Maria, der Jungfrau": das sind nicht irgendwelche Wahrheiten! Das geht uns persönlich an. Gottes Sohn ist in erbarmender Liebe für uns Mensch geworden. Gott hat eine Frau, Maria, auserwählt, beim Heilswerk der Errettung der Menschen aus Sünde und Tod mitzuwirken. Maria hat den Erlöser für uns geboren. Unsere Antwort ist die liebende Hingabe an den Herrn. Diese Antwort verlangt Entscheidung. An Christus kann niemand achtlos vorübergehen. Maria führt uns zu Christus. Sie ist die "Mutter der Glieder Christi", unsere Mutter.   Joseph Kardinal Höffner, Köln

Gäbe es nicht Jesus am Kreuz...

Die Blumenkinder haben Pleite gemacht; um die "Jesus-Leute" ist es still geworden. Es ist doch leichter, "Ich liebe Jesus" auf die Jacke zu schreiben oder durchs Telefon zu rufen, als es im grauen Alltag zu leben. Auch Paulus wollte mit seinem Bekenntnis zu Christus auf dem Marktplatz in Athen glänzen und hat dabei schmählich Schiffbruch erlitten. Er wollte nun erst recht nichts mehr kennen als Jesus Christus - diesen aber "als den Gekreuzigten".

Den Gekreuzigten? "Schon das Wort Kreuz soll ferne bleiben nicht nur dem Leibe der römischen Bürger, sondern auch ihren Gedanken, ihrem Auge, ihrem Ohr", hat der bedeutendste Redner Roms, Marcus Tullius Cicero einmal ausgerufen. Fast möchte man meinen, das Wort könnte auch heute gesprochen sein. Wer in Jesus bloß den Weisheitslehrer, den guten Menschen, den Sozialreformer oder den "großen Bruder" sieht, hat das Wichtigste an ihm nicht begriffen - seine sich für uns restlos hinopfernde, sich am Kreuz für uns verblutende Liebe aus bedingungslosem Gehorsam gegenüber dem himmlischen Vater.

Wenn man heute so sonderbare, mehr der Phantasie und dem Wunschdenken als der Offenbarungswirklichkeit entsprungene Auffassungen von Jesus hat, so kommt das daher, daß man nicht mehr auf den Gekreuzigten schaut. Man kann sein Blut und seine Wunden nicht ansehen und will nicht ans Leiden erinnert werden, deshalb schaut man weg vom "Mann der Schmerzen" oder nimmt ihn gleich vom Kreuz und schaut, wenn überhaupt, zum leeren Kreuzesholz, zum Kreuz ohne Gekreuzigten auf. Mag sein, daß das "ästhetischer" ist; heilender, tröstender ist es nicht; und Kraft geht vom Kreuz ohne Gekreuzigten nur wenig aus.

Das ist es. Mit Jesus auf der Blumenweide kann man lachen, trällern, tanzen; mit dem "gekreuzigten Herrn der Herrlichkeit" geht das nicht mehr. Mit dem gekreuzigten Auferstandenen kann man zwar Festmahl halten, fruchtbar aber doch nur, wenn man mit ihm MIT-gekreuzigt und MIT-auferstanden ist. Das will uns nur mühsam unter die Haut, aber es ist die Wahrheit. Für "schöne Stunden" mag der Jesus der Blumenkinder als leichtes Idol einer vaterlosen Gesellschaft genügen, sobald aber die Liebe geprüft und der Mensch ins Leiden getaucht wird, bis er in seiner Hilflosigkeit zu Gott zu schreien beginnt, wird ihm der Jesus der Blumenkinder keine Kraft mehr sein, dann muß er zu jenem Jesus gehen, der für ihn am Kreuz gelitten und sein Blut vergossen hat, wenn er nicht revoltieren oder verzweifeln will. Nur aus den geöffneten Wunden des Gekreuzigten strömt uns die Kraft zu, ihm täglich das eigene Kreuz nachzutragen.

Das verstehen die Weisen und Mächtigen der Erde nicht, sondern nur die Geschlagenen und die Kleinen. Das schlichte Zeugnis einer polnischen Bauersfrau wird manchen, der den Kopf hochträgt, beschämen, es wird die Kleinen und Betrübten aber aufrichten und trösten:

"Mein Mann liebt mich nicht; er ist unverträglich; niemals ein liebendes Wort. Er schuftet wie ein Stier und findet darin seine Befriedigung; das Geld für unsere Wirtschaft gibt er mir zur Aufbewahrung, weil er weiß, daß ich es nicht anrühre. Noch niemals war ich in einem Kino, noch nie in einem Restaurant; doch ich klage nie. Niemals nannte ich auch nur einen Groschen mein eigen; wie eine Dienstmagd bitte ich um jeden Pfennig. Aber auch dazu sage ich ja. Denn Jesus - war Gott, und doch hatte Er nichts, wohin Er sein Haupt legen konnte. Und keiner weiß, daß ich es schlecht habe. Neunundzwanzig Jahre Ehe, auf dem Gesicht ein Lächeln, doch Schmerz und Bitterkeit im Herzen. Ich kenne nur EIN wirkliches Heilmittel: Ich werfe einen Blick auf das Kreuz und bete... Gäbe es nicht Jesus am Kreuz, den kostbarsten Schatz für jeden Getauften, und unter dem Kreuz seine Mutter, die vertraute Mittlerin zwischen Ihm und uns - ich hätte meinem Leben längst schon ein Ende gemacht. Doch Er gab mir Kraft und Geduld; Er reicht mir seine göttliche Hand..."

Nur über Golgotha

Es führt kein andrer Weg zum Licht
als über Golgotha;
nur einer: den der Heiland ging,
da ihn die Erde sah.

Wie lang der Weg, wie hart das Kreuz!
Und gingest du allein,
es würde ungangbar der Weg,
zu schwer die Last dir sein.

Doch sei getrost, vertraue still,
denn Jesus geht voran.
Er will, daß du dein Kreuz stumm trägst
wie er es einst getan.

Welch Güte doch aus seinem Blick,
barmherz'ge Liebe spricht!
Er weiß ja, daß du klein und schwach.
Folg schweigend, klage nicht.

Und sollt'st du fallen - tröste dich:
auch Jesus hat's getan.
Steh auf wie er zum Weitergehn,
du gehst die Himmelsbahn.

Schon winkt das Ziel nach hartem Kampf.
Wie schön ist Golgotha!
Vollbring das Opfer - sieh empor:
schon ist dein Jesus da. -

O Königreich, o Vaterland!
So fern und doch so nah.
Wer zu dir einst gelangen will,
muß über Golgotha.   Bert Martur

Ein Herz voll Liebe, aber auch voll Heiligkeit

Als der Herr sterbend am Kreuz die Arme ausbreitete, um die verlorene Welt zu umfangen, da tat er die abgrundtiefe Liebe seines gott-menschlichen Herzens kund, und als der Soldat mit der Lanze seine Seite öffnete, da ward die Quelle erschlossen, zu der das Wort des Herrn einlud: "Wer dürstet, der komme und trinke."

Unzählige haben sich vom Geist Gottes tränken lassen und aus dem geöffneten Herzen des Herrn das Leben getrunken, viele sind daran aber auch achtlos vorübergegangen und haben nicht "auf Den geschaut, den sie durchbohrt haben" (Sach 12,10). Sie haben die Liebe nicht erkannt und der Liebe nicht geglaubt; anstatt aus der "Quelle des Lebens und der Heiligkeit" zu schöpfen, sind sie zu den Tümpeln abgestandener Weltweisheit gewandert und haben den Durst ihrer Herzen an Pfützen gelöscht. Ihr Herz ist dabei leer und ohne Liebe geblieben.

Um "die bereits alternde und in der Liebe Gottes erkaltende Welt" zu erwärmen, hat der Herr die Liebe seines Herzens besonders geoffenbart, einer heiligen Gertrud der Großen (1256 bis 1301) und vor allem einer heiligen Margarete Maria Alacoque (1647 bis 1690). Ihr klagte er, wie sehr er unter dem Undank und der mangelnden Gegenliebe der Menschen leide: "Das trifft mich viel schmerzlicher als alles, was ich in meiner Passion erduldete. Wenn sie meine Liebe nur ein wenig erwiderten, so würde ich alles, was ich für sie tat, geringachten und noch mehr tun, wenn es möglich wäre. Doch sie haben nichts als Kälte und Abweisung für all meinen Eifer, ihnen Gutes zu tun..."

So kann es nicht verwundern, daß sie eines Tages die Worte hört: "Der Herr ist des Wartens müde. Er will eingehen in seine Scheunen, um seinen Weizen zu sieben und das gute Korn vom schlechten zu scheiden." Sie will die Worte überhören, da vernimmt sie die göttliche Stimme selbst: "Mein auserwähltes Volk verfolgt mich im geheimen, und sie haben meine Gerechtigkeit erregt: aber ich werde ihre verborgenen Sünden durch sichtbare Strafgerichte offenbaren. Denn ich werde sie durch das Sieb meiner Heiligkeit sieben, um sie von meinen Vielgeliebten zu scheiden. Und wenn ich sie ausgeschieden habe, werde ich sie mit derselben Heiligkeit umgeben, die sich zwischen die Sünder und meine Barmherzigkeit stellt. Und wen meine Heiligkeit einmal umgeben hat, dem ist es unmöglich, sich zu erkennen; sein Gewissen bleibt ohne Vorwürfe, seine Einsicht ohne Erleuchtung, sein Herz ohne Reue, und er stirbt endlich in seiner Herzenshärte."

Das klingt anders, als die falschen Klischees vom mißverstandenen "süßen" Herzen Jesu sagen; hier spricht der "König der ewigen Herrlichkeit", der auch dann der "König der Könige" und der "Herr der Herren" bleibt, wenn er die Hoheit Seiner göttlichen Majestät hinter seine erbarmende Liebe zurücktreten heißt. Seine Langmut und sein Erbarmen heben seine Heiligkeit und Gerechtigkeit nicht auf. Das dürfen am wenigsten die Gottgeweihten vergessen.

Der Herr enthüllte nach den obigen Worten Schwester Margarete Maria sein liebevolles, zerrissenes und zerstochenes Herz und fuhr fort: "Sieh, diese Wunden empfange ich von meinem auserwählten Volk. Die anderen begnügen sich damit, meinen Körper zu zerschlagen; diese aber greifen mein Herz an, das nie aufgehört hat, sie zu lieben. Aber meine Liebe wird endlich meinem gerechten Zorn weichen, um die stolzen Seelen, die an der Erde haften, mich verachten, nur das suchen, was mir entgegengesetzt ist, mich um der Geschöpfe willen verlassen, die Demut fliehen und nur ihre eigene Hochschätzung suchen, zu züchtigen. Ihre Herzen sind liebeleer, und es bleibt ihnen bloß noch der Name einer Ordensperson."

Um den göttlichen Zorn über die Lieblosigkeit und Untreue der Seinen zu sühnen, hat Christus die HEILIGE STUNDE bestimmt und die Einführung des HERZ-JESU-FESTES gefordert; an diesem soll man die heilige Kommunion empfangen und Christus "durch feierliche Abbitte Ehrenersatz leisten für die Unbilden, die er während der Aussetzung auf den Altären erfahren hat". Diese sühnende Hingabe soll am HERZ-JESU-FREITAG allmonatlich ihre Erneuerung finden. Christus hält auch heute seine Gnadenschätze für uns bereit; er verlangt auch heute unsere Anbetung, unsere Sühne und unsere hingebende Liebe. Gerade weil die Gesetzlosigkeit vor unseren Augen so erschreckend überhand nimmt und die Liebe der vielen erkaltet (vgl. Mt 24,12), muß die Liebe der Getreuen um so glühender werden.

Christus
und
Seine Kirche

Wo es wirklich fehlt

Die Strukturen der Kirche sind gewiß unvollkommen und werden es auch bleiben. Wir müßten uns gegenseitig ermutigen zu mehr schöpferischem Geist, zu pastoraler Kühnheit und Ehrlichkeit, zu dem Mut, das Evangelium zu leben. Erkennen wir an, daß sich die Strukturen der Kirche in den letzten zehn Jahren stärker entwickelt haben als im Laufe der vorangegangenen drei Jahrhunderte. Keine andere Gesellschaft hat das gleiche getan.

Hören wir auf, unsere Kirche so zu verleumden. Auch sie hat einen Anspruch darauf, mit mehr Gerechtigkeit und Liebe behandelt zu werden. Es ist eine wirkliche Krankheit, unaufhörlich zu kritisieren und endlos zu diskutieren.

Viele Christen argumentieren mit einer hoffnungslosen Naivität und Einseitigkeit, wenn sie über die Kirche sprechen. Konnte man mit Recht der Kirche einen gewissen autoritären Stil vorwerfen, so muß man nun feststellen, daß die Kirche vielerorts unter einem "autoritären Stil der Basis" leidet, der bisweilen noch unnahbarer ist als der erstere. "Den Dialog pflegen" bedeutet häufig nichts anderes, als den Standpunkt der Basis im Namen einer Teilwahrheit durchdrücken zu wollen. Ist dieser außerdem mit gefühlsmäßigen und affektgeladenen Auffassungen vermischt, kann er leicht zum Gift werden.

Wir müssen wieder lernen, in unserem Urteil objektiv und unabhängig zu werden. Wir müssen uns anstrengen, jene zu hören und zu verstehen, die nicht den gleichen Standpunkt einnehmen wie wir. Wir dürfen nicht die Mittel mit dem Ziel verwechseln. Wir dürfen nicht eine pastorale Methode in eine dogmatische Wahrheit ummünzen. Eine bestimmte hochherzige und mutige Auffassung ist vielleicht nicht der einzige Weg, um ein Ziel zu erreichen.

Was in der Kirche von heute am meisten beunruhigt, kommt nicht von der Unvollkommenheit ihrer Strukturen. Das große Übel ist, daß "das Salz schal wird". Viele Christen - Laien und Priester - ertragen immer weniger die großen christlichen Paradoxe. Sie hören es nicht mehr gern, wenn man ihnen sagt, daß der Aufruf, groß zu werden, notwendig zum Kreuz, zur Selbstentäußerung, zur Unterwerfung unter Gott führt. Man möchte die christlichen Wahrheiten glaubhaft und praktikabel machen, indem man sie der Denkart der Welt anpaßt. So steuert man auf eine menschenfreundliche Religiosität zu, die einerseits die unendliche Erhabenheit Gottes ausräumt und anderseits die Tiefe und Allgemeinheit der Sünde übersieht. Wir müssen gestehen, daß viele Worte der Kirche in gewissen Kreisen nicht mehr ankommen. Viele ihrer Gesten ziehen nicht mehr. Aber nicht wegen der Strukturen der Kirche.

Die Krise der Kirche war unausweichlich. Sie wird letzten Endes heilsame Ergebnisse zeitigen. Aber man sollte die Kirche nun endlich in den Zustand der Genesung eintreten lassen. Wir müssen den Christen helfen, wieder Vertrauen in die Festigkeit der Kirche zu fassen.

Unser Glaubensleben braucht die Unterstützung der Gewohnheiten. Man kann nicht jeden Tag neue Ausdrucksformen des Glaubens finden. Man mag den Pluralismus in der Kirche fördern, aber man sollte sich auch darüber klarwerden, daß der Subjektivismus den Gemeinschaftsgeist zerstört.

Bischof Léon Elchinger, Straßburg

Die Evangelien sind absolut glaubwürdig

Indem man zwischen Christus und den Strukturen der Kirche unterscheidet, sagt man: Wir hören im Evangelium ja gar nicht die Worte Christi selbst, sondern nur die Predigt und das Zeugnis der Urgemeinde. Diese übermittle und berichte die Ereignisse aus dem Leben Jesu und seine Worte nicht schlicht objektiv - wie es ein zeitgenössischer Berichterstatter täte -, sondern so, wie das Leben Christi und seine Lehre von den Aposteln im Lichte der Auferstehung und der späteren Entwicklung verstanden wurden. Daher fragt man: Welche Gewähr haben wir denn für die Echtheit und die Genauigkeit einer solchen Berichterstattung, zumal es sich um einfache, ungeschulte Leute handelt, die nicht unseren kritischen Sinn hatten?

Dieser Einwand mag auf den ersten Blick beeindrucken, weil darin verschiedene richtige Erkenntnisse mit Scheinschlüssen vermischt sind. Es ist ja selbstverständlich, daß die Apostel in ihrer Predigt - und so auch die heiligen Verfasser der neutestamentlichen Schriften - uns keine unmittelbar nach den Ereignissen verfaßten Reportagen bieten. Sie berichten vom Leben, Wirken und der Lehre Jesu auf Grund und im Lichte des Geheimnisses seiner Auferstehung, und zwar erleuchtet durch den Heiligen Geist, den sie am Pfingsttag empfangen haben. Das alles ist aber keineswegs ein Grund, die Echtheit und Genauigkeit ihrer Berichterstattung zu bezweifeln. Wer an Christus und das Wirken seines Geistes glaubt, muß eher umgekehrt sagen: Gerade weil und insofern sie durch den Heiligen Geist erleuchtet sind, werden sie für eine Aufgabe fähig, für die sie sonst absolut unfähig gewesen wären, nämlich authentische und absolut zuverlässige Zeugen Christi zu sein. Mit anderen Worten: weil die Apostel im Lichte des Geheimnisses der Auferstehung Christi und erleuchtet vom Heiligen Geist predigen, sind ihre Berichte nicht weniger, sondern um so mehr zuverlässig. Sie verdienen daher nicht weniger, sondern noch viel mehr unser Vertrauen und unseren Glauben.

Wir besitzen übrigens im NT klare Zeugnisse, wie sehr die Apostel darum besorgt sind, daß die Frohbotschaft des Evangeliums in jeder Hinsicht unverfälscht weitergegeben wird. Bei Paulus erklingt immer wieder die Mahnung, die Lehre so treu zu bewahren und unversehrt weiterzugeben, wie sie empfangen wurde (1 Thess 2,15; 1 Kor 11,2 u. a.). Von sich selbst beteuert er: "Ich überliefere euch, was ich empfangen habe" (1 Kor 15,3). Im Galaterbrief gebraucht Paulus sogar die sehr starke Ausdrucksweise: "Wenn selbst wir oder ein Engel vom

Himmel euch ein anderes Evangelium verkündeten, als wir euch verkündet haben, so sei er ausgeschlossen." Und er wiederholt dieses Wort. In der Apostelgeschichte lesen wir mehrfach davon, daß Petrus und andere Apostel sich außerhalb von Jerusalem zur "Inspektion" begeben, um die Art und Weise, wie das Evangelium gepredigt wird, zu prüfen (8,4-17; 9-32-42). In ähnlicher Funktion wird Barnabas von Jerusalem nach Antiochien entsandt.

Noch eine letzte Bemerkung und eine letzte Gewähr, daß die Evangelien uns treu und wahr das Leben und die Lehre Jesu übermitteln: Das Zweite Vatikanische Konzil lehrt, daß die neutestamentlichen Schriften, und so auch die Evangelien, "unter der Eingebung des Heiligen Geistes" niedergeschrieben worden sind. Was bedeutet das? Das Konzil erklärt selbst seinen Gedanken, indem es sagt: "Zur Abfassung der Heiligen Bücher hat Gott Menschen erwählt, die ihm durch den Gebrauch ihrer eigenen Fähigkeiten und Kräfte dazu dienen sollten, all das und nur das, was er - in ihnen und durch sie wirksam - geschrieben haben wollte, als echte Verfasser schriftlich zu überliefern." Daraus zieht das Konzilsdekret sofort die wichtige Folgerung: "Da also alles, was die inspirierten Verfasser oder Hagiographen aussagen, als vom Heiligen Geist ausgesagt zu gelten hat, ist von den Büchern der Schrift zu bekennen, daß sie sicher, getreu und ohne Irrtum die Wahrheit lehren, die Gott um unseres Heiles willen in Heiligen Schriften aufgezeichnet haben wollte." Daher gilt vom Hören des Wortes Gottes der Heiligen Schrift im tiefsten Sinne, was Paulus an die Thessalonicher schreibt: "Wir vernehmen die Heilige Schrift nicht als Wort von Menschen, sondern - was es wahrhaftig ist - als Wort Gottes" (1 Thess 2,13).   Kardinal Jan Willebrands, Rom

Der Wahrheit verpflichtet

Da Verkündigung nur auf Sendung hin geschehen kann, bleibt sie an die Sendung und an den Sendenden gebunden. Christus verkündigt uns nicht seine Worte. Er sagt seinen Jüngern: "Das Wort, das ihr hört, stammt nicht von mir, sondern vom Vater, der mich gesandt hat" (Jo 14,24). Seine Speise ist es, den Willen des Vaters zu tun (Jo 4,34). Im Heiligen Geist bewahrt die Kirche die Botschaft ihres Herrn und vollzieht seinen Willen. Deshalb tritt Paulus auf, sei es gelegen oder ungelegen (2 Tim 4,2). Er verkauft seine Botschaft von Jesus Christus, dem Gekreuzigten, nicht an die Launen der Welt. Er ist sich bewußt: Wenn er verkündigt, ist es nicht sein Wort, das er weitersagt, sondern Gottes Wort. So schreibt er im ersten Brief an die Thessalonicher (2,13): "Deshalb sagen wir Gott unablässig Dank dafür, daß ihr die Predigt des Wortes Gottes, als ihr sie von uns hörtet, nicht als Menschenwort, sondern, was sie wirklich ist, als Gotteswort aufnahmt."

Nicht modern, sondern wahr

Wenn das so ist mit der Verkündigung, und es ist so, dann bleibt auch die Verkündigung der Kirche an die Worte dessen gebunden, der sie sendet, d.h. an die ganze und unverfälschte Offenbarung unseres Herrn Jesus Christus, an die ganze unverfälschte Wahrheit. Das heißt aber Absage an alle Glaubensverkürzung und an alle Zweideutigkeiten. Das heißt klare und eindeutige Verkündigung. Das heißt Absage an die oberflächlichen Kompromisse, die um irgendwelcher Modernitäten willen geschlossen werden. Nicht modern, sondern wahr, heißt unser Auftrag. Gerade angesichts mancher gegenwärtiger Verirrungen ist es dringend notwendig, die unveränderte und vollständige Wahrheit zu verkündigen.

Hier aber erheben sich heute kritische Fragen. Wer sagt uns, was wahr ist?

Theologie und Lehramt

Damit sind wir bei der Frage nach dem Lehramt, bei der Frage nach dem Verhältnis von Kirche und Theologie oder auch - schärfer formuliert - bei dem Verhältnis von Kathedra und Katheder. Diese Frage hat gewiß ihre eigene und manchmal leidvolle Geschichte, die hier nur erwähnt werden kann. Aber soviel ist auch hier zu sagen: So wichtig die theologische Reflexion ist, so sicher ist auch, daß die Kirche auf dem Fundament der Apostel aufgebaut ist (Eph 2,20), nicht auf dem Fundament der Theologen. Wenn am Ende einer langen Entwicklung die vom I. Vaticanum formulierte Lehre über die Unfehlbarkeit steht, die vom II. Vatikanischen Konzil ausdrücklich bestätigt wurde, so ist das keine Anmaßung, sondern eine notwendige Konsequenz aus der Verheißung des Herrn und eine für die Kirche konstitutive Gabe. Das mindert gewiß nicht den Rang der Theologie, bewahrt sie vielmehr vor Irrtümern, denen sie immer wieder ausgesetzt ist. Nicht umsonst hat schon der hl. Paulus den Korinthern geschrieben: "Wissen bläht auf" (1 Kor 8,1).

Die alten Theologen unterschieden nicht umsonst eine kniende und eine sitzende Theologie. Sie wußten, wie sehr eine reine Theologie gefährdet ist, und wie sehr sie darum des Glaubens und des Gebetes bedarf.

Hier aber tauchen noch einige andere Fragen auf, z.B. die Frage nach der Berechtigung eines theologischen Pluralismus. Einen solchen Pluralismus in einem engeren Sinn, nämlich in dem Bereich, in dem theologische Meinungen ihr Recht haben, in dem das kirchliche Lehramt keine Entscheidungen getroffen hat oder auch nicht zuständig ist, gibt es sicherlich und darf es geben. Aber nicht darf es ihn geben im Bereich dessen, was definierter Glaube ist, also im Bereich der Lehräußerungen des Papstes und der allgemeinen Konzilien. Hier kann es nur die Einheit in der Wahrheit geben.

Im übrigen ist Einheit kein Gegensatz zur Vielfalt. Der Gegensatz zur Einheit ist Zerrissenheit. Der Gegensatz zur Vielfalt ist Uniformität. Einheit und Vielfalt gehören zusammen. Die Vielfalt der Glaubensäußerungen, Lebensformen und

Traditionen in der ganzen Kirche entfaltet die Einheit in der Wahrheit und bewahrt zugleich ihre Fruchtbarkeit.

Glaubensgehorsam

Hier erhebt sich auch die Frage nach dem Glaubensgehorsam. Widerspricht er nicht der Freiheit des Menschen? Gewiß mag es - wir erwähnten es - dem heutigen Menschen besonders schwer sein, sich zu beugen. Aber die Wahrheit beugt den Menschen nicht, sondern sie macht ihn frei. Die Bindung an die Wahrheit ist keine Fessel, sondern eine Erlösung: aus dem Zweifel und der Ungewißheit und aus dem Dickicht der Sünde. Aber nur die GANZE Wahrheit macht frei. Nur die höchste Bindung schafft äußerste Freiheit. Wann war der polnische Pater Maximilian Kolbe freier als in dem Augenblick, da er im KZ zu Auschwitz vortrat und sich freiwillig für den Hungerbunker meldete, um einem Mitgefangenen das Leben zu retten! Niemand sonst trat vor und niemand hätte ihm einen Vorwurf machen können, wenn auch er zurückgeblieben wäre. Aber in einer äußersten Bindung an die Liebe Christi gewann er die äußerste Freiheit, sich für seinen Mitgefangenen hinzugeben und in den Hungerbunker zu gehen. In diesem Hungerbunker wurde er einer der Seligen des Himmels.

Glaubensgehorsam ist keine Schande. Glaubensgehorsam ist Befreiung. Im Glaubensgehorsam öffnet sich der Mensch der Welt und dem Willen Gottes, und nur von daher erfährt die Kirche ihre Erneuerung.

Bischof Dr. Franz Hengsbach, Essen

Die Glaubenslehre, die Gott geoffenbart hat, wurde nicht dem menschlichen Geiste wie eine philosophische Erfindung zur Vervollkommnung vorgelegt, sondern als göttliches Gut der Braut Christi übergeben, damit sie dieselbe treu bewahre und irrtumslos erkläre. Deshalb muß auch immer jener Sinn der heiligen Glaubenswahrheiten beibehalten werden, der einmal von der heiligen Mutter Kirche dargelegt worden ist; nie darf man von diesem Sinn unter dem Schein und Namen einer höheren Erkenntnis abweichen. - Wer sagt, es sei möglich, daß man den von der Kirche vorgelegten Glaubenssätzen entsprechend dem Fortschritt der Wissenschaft gelegentlich einen anderen Sinn beilegen müsse als den, den die Kirche verstanden hat und versteht, der sei ausgeschlossen.

Erstes Vatikanisches Konzil

Ohne Kirche kein Glaube

So persönlich der Glaube den einzelnen angeht, glauben kann man nicht allein. Wie wir als Menschen nur in der Gemeinschaft von Menschen leben können, so ist es auch mit dem Glauben: Wir glauben immer nur in und mit der Kirche. Wir glauben, indem wir mit dem pilgernden Gottesvolk mitwandern und in ihm die Feste des Glaubens feiern. Indem wir mit der Kirche glauben, bekommen wir auch teil an ihrem von Gottes Geist gewirktem Gespür, Wahrheit und Irrtum zu unterscheiden. Dadurch werden wir gefeit gegen die heute grassierende Verwirrung, der wir mit einzelnen Erklärungen ohnehin nicht beikommen können. Wir Menschen sind alle aufeinander angewiesen und wissen aus Erfahrung, daß eine Gemeinschaft, wie Familie oder Freundschaft, einen Menschen trägt und ihm Halt gibt. In ähnlicher Weise trägt die glaubende Gemeinschaft der Kirche den einzelnen.

Allerdings setzt dies voraus, daß wir uns mit unserem Glauben nicht in uns selbst wie in ein Schneckenhaus zurückziehen, sondern über Glaubensfragen sprechen, unseren Glauben durch unser Verhalten bezeugen und uns so gegenseitig im Glauben stärken. Dabei muß jedoch immer der Glaube der Kirche der Maßstab sein. Es wäre gefährlich und der Glaubensgemeinschaft abträglich, würden wir private Meinungen zum Maßstab erheben und daran den Glauben der anderen messen oder gar aburteilen. Glauben bedeutet für den einzelnen nicht, recht haben, sondern sich einfügen in den Glauben der Kirche.

Wenn wir der Glaubenskrise Herr werden wollen, müssen wir auf noch etwas achten. Für viele Menschen besteht eine Kluft zwischen Glauben und Leben. Ihr Leben hat mit ihrem Glauben nichts zu tun, und umgekehrt bedeutet der Glaube nichts für ihr Leben. Darum brauchen wir uns nicht zu wundern, wenn sich viele dem Glauben gegenüber gleichgültig verhalten und ihn als überflüssig betrachten. Wie können wir diese Kluft überbrücken?

Wir müssen versuchen, den Sinn unserer täglichen Arbeit nicht nur im Gelderwerb zu sehen, sondern in erster Linie als Erfüllung eines Auftrages, den Gott uns für unsere Welt gegeben hat. Wir müssen versuchen, Krankheit und Leid nicht einfach als Unglück zu sehen, sondern als Teilhabe am Leiden des Herrn, der durch sein Kreuz der Welt das Heil gebracht hat. Wir dürfen nicht nur auf innerweltliche Ziele hin leben, auf das Haus, das wir uns bauen wollen, auf die Gehaltsstufe, die wir erreichen wollen; wir müssen unser Leben auf jenes Ziel hin entwerfen, das Gott uns gesteckt hat. Und dieses Ziel ist er selbst. In der Gemeinschaft mit ihm werden wir die Erfüllung unseres Lebens finden und für immer glücklich sein. Durch den Glauben ordnen wir uns mit allem, was zu unserem Leben gehört, auf Gott hin.   Bischof Friedrich Wetter, Speyer

*

Nach katholischer Lehre empfangen wir den Glauben nicht direkt aus der Bibel, sondern von der glaubenden, bekennenden, lehrenden KIRCHE. Sie trägt als Gemeinschaft glaubender Menschen diesen Glauben lebendig in sich und gibt ihn von Generation zu Generation weiter. Ihr, der Kirche, ist für diese Aufgabe die BIBEL geschenkt: als Quelle, aus der sie Wahrheit und Leben Gottes schöpft; als Norm, nach der sie sich richtet. In der Bibel ist das Glaubensgut nach seinem Hauptinhalt

niedergelegt, teils ausdrücklich, teils in verschiedenartiger Einkleidung, in Hinweisen und Andeutungen, in zugrunde liegenden Auffassungen...

Zum anderen aber hat Christus in dieser Gemeinschaft "Kirche" Männer beauftragt und bevollmächtigt, das Glaubensgut zu lehren (daher auch die Bibel zu deuten) und Zweifel zu entscheiden: das autoritative LEHRAMT. Es ist immer wieder ohne Unterbrechung auf lebendige Menschen folgender Generationen durch Bevollmächtigung übertragen worden und daher kraft "apostolischer Sukzession" immer in der Kirche vorhanden, auch heute.   Bruno Borucki SJ

Nicht Neuheiten, sondern Erneuerung

Es gibt ein fast unvermeidbares Mißverständnis von "Neuheit", das wir unwillkürlich aus dem Grundgefühl unserer Zeit übernehmen. Verhaltensforscher haben dargestellt, daß unsere Zivilisation eine wachsende Empfindlichkeit und Intoleranz gegen jede Unlustempfindung mit sich bringt, die mit dem Verlangen nach "Sofort-Befriedigung" aller Wünsche verbunden ist. Das führt zu einer "Planierung" des Lebens, und dann entsteht tödliche Langeweile. Auch die Befriedigung macht keinen Spaß mehr. Folglich strebt man nach immer neuen und immer stärkeren Reizen, die aber immer weniger Erfüllung bringen. In dieser Atmosphäre muß Erneuerung fast automatisch als Steigerung des Novitätenangebots erscheinen.

Man sagt, daß die Produktion, etwa bei Autos und Kleidern, mit "eingebauter Veraltung" rechnet. Wir fühlen, daß uns das "Statische" nicht nur verdächtig, sondern a priori widerlich ist. Die Neuheiten der theologischen Literatur folgen diesem Trend. Wir hören öfter von neuer Moral, neuer Struktur, neuer Liturgie, neuem Glaubensverständnis, neuen Modellen, neuer Katechese. Da liegt zum mindesten die Vermutung nahe, unser Verständnis von Erneuerung könnte unter der Herrschaft dessen stehen, was die Forschung "Neophilie", das heißt Verliebtheit in das Neue, nennt - und von ihrer Sicht aus negativ beurteilt, als Dekadenzerscheinung.

Wenn wir aber unwillkürlich danach ausschauen: Was ist der neue, stärkere Reiz oder das neue Angebot für meine Bedürfnisse, dann müssen wir wohl damit rechnen, daß in DIESEM Schema das Wirken des Heiligen Geistes nicht erfahren wird. Sofern es uns um SEIN erneuerndes Wirken geht, müssen wir mit einer anderen "Neuheit" rechnen.

Die ersten christlichen Gemeinden, in Korinth zum Beispiel, hatten auch ein falsches Erwartungsschema, nur daß es nicht "Neuheit" hieß, sondern "Weisheit". Der Apostel verkündet aber die "Torheit" des Kreuzes, die weiser ist als die Menschen.

Das "Neuheitserlebnis" ist also nur dort gegeben, wo das gängige "Erwartungsschema" überschritten und überboten wird. Doch ist das etwas anderes als die heute bekannte und beliebte Gegnerschaft gegen jedes "System". Denn das heutige "Schema" - Gier nach Sofort-Befriedigung und immer neuem Reiz und Angebot - geht quer durch alle Systeme. Erst wo dieses Schema durchbrochen, wo eine Kraft erwartet - und erbetet - wird, die befreien kann, wo also zuletzt nicht "der Geist dieser Welt", sondern seine Überwindung gesucht wird, erst dort ist Offenheit für das erneuernde Wirken des Geistes Gottes.

Also im Gebet ausharren, auch wenn - oder gerade weil - es mir jetzt sofort nichts gibt oder nur Unlust; lieben, auch wenn keine Antwort kommt oder kein Effekt; den gewöhnlichen, nicht anregenden und nicht attraktiven Mitmenschen in seinem Wert sehen; die "Neophilie" als Unreife erkennen und statt flüchtiger Novitäten die neue Tiefe der alten und doch immer neu überraschenden Worte Gottes suchen - in dieser Richtung könnte die Bereitschaft und damit auch die Möglichkeit der Geisterfahrung wachsen. Und das scheinbare Negative, der Widerstand gegen das "Schema der Welt" ist nicht asketischer Krampf, sondern Weg zu wahrer Freiheit und zu wahrer Liebe. Denn der Sieg über das "Sofort-Haben-Wollen" macht frei zu der Fähigkeit, sofort geben und schenken zu wollen. Und der Gottesgeist ist DIE Gabe über allen Gaben, er existiert in der Weise des Geschenktseins und ist so der Geist der Liebe.   Alfred Kardinal Bengsch

Licht und Schatten in der Kirche von heute

Es gibt eine falsche und mißbräuchliche Auslegung des Konzils, als ob dieses einen Bruch mit der Tradition und ebenso mit der Lehre gewollt hätte. Dies führt dann zur Verwerfung der vorkonziliaren Kirche und zu der Anmaßung, sich eine "neue" Kirche von innen her "auszudenken": neu in der Struktur, in der Lehre, in der Moral und im Recht.

Einige erliegen sogar der Faszination der Gewalt und predigen diesen neuen Mythos, der im unruhigen Bewußtsein des modernen Menschen erwacht ist. Der Anreiz zur Gewalt rechtfertigt manchmal die schiere Nachahmung achristlicher Soziologien, die man in blindem Vertrauen für die einzig wirksamen hält, ohne die Folgen zu bedenken, zu denen sie führen. Man widersteht dann nicht den Versuchungen des Sozialismus, der zwar von einigen als soziale Erneuerung und erneuernde Sozialität aufgefaßt wird, der sich aber mit Gedanken und Haltungen verbindet, die nicht christlich, sondern manchmal ausgesprochen antichristlich sind: systematischer Klassenkampf, Haß, Umsturz und die materialistische Psychologie, welche die sogenannte Konsumgesellschaft angesteckt hat.

Verschiedene negative Reaktionen scheinen die Auflösung des kirchlichen Lehramtes zum Ziele zu haben, entweder durch mißverständliche Reden über den Pluralismus, der als freie Interpretation von Lehren und ungestörte Koexistenz von gegensätzlichen Auffassungen verstanden wird, oder über die Subsidiarität, die als Autonomie aufgefaßt wird, sei es über die Ortskirche, die fast losgelöst, frei und selbstgenügend sein soll, oder durch Mißachtung der durch päpstliche und konziliare Definitionen sanktionierten Lehre.

Diese Situation hat sehr bittere und leider auch gefährliche Auswirkungen auf die Kirche: Verwirrung und Gewissensnot, Verarmung des religiösen Lebens, schmerzliche Abfälle im Bereich des gottgeweihten Lebens, der ehelichen Treue und der Unauflöslichkeit der Ehe, Schwächung des Ökumenismus und Versagen der moralischen Schranken gegenüber dem Vordringen des platten Lebensgenusses.

Haben wir trotzdem Vertrauen!

Und doch ist die Kirche lebendig, aktiv und jung! Das Vertrauen, das sie von allen ihren Kindern braucht und mit Recht erwartet, beruht nicht nur auf menschlichen Überlegungen, sondern auf dem Plane Gottes. Es gründet in den göttlichen Verheißungen und Gnadengaben: im Erbe der Wahrheit, das durch die echte Tradition vermittelt wird; in ihrer äußerlich sichtbaren und zugleich mystischen Struktur; in ihrer Fähigkeit, die zerbrochene Einheit der einzigen und universalen christlichen Menschheitsfamilie wiederherzustellen; in der Kraft und dem Adel ihres pastoralen Einsatzes, der fähig ist, in das christliche Leben die kirchliche Erneuerung einzufügen, und schließlich in ihrer Sendung als Zeichen und Werkzeug der ganzen Menschheit, offen für die Welt von heute und morgen.

Papst Paul VI., 23. Juni 1972

Mehr beten und weniger diskutieren

Man soll Fragen von untergeordneter Bedeutung, und mögen sie noch so aktuell sein, nicht aufbauschen; man soll den entscheidenden Fragen aber auch nicht aus dem Wege gehen. Eine solche ist zweifellos die Glaubensfrage. Eine überwältigende Mehrheit der deutschen Katholiken hat bei der Umfrage zur Synodenvorbereitung die Frage nach dem Glauben als die vordringlichste bezeichnet, sie wurde trotzdem nicht in das Synodenprogramm aufgenommen. Ähnlich liegen die Dinge auch in anderen Ländern.

In Holland hat sich die Situation inzwischen derart verschärft, daß der Bischof von Roermond (das ist jene Diözese, in der man zuerst begonnen hat, die Kinder ohne Beichte zur Erstkommunion zu führen) sich gezwungen sah, die Glaubensfrage zu stellen. Bischof Gijsen hat Ende August/Anfang September die Situation in seinem Bistum in Presse und Rundfunk offen erörtert und klar nach dem Glauben gefragt. Er hat den Lehrkörper der Diözesanhochschule in Heerlen und die Dechanten seines Bistums vor die Entscheidung gestellt, sich klar und unumwunden zur römisch-katholischen Kirche zu bekennen und loyal mit ihm zusammenzuarbeiten oder sich von der Kirche zu distanzieren. Mit einer Scheineinheit sei niemandem gedient.

Solange es nur um seine Person und um Akzentunterschiede ging, erklärte der

Bischof dem "Limburgs Dagblad", konnte er ruhig bleiben und sich in Geduld üben. "Aber es ist inzwischen deutlich geworden, daß wir mit einer Glaubenskrise konfrontiert sind. Ich habe erfahren, daß wesentliche Glaubenspunkte angezweifelt werden. Und nun muß ich eine deutliche Sprache sprechen, deutliche Fragen stellen und deutliche Antworten bekommen." Eine andere Methode gebe es nicht.

"Es geht momentan um die Frage, ob die Priester Diener der römisch-katholischen Kirche sein wollen - anstatt einer niederländisch-katholischen Kirche. Da es nun scheinbar doch Menschen gibt, die eine solche Kirche wollen, müssen sie sich distanzieren. Dann muß es eben zu einer Spaltung kommen, wie sehr mir das auch leid tut."

Wenn man der wesentlichen Problematik nämlich weiterhin ausweiche, so komme man gefährlich nahe an jene Erscheinung heran, von welcher der Kirchenhistoriker Hubert Jedin sagt: "Nichts hat die Reformation so gefördert wie die Illusion, daß sie nicht vorhanden sei." Anders ausgedrückt: "Man versucht, den Schein zu wahren, als ob es im Augenblick um das unkluge Handeln des Bischofs ginge. Aber er ist vom Papst beauftragt, den römisch-katholischen Glauben zu wahren. Und im Namen des Papstes weist er warnend auf die Unterminierung des Glaubens hin. Man betrügt den Menschen, wenn man einer geradlinigen Antwort auf Fragen nach Tatsachen aus dem Weg geht und sich davor entschuldigt mit der Auskunft, die Fragen seien zu kompliziert für eine unumwundene Antwort."

Bevor es zu dieser Entscheidungsfrage kam, hat der Bischof viele Stunden mit den Angesprochenen diskutiert, allerdings ohne Erfolg. Die Dinge neuerlich auf das Psychologische abzuwälzen, hält er nicht mehr für "seligmachend". Er will "von Mann zu Mann" reden. "Ich will einfach wissen, woran ich bin und wo die Dechanten stehen." Und die Professoren. Bei ihnen "liegt die erste Verantwortung, nicht bei ihren Schülern", wenn ihm diese auch "Einbahnverkehr, Maulkorb und das Kultivieren eines Systems vorwerfen, das fundamentale menschliche Werte mit Füßen tritt".

Im Rundfunk erklärte Bischof Gijsen: "Es handelt sich nicht darum, Randfiguren aus der Kirche auszustoßen, sondern darum, sie darinnen zu halten. Gerade deshalb muß deutlich gemacht werden, was jenseits der Grenze liegt. Mit einer Scheineinheit ist niemandem gedient. Wenn wir jetzt nicht zur Klarheit kommen, können wir, glaube ich, in zehn Jahren in den Niederlanden nicht mehr von einer römisch-katholischen Kirche sprechen."

Deutlicher konnte der Ernst der Lage nicht mehr aufgezeigt werden. Die Dechanten haben ihn auch begriffen und inzwischen erklärt, daß sie "in der römisch-katholischen Kirche stehen und in ihr bleiben wollen". Von der Hochschule steht zur Zeit eine solche Erklärung noch aus.

Das Ganze ist tragisch und geht nicht nur die Kirche von Holland an. Die Kräfte, die in Holland zu dieser Krise geführt haben, sind in der Kirche weiterhin wirksam, besonders in West- und Mitteleuropa. Die Vorgänge in der deutschen Diözese Limburg, die nicht nur räumlich, sondern auch geistig Holland am nächsten liegt, können nur auf diesem Hintergrund richtig gesehen werden. Wir täten alle miteinander gut, wenigstens ebenso viele Stunden zum Heiligen Geist zu beten, als wir oft um recht nebensächliche und religiös unfruchtbare Dinge, diskutieren.

Ohne Kirchenrecht geht es nicht

Man geht in der Diskussion um das Kanonische Recht heute so weit, daß man jedes Bemühen der Kirche um Regelung irgendeiner Sache tadelnd und ironisch als "Juridismus", als Verrechtlichung anprangert und vom kirchlichen Leben ausschließen möchte, als ob fehlerhafte Maßnahmen kirchlicher Gesetzgebung die Verwerfung und Abschaffung einer solchen Tätigkeit rechtfertigen würden! Man beruft sich zwar auf bestimmte Stellen der Schrift (Gal 2,16-18; Röm 4,15), legt diese aber ungenau aus. Man bedenkt nicht, daß "eine Gemeinschaft ohne Gesetz hier auf Erden nach wie vor nur eine Gemeinschaft nach Willkür wäre, ganz abgesehen davon, daß sie keine Gemeinschaft der Liebe wäre oder jemals eine solche sein könnte" (L. Bouyer).

Man ist heute dem Kirchenrecht gegenüber reserviert wie noch nie, und zwar auf Grund einer fehlerhaften Auslegung des letzten Konzils, als ob dieses die rechtlichen und hierarchischen Bande in der Kirche ihrem Wesen nach gelockert hätte. Anderseits aber übersieht man die fortschreitende Tendenz, für alle Ebenen in der Kirche mit Berufung auf ein dringendes Bedürfnis die unterschiedlichen Neuerungen, die einander bisweilen sogar widersprechen, auch rechtlich festzulegen. Die Kirche bejaht und fördert solche Bestrebungen, soweit sie der Absicht nach gesunden Reformen und wünschenswerter Anpassung entsprechen. Es besteht aber auch Anlaß zur Sorge, weil diese rechtlichen Neuerungen mit der Lehre und der gültigen Norm der kirchlichen Lehre auch unvereinbar sein können.

Diese Bedenken wiegen um so schwerer, als die Tendenz, die kirchliche Praxis nach neuen, fraglichen Grundsätzen zu verändern, leicht vom rechtlichen auf den moralischen Bereich übergreift und ihn mit gefährlichen Gärstoffen überschwemmt und so untergräbt. Zuerst wird der klare Begriff des NATURRECHTS angegriffen, dann die Autorität des POSITIVEN GESETZES, und zwar sowohl im kirchlichen wie im staatlichen Bereich, denn beides steht der Autonomie (dem Anspruch, sein eigener Gesetzgeber zu sein) des einzelnen oder der Gemeinschaft entgegen. Dadurch nimmt man dem Gewissen die klare Erkenntnis und die sittliche Annahme der objektiven moralischen Verpflichtung. So wird man zwar, wie man sagt, frei und unabhängig, aber o weh - zurück bleibt ein blinder Mensch, ohne Kriterium für sein menschliches Handeln! Er läßt sich dann einfach vom Strom treiben und ist den Zufälligkeiten der einzelnen Situationen oder der instinktiven leib-seelischen Antriebe ausgesetzt, ohne jede echte Ordnung und ohne personale Selbstbeherrschung. Und das wird noch gerechtfertigt mit dem falschen Ideal einer Befreiung und mit dem sophistischen Hinweis auf die sogenannte permissive (alles erlaubende, nichts verbietende) Moral. Was bleibt dann aber noch vom Gespür für das Gute und Böse? Was bleibt von der Würde und Größe des Menschen? Wie wahr ist es doch, daß der Mensch ohne Gesetz nicht mehr Mensch ist! Und nur zu wahr ist es, daß das Gesetz ohne eine Autorität, die es lehrt, auslegt und auferlegt, sich leicht verdunkelt, lästig wird und dann verschwindet! Christliche Freiheit darf nicht als "Deckmantel für die Bosheit" dienen. Papst Paul VI., 28. Jänner 1972

Klug bewahren und weiterführen

Kirche bauen! Dabei gilt es, sich einige sehr wichtige Dinge vor Augen zu halten. Vor allem die Tatsache, daß es sich dabei ganz und gar nicht um unser Tun handelt, sondern einzig und allein um das Werk Christi. Er hat gesagt: "Ich werde meine Kirche bauen" (Mt 16,18). Er ist der Baumeister. Er ist aber auch der Ausführende und somit in gewissem Sinn der alleinige Baumeister. Es handelt sich um ein Werk, das Er gründete, das von ihm abhängt und das wir wachsen sehen wollen. Es ist allein sein Werk, das Werk Gottes. Wir sind Mitarbeiter, berufen in die Werkstatt der göttlichen Planung (1 Kor 3,9). Wir sind Werkleute des Baues, dessen Meister Gott, Christus, ist. Wir sind Diener, Werkzeuge. Wir gehören dem Bereich der geschöpflichen Abhängigkeit, nicht dem schöpferischen Ursprung an...

Zweitens gilt es festzuhalten, daß es sich für uns nicht so sehr darum handelt, die Kirche neu zu erbauen, als vielmehr sie wiederherzustellen - es sei denn, wir befänden uns auf dem Felde der Mission, wo die Einpflanzung, die Errichtung der Kirche, mit der Erstverkündigung des Evangeliums beginnen muß. Wir aber in den Ländern alter christlicher Prägung müssen uns klar vor Augen halten, daß beim Aufbau der Kirche ein Faktor unerläßlich ist, nämlich die **Tradition**, die in Jahrhunderten vollbrachte Arbeit derer, die vor uns an der Kirche gebaut haben. Wir sind Erben, wir führen ein in der Vergangenheit begonnenes Werk weiter. Wir müssen Geschichtsbewußtsein haben und in uns die Haltung einer Treue ausformen, die demütig ist und glücklich über alles, was uns vergangene Jahrhunderte an Lebendigem und Echtem beim Aufbau des Mystischen Leibes Christi hinterlassen haben. Wir müssen uns hüten vor der Gewissenlosigkeit des Revolutionsgeistes, wie er für so viele Menschen unserer Zeit bezeichnend ist; diese Gewissenlosigkeit möchte alle Arbeit früherer Generationen beiseite schieben und glaubt, das Heil der Menschen dadurch einleiten zu können, daß sie alles zurückweist, was uns die von einem Lehramt mit Sinn für Kontinuität und Ursprünglichkeit bestätigte Erfahrung bewahrt hat, und das Unternehmen einer neuen Zivilisation beim Punkte Null beginnen läßt. Wir wollen klug bewahren und überlegt weiterführen und brauchen keine Angst zu haben, daß diese doppelte Einstellung, richtig verstanden, unserem Wirken in dieser Zeit seine Lebendigkeit und Originalität nimmt. Denn die Aufgabe, die es beim Aufbau der Kirche zu erfüllen gibt, ist immer neu, steht immer am Anfang - insbesondere auf den Gebieten der Spiritualität und der Seelsorge.   Papst Paul VI., 14. Juli 1976

Wir brauchen den Papst

Nicht umsonst war unter den Aposteln EINER, der die Last des Zeugnisses und die Last der Sorge um die ganze Gemeinde im besonderen übertragen bekam. "Ich habe für dich gebetet, daß dein Glaube nicht wanke", so hatte Jesus schon zuvor dem Petrus gesagt. Er hat ihm den Auftrag gegeben, "seine Brüder zu stärken" und seine Herde zu weiden.

Die Einheit der Kirche ist das entscheidende Zeichen dafür, daß die Welt glauben kann. Die Einheit der Kirche in dieser Zeit karsamstäglicher Desorientierung außerhalb der Kirche und in der Kirche braucht dringender denn je das Amt des Petrus.

Es ist einfach unverantwortlich, dieses heute so schwere Amt nörgelnd in den Schmutz zu ziehen, den Papst zum Buhmann zu machen und ihn allein zu lassen. Wir brauchen ihn, vielleicht mehr denn je. Aber auch er braucht uns.

WIR BRAUCHEN EINEN, der es in die Hoffnungslosigkeit der Welt hineinruft, daß der Herr auferstanden ist und daß es deswegen eine Zukunft gibt und einen Sinn im Leben der Menschheit.

WIR BRAUCHEN EINEN, der es in die Selbstherrlichkeit des Menschen hineinruft, daß nicht der Mensch allein sich helfen kann, sondern nur der Gott, der in der Auferstehung Jesu Tod und Schuld überwunden hat.

WIR BRAUCHEN EINEN, der in die Zerrissenheit und Spaltung in Menschheit und Kirche hineinruft, daß der auferstandene Gute Hirt die Völker sammelt, die Kirche eint und der Welt seinen Frieden anbietet.

Die Frage nach dem Amt des Petrus läßt sich nicht trennen von unserem Glauben an die Auferstehung. Das Leben mit dem Träger dieses Petrusamtes - und das ist der Papst - und daher das Hören auf den Papst läßt sich nicht trennen vom Leben mit Christus in seiner Kirche.

Ist das zu hart gesagt, zumal für die Ohren unserer nichtkatholischen Mitchristen? Es ist gesagt aus der ehrlichen und brüderlichen Bereitschaft, im Gespräch mit ihnen nichts vom eigenen Glauben auszuklammern. Ich denke, wir sind über die Kinder- und Jugendjahre des Ökumenismus hinaus, d. h. über die Phase des Kennenlernens und der äußeren Kooperation. Die Phase des Erwachsenenalters hat begonnen, d. h. es geht um die Wahrheit, um die ganze Wahrheit. Nur Einheit in der Wahrheit ist auch ganze Einheit in der Liebe.

                                        Bischof Franz Hengsbach, Essen

Den geraden Weg gehen!

Vermeidet sorgfältig nutzlose Diskussionen. Hütet euch, rechts oder links abzuschwenken; geht gerade euren Weg. Laßt euch nicht in tendenziöse Gruppen eingliedern. Es gibt solche, die alles über den Haufen werfen möchten; in der Absicht, die Lehren des Glaubens besser zu deuten, laufen sie Gefahr, den Gedanken Christi zu verraten und sich von der Wahrheit zu entfernen. Andere wieder hingegen bleiben in unfruchtbarer Unbeweglichkeit verankert, sehen in allen Neuerungen Gefahren und möchten allen Fortschritt im Glauben verhindern.

Um den Irrtum zu vermeiden, müßt ihr die Lehren des letzten Konzils und die Richtlinien befolgen, die der Papst unermüdlich gibt. Der Papst ist der Nachfolger dessen, der von Christus die Schlüssel des Himmelreiches erhielt. Er führt das Amt dessen weiter, der von Christus beauftragt wurde, die Brüder im Glauben zu stärken.

Papst Paul VI. hat ein Glaubensbekenntnis für die gegenwärtigen Zeiten veröffentlicht. Dieses Credo ist von einmaliger Bedeutung. Es erleuchtet uns und gibt uns die Richtung an, die wir einschlagen müssen, um den richtigen Weg nicht zu verfehlen. Was brauchen wir noch mehr, um sicher zu entscheiden zwischen dem, was unabänderlich ist, und dem, was geändert und der Jetztzeit angepaßt werden darf?   Bischof Nestor Adam, Sitten

Zur Erklärung der 33 Theologen

Die Deutsche Bischofskonferenz weiß, daß die theologische Wissenschaft eine wichtige Aufgabe in der Kirche zu erfüllen hat. Sie anerkennt die Sorge der Unterzeichneten um die Kirche. Selbstverständlich sehen wir mit ihnen in Jesus Christus und seinem Evangelium Mitte und Fundament unseres Lebens und Dienstes. Wir begrüßen, daß sich die Theologen "nicht der Mitverantwortung für unsere Kirche entziehen" wollen.

Glauben die Theologen jedoch allen Ernstes, durch ihre Vorschläge Orientierung zu geben und neues Vertrauen zu wecken? Was soll die Rede vom "kirchlichen System", das als Wurzel allen Übels angeprangert wird? Unterstellt nicht dieser Ausdruck, es ginge in der Kirche vorwiegend um Macht und ihre Verteilung? Ist überhaupt eine gröbere Mißdeutung des Leitungsamtes denkbar?

Wir Bischöfe übersehen nicht, daß es in der Kirche Fehler gibt. Aber in den Vorschlägen der unterzeichneten Theologen sehen wir keine Hilfe. Sie sagen: "Selber handeln" und "Gemeinsam vorgehen". Auch wir bejahen dies. Aber sich gegen die Leitung der Kirche militant solidarisieren, verstößt gegen die Gemeinschaft des Glaubens und schafft neue Polarisierungen. Sie sagen: "Zwischenlösungen anstreben". Auch wir Bischöfe wissen, daß die Erneuerung der Kirche eine bleibende Aufgabe ist, die in Schritten erfolgen muß. Aber wir lehnen "Zwischenlösungen" ab, die mit der Absicht erfolgen, Druck auszuüben. Appelle zur Auflehnung und Kraftproben von Gruppen führen zu Spaltungen.

Wir verwahren uns entschieden gegen den Aufruf, sich eigenmächtig von verbindlichen kirchlichen Verpflichtungen zu entbinden und die Gemeinden in Widerstreit zum Bischof zu bringen.

Wider die Resignation helfen weder Verdächtigungen noch Vorwürfe, schon gar nicht Rebellion. Die Krise überwinden nur lebendiger Glaube, tätige Hoffnung und treuer Dienst. Sie müßten uns zur Solidarität und Zusammenarbeit führen.

Die Deutsche Bischofskonferenz

Mönche sind unersetzlich

Das beschauliche Leben ist ein wesentliches Element des Christentums, "eine der Grundfesten der heiligen Kirche" nach den Worten Johannes XXIII., oder wie Paul VI. sagt: "Der Mönch nimmt im geheimnisvollen Leib Christi einen ganz besonderen Platz ein." Ähnlich das Missionsdekret des Konzils: "Das beschauliche Leben gehört zur vollen Anwesenheit der Kirche und muß deshalb überall bei den jungen Kirchen Eingang finden."

Das Schicksal der Kirche, ihr Aufstieg oder ihr Niedergang, ihr Zustand des Eifers oder der Lauheit, alles das spiegelt sich im Klosterleben wider. Die Kirche ist heute an einem Scheideweg angelangt; das ist nicht weniger eine Wasserscheide in ihrer Geschichte als es das 11. oder 16. Jahrhundert war. Es ist eine Zeit der Krise, deren Ausgang für die Kirche eine lange Ära des Zusammenschrumpfens und der Bedeutungslosigkeit einleiten kann, oder aber auch eine Neugeburt, einen zweiten Frühling der Bedeutsamkeit und der schöpferischen Kraft.

Dieses Schwarzweißbild von Hoffnung und Angst finden wir seit dem Krieg in die Geschichte des Mönchtums hineinprojiziert. Im Westen war ein mächtiges Ansteigen der Ordensberufe festzustellen, am meisten bei den Trappisten. Der Protestantismus, sonst dem Mönchtum gegenüber so feindlich eingestellt, hat sich mit der Gründung der Gemeinschaft von Taizé, die sich inzwischen auch auf die Vereinigten Staaten ausgedehnt hat, auf neuen Boden begeben. Dagegen sehen wir, wie sich der Berg Athos, eine Wiege des östlichen Mönchtums, erschreckend rasch entvölkert.

Um der Gefahr eines institutionellen Reichtums und Ästhetizismus zu begegnen, behalten Armut, Gehorsam und Gebet ihren unersetzlichen Wert. Vor allem aber zählt das Zeugnis des monastischen Lebens. Bei der heute so großen Betonung der Anforderungen und Werte des irdischen Lebens dürfen wir nicht vergessen, daß es eine zukünftige Welt gibt. Die Aufgabe des Klosters besteht deshalb darin, die Menschen daran zu erinnern, daß die Gestalt, das "Schema" dieser Welt vergeht. Die Welt, wie wir sie kennen, wird nicht ewig bestehen;

deshalb müssen wir sie gebrauchen, als ob wir sie nicht gebrauchten (1 Kor 7,31). Der unersetzbare Dienst des Mönchtums - ein Dienst, den die Pastoraltätigkeit wohl ergänzen, aber niemals ersetzen kann - besteht darin, uns den wesentlich nomadischen Charakter unserer menschlichen Existenz vor Augen zu halten, daß wir Menschen auf einer Pilgerreise sind, die eine bleibende Stadt suchen, die von Gott bereitet und erbaut ist (Hb 11,16).   EB D. S. Lourdusamy, Rom

Nur EINE Revolution

Indem unsere Heilige Synode ihren eigenen Gläubigen und denen anderer Kirchen ihre feste Bindung an das traditionelle Verständnis des göttlichen Wesens und der göttlichen Aufgabe der katholischen Kirche in Erinnerung ruft, will sie die Gläubigen versichern, daß die griechisch-melkitische Kirche heute wie in der Vergangenheit nur das eine Ziel hat: das Wort Gottes, das DEPOSITUM FIDEI, zu bewahren und fruchtbar zu machen. Sie macht sich jene Worte Papst Johannes' XXIII. zu eigen: "Das entscheidende Ziel des ökumenischen Konzils ist dieses: das geheiligte anvertraute Gut der christlichen Lehre zu bewahren und es immer wirksamer zu bewahren... Etwas anderes ist die Substanz der alten Lehre, die im Glaubensgut enthalten ist, etwas anderes die Formulierung, in die sie gekleidet ist."

Engagiert in der sich nie erschöpfenden Aufgabe, Christus einer sich fortwährend in Änderung befindlichen Welt darzubieten, gibt die griechisch-melkitische Kirche zu, daß es wünschbar und möglich ist, sich einer Welt, die sich verändert, anzupassen... aber sie kann nur eine einzige und ausschließliche Art von radikaler Veränderung, eine alleinige Form von Revolution zugestehen, nämlich jene der metánoia, der Umwandlung der Sünder in Glieder des verklärten Leibes Christi. In Themen, die das Wesen des göttlichen Glaubens selbst berühren, kann es nur eine einzige Haltung geben: jene der Verehrung und der Dankbarkeit.

Unsere heilige Synode ist immer bereit und bestrebt, sich selber all dessen zu entäußern, was nicht wesentlich ist, auf daß jener, der "der Weg, die Wahrheit und das Leben" ist, immer mehr in den Augen der Gläubigen und auch der Ungläubigen aufleuchten möge. Deshalb distanziert sie sich von neuen Lehren, die nicht auf der heiligen Überlieferung der Apostel und der Väter fundiert sind.

Sie warnt ihre eigenen Gläubigen wie auch ihre zahlreichen Freunde und Brüder der großen Kirche des Westens eindringlich vor jedem Versuch, die aufbauenden Anstrengungen des Zweiten Vatikanischen Konzils in destruktiver Art zu interpretieren, indem man sich von der wahren Lehre entfernt oder dahin tendiert, die eine Kirche in rivalisierende Gruppen aufzuspalten.

Wahre Erneuerung kann es nur geben, wo man sich auf die Liebe Christi in der Wahrheit und auf die Ehrfurcht und Achtung für seine heilige Gemeinschaft, die

Kirche selbst, stützt. Um Christ zu sein, muß der Eifer demütig, geduldig und leidensbereit sein. Sein Ziel muß das immerwährende Wachsen und die Reifung aller Gläubigen sein, die, "teilhaft geworden der göttlichen Natur", in Gemeinschaft treten mit der Heiligsten Dreifaltigkeit.   Die griech.-melkit. Bischofssynode 1970

Falscher Eifer

Es scheint eine unausrottbare Synodenkrankheit zu sein, Dinge entscheiden zu wollen, für die sie nicht zuständig ist. Das letzte Beispiel dafür lieferte Würzburg mit der Laienpredigt bei der Eucharistiefeier. Mag sein, daß liebevoll gepflegte Komplexe ein Ventil brauchten. Es ist auch wahrscheinlich, daß der Konflikt beigelegt wird und es zu keinem Bruch mit Rom kommt. Aber der Fall selbst ist ein Signal. Er zeigt, wie man mit "der Kirche" umzuspringen beliebt und es ihr "zeigt".

Was soll's? Die Laien haben in der Kirche heute absolute Redefreiheit, und das ist gut so. Ihre Aufgabe ist es, das Reich Gottes "in der Verwaltung und gottgemäßen Regelung der zeitlichen Dinge" zu suchen. In der Familie sollen sie "sich gegenseitig und den Kindern den Glauben und die Liebe Christi bezeugen". In Ehe und Familie, im Beruf und am Arbeitsplatz, in den kirchlichen Gremien und bei pfarrlichen Veranstaltungen, aber auch bei der politischen Versammlung, am Gasthaustisch und im Wartesaal, in der Gemeindestube und bei der Parteisitzung, in Rundfunk und Fernsehen, in allen Organen der Presse, nicht nur in der "Kirchenzeitung" - da sollen sie reden, da ist überall das Wort aus gläubigem Laienmund gefragt und willkommen! So viele Probleme, so viele Gelegenheiten. Aber da wartet man meistens leider vergeblich auf das mannhafte, befreiende, richtungweisende Wort. So selten steht heute ein katholischer Laie auf und zeigt, daß er als gläubiger Christ etwas zu sagen hat. Lieber verschanzt man sich im Dunkel kollektiver Formen und Gremien, in denen die Anonymität des einzelnen gewahrt bleibt. Und wir sehnten uns so sehr nach einem christlichen Manneswort, das wieder einmal aufhorchen läßt!

Anstatt dessen auf die Kanzel - pardon, an den Ambo. Nicht bei einem einfachen Wortgottesdienst, da wär's ab und zu nämlich ganz vernünftig, nein, bei der Eucharistiefeier. Damit wir glücklich wieder dort sind, wo wir vor dem Zweiten Vatikanischen Konzil waren - bei der Auseinanderreißung des Wort- und des Opfergottesdienstes. Davon hat eben dieses Zweite Vatikanische Konzil nämlich ausdrücklich erklärt, daß "beide einen EINZIGEN Kultakt ausmachen".

Muß das sein? Predigt, liebe Laien, wo und wann immer es euch zukommt, laßt aber die Kanzel in der Kirche wenigstens bei der Eucharistiefeier dem Priester! Das wird der ganzen Kirche Gottes von Vorteil sein.

Brauchen wir Priester?

Und wenn: wozu brauchen wir Priester? Die Frage greift ans Lebensmark der Kirche, denn die Krise der Kirche von heute ist eine Krise ihres Priestertums.

KEINEN Priester braucht, wer in der Kirche nur ein menschliches Gemächte, ein soziologisches Gebilde oder eine menschliche Institution sieht; wer in den Sakramenten keine von Gott verordneten Gnadenmittel, sondern bloße Zeichen erblickt, die den Glauben anregen wollen; wer entweder überhaupt die objektive Existenz Gottes leugnet oder in Christus nur einen überragenden Menschen, nicht aber den ungewordenen Sohn des ewigen Vaters erkennt.

Alle diese brauchen keinen Priester, weil in ihrem Denken für einen Mittler zwischen Gott und dem Menschen kein Platz ist und der übernatürliche Glaube fehlt. Wer keinen Priester braucht, leugnet nämlich - ausdrücklich oder einschluß-weise -, daß Jesus Christus Priester - Hoherpriester, ewiger Hoherpriester - ist und bleibt.

So schrieb erst vor kurzem ein viel genannter "katholischer" Theologe ein Buch, in dem er frisch-fröhlich behauptet, daß "auf Grund der Berufung durch andere Gemeindemitglieder oder auf Grund eines frei aufbrechenden Charismas" die gültige Eucharistiefeier auch ohne den geweihten Priester möglich sei. Die Priesterweihe sei nicht "von Christus eingesetzt", sondern "aus dem Judentum übernommen worden".

Eine abseits vom Altar und fern vom göttlichen Herrn und seiner Liebe betriebene "Theologie" mag zu solch krausen Ergebnissen kommen, der einfach-ste Gläubige wird sie samt ihrer scheinbaren Gelehrsamkeit jedoch als dem Glauben der Kirche widersprechend entschieden von sich weisen.

Es geht ja gar nicht darum, ob wir Priester brauchen oder nicht, sondern einzig und allein darum, ob Christus seiner Kirche ein Priestertum eingestiftet hat oder nicht, ob Christus selbst Priester war und Priester ist und seinen priesterlichen Dienst auf Erden durch von ihm berufene und ausgerüstete Menschen fortsetzen will oder nicht.

Mit dieser Frage hat sich bereits das Konzil von Trient eingehend auseinander-gesetzt und verbindlich erklärt: "Opfer und Sakrament sind nach göttlicher Anord-nung so verknüpft, daß sich beides in jeder Heilsordnung findet. Da also im Neuen Bund die katholische Kirche nach der Einsetzung des Herrn das heilige sichtbare Opfer der Eucharistie empfangen hat, so muß man auch bekennen, daß es in ihr ein neues, sichtbares, äußeres Priestertum gibt, in dem das alte Priestertum aufgehoben und vollendet wurde. Daß dieses Priestertum von unserem Herrn und Heiland eingesetzt wurde, daß den Aposteln und ihren Nachfolgern im Priestertum die Gewalt übertragen wurde, seinen Leib und sein Blut zu verwandeln, darzubrin-gen und auszuteilen sowie Sünden zu vergeben und zu behalten, das zeigt die Heilige Schrift, und das hat die Überlieferung immer gelehrt."

Christus ist der Gesandte des Vaters; er sagt und tut nur, was der Vater ihm zu sagen und zu tun aufgetragen hat. Eben diese Sendung sollen die Apostel fortsetzen: "Wie der Vater mich gesandt hat, so sende ich euch." Diese Sendung ist nach Johannes keine bloße Rechtsvollmacht, den Sendenden zu repräsentieren und in seinem Namen zu handeln, in ihr ist der Gesandte selbst mystisch gegenwärtig. Wie der Vater im Sohn wohnt und dessen Werke tut (Jo 14,10), so ähnlich wohnt und wirkt der Vater auch in den Aposteln und in ihren Nachfolgern. Darum nimmt der, der den von Christus erwählten und gesandten Apostel aufnimmt, Christus selbst, aber auch den Vater auf (Mt 10,40).

Das Priestertum ist Geschenk und Gnade des Himmels, an den Priester wie an die Gemeinde. Niemand darf sich die Würde - die verhüllt ist in der Bürde und erst, wenn diese gefallen ist, offenbar werden wird - selbst nehmen; auch kann sie keine Gemeinde übertragen, weil diese dann geben wollte, was sie nicht hat; aber auch kein "frei aufbrechendes Charisma" kann vom Himmel fallen lassen, was Christus sich selbst vorbehalten und an seine Kirche gebunden hat: "Nicht ihr habt mich erwählt, sondern ich habe euch erwählt!"

Priestertum ist Gnade, die man nicht erzwingen, um die man nur bitten kann, und die, Gott sei's geklagt, heute nicht selten offensichtlich geringgeachtet und verscherzt wird.

Gesiegelt auf ewig

Der Priester empfängt bei der Weihe ein "unauslöschliches Siegel", ein "Merk-" oder "Präge-Mal", eben den "Weihe-Charakter", der ihn - für irdische Augen unsichtbar wie der Tauf- oder Firmcharakter - für immer von Nichtgeweihten unterscheidet und kraft einer besonderen Verähnlichung mit dem einen und einzigen Hohenpriester zum wirksamen priesterlichen Handeln befähigt.

Entgegen der klaren Lehre der Kirche beginnt man in letzter Zeit den Weihecharakter in Zweifel zu ziehen. Man unterscheidet zwischen einem "metaphysischen" oder "ontologischen" und einem "funktionalen" Verständnis des unauslöschlichen Siegels. Nach dem ersten, traditionellen und rechtgläubigen Verständnis wird die Seele des Priesters bei der Weihe tatsächlich "geprägt", nicht nach Art eines äußeren "Merkmals", sondern durch innere Verähnlichung mit dem ewigen Hohenpriester Jesus Christus, und zwar unverlierbar. Dazu hat das Tridentinum verbindlich erklärt: "Da im Sakrament der Weihe wie in der Taufe und Firmung ein MERKMAL eingeprägt wird, das NICHT ZERSTÖRT und nicht weggenommen werden kann, so verurteilt die heilige Kirchenversammlung mit Recht die Auffassung derer, die behaupten, die Priester des Neuen Bundes hätten nur eine zeitweise Vollmacht, und auch, wer richtig geweiht sei, könne wieder Laie werden, wenn er den Dienst des Gotteswortes nicht versehe." Das heißt: der gültige Empfang der Priesterweihe verleiht eine neue christliche Seinsbeschaffenheit, die zu besonderen, eben den "amtspriesterlichen" Akten befähigt; und wer einmal geweiht ist, bleibt für immer geweiht. Ein gültig geweihter Priester kann seines Amtes nur entbunden oder enthoben, er kann aber niemals in den "Laienstand" zurückversetzt werden, zumindest nicht in dem Sinn, als ob sein Weihecharakter aufgehoben würde - sowenig wie ein Getaufter "ungetauft" gemacht werden kann, selbst wenn er aus der Kirche "austritt".

Dagegen besagt das "funktionale" Verständnis des Weihecharakters lediglich, daß der Geweihte "in der Ganzheit seiner Existenz in Anspruch genommen wird". Eine solche nachträgliche und zusätzliche Prägung durch das Amt wird niemand leugnen, ist doch auch manchem Lehrer oder Richter der Beruf geradezu ins Gesicht geschrieben. Sie allein ist jedoch zuwenig. Denn wechselt einer den Beruf, wie etwa Cronin, der vom passionierten Arzt zum engagierten Romanautor umsattelte, oder ein "laisierter" Priester, der in einem weltlichen Beruf mit Hingebung arbeitet, so wird er eben "umgeprägt". Dagegen ist das wirkliche und neue Sein, das der sakramentale Charakter der Priesterweihe verleiht, unverlierbar und unauslöschlich. Der Geweihte bleibt ewig geweiht, mag er die Weihevollmacht ausüben oder nicht; keine Macht des Himmels und der Erde kann das Siegel des Heiligen Geistes in seiner Seele jemals auslöschen.

Wenn ein Verfechter der neuen Lehre sagt: "Die von Christus ausgehende Sendung des Amtsträgers gibt diesem eine bestimmte Funktion in der Kirche, die ihn in seiner ganzen Person beansprucht und in dem prägt, was er ist", so stellt er die Dinge wie die herkömmliche Lehre gerade auf den Kopf: bevor ihn das Amt, das er ausübt, prägen kann, muß er zu diesem Amt überhaupt befähigt, das heißt, muß er geweiht sein; nicht aus dem Tun kommt nachträglich die entscheidende Prägung, sondern aus der vorausgegangenen entscheidenden Prägung, der empfangenen Priesterweihe, kommt nachträglich das wirksame priesterliche Tun! Den Weihecharakter leugnen oder in eine bloße Funktion aufzulösen, heißt das Sakrament der Priesterweihe und damit das katholische Priestertum selbst leugnen.

Priester - ganz und für immer

Wer den Ruf Christi zur priesterlichen Nachfolge erfahren hat, bleibt in seiner Personmitte getroffen und gezeichnet. Er weiß sich letztlich nicht mehr auf das je und je Neue dieser Welt bezogen, sondern auf das ein für allemal Neue der Heilsbotschaft. Die priesterliche Berufung ist kein kündbarer Vertrag zwischen dem Berufenen und der Gemeinde, sondern ein Wirken des Heiligen Geistes, der eine niemals mehr schwindende Gabe mitteilt. Zeichen dieser Endgültigkeit ist jener besondere sakramentale Charakter, durch den der Priester nach der Lehre des Zweiten Vatikanums "mit der Salbung des Heiligen Geistes" gekennzeichnet wird. Dieser Charakter (in der Verkündigung meist "unauslöschliches Merkmal" genannt) ist kein bloßes Gedankending, sondern eine Wirklichkeit, die in der Berufung Gottes gründet. Der Priester muß deshalb ein betrachtender und betender Mensch sein, ein Mann, auf den Gott seine Hand gelegt hat.

Gott zu eigen

Vor Gott und den Menschen findet die radikale Hingabe des Priesters an den Herrn in jener Lebensweise ihren Ausdruck, die wir ZÖLIBAT nennen. Auf der Schlußsitzung der Bischofssynode 1971 sagte diesbezüglich Papst Paul VI.: "Die Auffassung, die in der Synode zum Ausdruck kam, bestätigen wir hiermit." Und nochmals hat er im Reskript, mit dem er die Veröffentlichung der Synodaldokumente angeordnet hat, "in feierlicher Weise" bestätigt, "daß in der Lateinischen Kirche auch weiterhin mit Gottes Hilfe die augenblickliche Gesetzgebung des priesterlichen Zölibats voll und ganz beobachtet werde."

Der Zölibat legt den festen Willen des Priesters offen, sein Leben ohne Vorbehalt dem priesterlichen Dienst zu weihen. Er bezeugt die Kraft der Gottesliebe, die das affektive Leben des Priesters umzuwandeln vermag. Die um Christi willen gelebte Ehelosigkeit wird niemals dem Ärgernis des Kreuzes entgehen und deshalb stets von der "Welt" nur schwer verstanden werden. Je mehr der Glaube erlahmt und die Liebe erkaltet, desto heftiger wird der Kampf gegen die gottgeweihte Jungfräulichkeit und gegen den Zölibat entbrennen.

Die Geschichte berichtet von Diskussionen um den Zölibat bereits im 4. und 5. Jahrhundert. Im 11. Jahrhundert, zur Zeit der gregorianischen Reform, wurde der Streit um den Zölibat heftig und emotional "in breiter Öffentlichkeit" ausgetragen. Damals wurden die Haupteinwände formuliert, die "von da an mit nur geringer Abwandlung immer wieder vorgetragen worden sind". Im 16. Jahrhundert wandten sich die Reformatoren und Humanisten gegen die priesterliche Ehelosigkeit. Die Neuzeit kennt vier Vorstöße: Aufklärung, Französische Revolution, Modernismus und die Nachkonzilszeit.

Darum: ganz Mann Gottes

Weil die Verkündigung des Evangeliums, die Leitung des Gottesvolkes, die Spendung der Sakramente und die Feier der Eucharistie zu dem EINEN priesterlichen Dienstamt verknüpft sind, müssen die heute öfters geäußerten Vorschläge, das priesterliche Dienstamt zu entfächern, mit Klugheit, Nüchternheit und Umsicht geprüft werden.

Gewiß, nicht selten sind Priester mit Aufgaben betraut, die nicht spezifisch zum priesterlichen Dienstamt gehören, sondern auch von Laien übernommen werden können, aber wir sollten bei der Frage der "Entfächerung" folgendes bedenken: Der Priesterstand gehörte bisher zu jenen Berufen, die man im Amerikanischen als "professions" zu bezeichnen pflegt, im Gegensatz zu den bloßen "occupations". Die professionellen Berufe - etwa des Arztes, des Juristen, des Ingenieurs oder des Professors - besitzen eine besondere, von der Gesellschaft anerkannte Autorität, in die sich Außenstehende nicht einmischen. Soziologen machen darauf aufmerksam, daß eine uferlose Entfächerung und Demokratisierung die Zuständigkeit des Priesters immer mehr einengen, das heißt den professionellen Status des Priesters aushöhlen würden, was sich möglicherweise auf die Zahl der Priesterberufe bedenklicher auswirken könnte als der immer wieder genannte Zölibat.

Die Gläubigen wünschen keine Priester, die sich in ihren Interessen und in ihrer Lebensführung völlig der Welt anpassen, noch Priester, die statt des Wortes Gottes gesellschaftliche Reformvorschläge verkündigen, sondern Diener Christi, die "Zeugen und Ausspender eines anderen als des irdischen Lebens" sind.

Diener Christi, nicht Rotkreuz-Helfer

Der Dienst des Priesters kann nicht als eine rein humanitäre oder gesellschaftspolitische Betätigung gedeutet werden, als ob die Kirche eine Art von christlichem "Roten Kreuz" wäre. Aber wenn auch der Priester im Dienst des Reiches Gottes steht, das nicht von dieser Welt ist, so wirken sich die priesterlichen Dienste dennoch auch in den irdischen Ordnungen aus, und sie sollen sich hier auswirken. Ungerechte gesellschaftliche Verhältnisse sind nicht nur ein Ärgernis, sondern heilswidrig, denn sie machen es "einer ungeheuer großen Zahl von Menschen" außerordentlich schwer, "das eine Notwendige, ihr ewiges Heil, zu wirken".

Der Priester verkündet die christliche Botschaft von der Würde des Menschen, der "von seinem Ursprung her" zum "Dialog mit Gott" berufen und, durch Christus erlöst, zur "neuen Schöpfung" geworden ist. Damit leistet der Priester, weil er die Menschen zu Christus und durch Christus zum Vater und zur Einheit und Liebe untereinander führt, dem gesamten Menschengeschlecht und jedem einzelnen Menschen einen Dienst, den sonst niemand anzubieten vermag.

Es ist also erlaubt und durchaus berechtigt, von einem Einwirken des priesterlichen Dienstes auf die irdischen Ordnungen zu sprechen, wenn nur die eschatologische Sicht (der Blick auf die Tatsache, daß die in der Zeit hervorgebrachten Wirklichkeiten in die Ewigkeit eingehen und dadurch end-gültig werden), gewahrt bleibt und die Mahnung des Neuen Testamentes beachtet wird: "Werdet nicht zu Konformisten mit dieser Weltzeit, sondern wandelt euch um durch die Erneuerung eures Geistes, indem ihr prüft, was der Wille Gottes ist: das Gute, das Wohlgefällige und das Vollkommene" (Rm 12,2).   Kardinal Joseph Höffner, Köln

Willst du ein Leben,
das dich drückt wie ein Alp?
Werde ein Priester und werde es halb!
Willst du ein Leben in Glück und Glanz?
Werde ein Priester und werde es ganz! *Ernst Thrasolt*

Treue ist möglich

Die Treue einer eingegangenen Verpflichtung gegenüber behält ihren Wert. Ist jede Treue, auch die der Eheleute, etwa nicht die unablässig neu getroffene Entscheidung, die Schwierigkeiten zu überwinden, die Überraschungen des Lebens in dauerhafter Liebe anzunehmen? Die Treue ist möglich. Wie viele Priester beweisen das durch ihr Leben! Sie finden in Wahrheit das Glück, das der acht Seligkeiten. Eine schwere Untreue ist immer eine Niederlage, etwas Trauriges.

Heute behaupten Priester, sie könnten die Verpflichtungen, die sie bei ihrer Subdiakonatsweihe eingegangen sind, nicht mehr halten. Ihre Schwierigkeiten verdienen Beachtung, ihre Haltung bedarf der Barmherzigkeit Gottes. Manche ersuchen um Befreiung von ihrer Zölibatsverpflichtung. Die Kirche kann mit Rücksicht auf das allgemeine wie auf das persönliche Wohl Dispens gewähren.

Das heißt aber nicht, daß sie keine gültige Verpflichtung übernommen haben. Das heißt nicht, daß sie außerstande gewesen wären, einen zwar schwierigen, aber mit der Gnade Gottes dennoch möglichen Kampf zu führen. Das heißt nicht, daß sie nicht die Verantwortung für ihre Handlungen tragen. Aber die Kirche möchte nicht Menschen gegen ihren Willen im Priesterstand festhalten, den sie am Tag ihrer Weihe übernommen haben. Außerdem kann sie die Kirche nicht in ihrem Amt belassen. Kardinal Marty, Paris

Es ist höchst charakteristisch, daß es meist dieselben Priester sind, die heute für die Abschaffung der Zölibatsverpflichtung eintreten und die eine Entsakralisierung der Kirche und des Priestertums anstreben. Sie haben das Verständnis für die Sakralität des Priestertums verloren. Sie sehen es als Ideal an, nicht nur den Unterschied von Priester und Laien zu verwischen, sondern vor allem den Unterschied von Priestertum und anderen Berufen. Sie betrachten es als Beeinträchtigung ihrer Rechte als Menschen und Bürger, wenn sie nicht, wie in anderen Berufen, "Interessenverbände" nach dem Muster der Gewerkschaften bilden können, wenn sie nicht ihre Beziehung zum Bischof mehr und mehr im Lichte eines weltlichen Kontraktes erblicken dürfen und darum den ihm schuldigen Gehorsam als undemokratisch abschaffen können und durch den ersetzen, zu dem jeder Untergebene in einer weltlichen Organisation auf Grund seines Kontraktes verpflichtet ist.

Merkwürdigerweise sind sich diese Priester, die bei jeder Gelegenheit gegen den Legalismus in der Kirche eifern, nicht bewußt, daß sie gerade durch die Entsakralisierung des Priestertums den Priester zu einem bloßen Beamten der Kirche machen. Sie verstehen nicht, daß Legalismus und Säkularisation tief zusammenhängen. Dietrich von Hildebrand

Untrennbar miteinander verbunden:
Priester - Opfer - Kirche
Priesterhände spenden Christi Leib und Blut

Mit dem Priester steht und fällt der Glaube eines Volkes, ja steht und fällt die Kirche selbst. Kirche und Priestertum sind nach dem Willen Christi so eng miteinander verbunden, daß das eine ohne das andere nicht bestehen kann. Eine glaubensstarke, ihrem Dienst treu ergebene Priesterschaft garantiert eine glaubensstarke, christustreue Kirche. Dabei kommt es weniger auf die Zahl als auf die Qualität der Priester an, auf ihre Treue zu Christus und seiner Kirche.

Mann des Glaubens

Was man vom Priester vor allem verlangen muß, ist das Zeugnis des Glaubens. Er soll ja den Glauben der ihm Anvertrauten wecken und nähren, stärken und mittragen; vor allem aber muß er den Glauben verkündigen. Wie könnte er das, wenn er selbst nicht glaubt, was er predigt? Vieles von dem, was heute "verkündet" wird, bliebe ungesagt, wenn der Verkündiger dafür mit seinem Leben einstehen müßte. Leben und sterben kann man nur für die Wahrheit, von der man überzeugt ist. Der große französische Kanzelredner Heinrich Lacordaire gestand: "Ich habe niemals tiefer das Gefühl der Freiheit erlebt als an jenem Tage, wo ich mit der heiligen Weihe das Recht erhielt, über Gott das Wort zu ergreifen." Das Recht, über Gott das Wort zu ergreifen - wer fühlt hier (bei aller Freiheit, die der Heilige Geist schenkt) nicht die Größe und Verantwortung, die auf dem rechtmäßigen Verkündiger des Gotteswortes liegt? Die verkündigte Wahrheit und der Glaube des Verkündigers müssen zu einem einzigen und lebendigen Zeugnis für die Gemeinde werden, die im Gehorsam verpflichtet ist, das Wort Gottes nicht nur zu hören, sondern auch anzunehmen.

Ganz Priester beim Opfer

Den Höhepunkt priesterlicher Sendung bildet zweifellos die Darbringung des eucharistischen Opfers; der im Hören des Gotteswortes geweckte und gestärkte Glaube wird fähig, in das "Geheimnis des Glaubens" einzutreten, sich mit dem auf dem Altare sich aufopfernden Christus zu vereinigen und sich von ihm vor den himmlischen Vater bringen zu lassen. Ein Priester, der sonst nichts mehr tun kann, als würdig zu zelebrieren, vollbringt immer noch das Höchste auf Erden, demgegenüber alle äußere Tätigkeit nur wenig bedeutet.

"Auserwählte Söhne meines Herzens, lasset euren Glauben lebendig werden und besinnt euch ernsthaft auf eure Sendung!" ruft Christus seinen Priestern zu. "Ich, König von furchterregender Majestät, gehorche eurem Wandlungswort demutsvoll und steige hernieder auf den Altar! In euren Händen vollzieht sich in lebendiger Weise die Menschwerdung, wie sie sich im Schoße meiner reinsten

Mutter vollzogen hat! Vernichtet euch nicht ein so großes Geheimnis, ein so großes Gut, das ich euch anvertraut habe?"

Ein heiliger Franz von Assisi hat sich tatsächlich aus Ehrfurcht vor der Größe des katholischen Priestertums abhalten lassen, Priester zu werden und sich mit dem Amt des Diakons begnügt, Priester wie Gläubige müssen sich daher hüten, das heilige Opfer gewohnheitsmäßig, oberflächlich oder in ungebührlicher Eile zu feiern: "Mehr Glauben! Mehr Liebe beim heiligen Opfer! Keine Eile! Mehr Sammlung und andächtiges Beten! Es gilt, so viele Seelen zu retten und zu stützen! Die heilige Messe ist kostbarste Zeit! Man soll würdig zelebrieren, indem man Gott verherrlicht, die Anwesenden erbaut, damit sich der Geist erneuert und man tagsüber den Seelen die Frucht des göttlichen Opfers reichen kann."

Leere Priesterhände?

Heute ist freilich etwas eingetreten, was früher in der katholischen Kirche undenkbar gewesen wäre: dem Priester werden die Hände entleert! Bischofsvikar Dr. Josef Teusch drückte dies am Tag der geistlichen Berufe 1975 im Hohen Dom zu Köln so aus:"Nach der Bitte ORATE FRATRES - BETET BRÜDER antworten die Gläubigen: SUSCIPIAT DOMINUS - DER HERR NEHME DAS OPFER AN AUS DEINEN HÄNDEN. In den Händen des Priesters wird das Opfer sein: das in den Leib des Herrn verwandelte Brot und der in das Blut des Herrn verwandelte Kelch. Aber schon hören wir neuere Theologie: Opfer, was ist denn das? Meint ihr, Gott sei ein Sadist? Er wolle Blut sehen? Meint ihr, die Menschen seien Masochisten und wollen das eigene Blut verschwenden? Christus ist gestorben: ja. Er hat sein Blut vergossen: ja. Aber als Sühneopfer: nein. Wenn aber der Tod Christi kein Opfer war: wie kann man dann vom Meßopfer sprechen? Ein Meßopfer gäbe es ja nur als Gegenwärtigsetzung des Kreuzopfers. Die heilige Messe kann man nur gelten lassen als das Mahl, durch das wir uns einbeziehen in das Abendmahl des Gründonnerstags.

So werden die Hände des Priesters entleert, und es wäre wohl sinnvoll, wenn wir von jetzt an das SUSCIPIAT nicht mehr beteten, wenn solche Überlegungen neuerer Theologie zu Recht bestünden. Der Priesteramtskandidat sollte dann aber auch wissen, daß er kein PRIESTER mehr werden könne. Zum Priester gehört das Opfer. Denn hätte er kein Opfer in seinen Händen, dann wäre unser Bittgebet SUSCIPIAT töricht..."

Wer spürt nicht, wie hier nicht nur der katholische Glaube, sondern auch der Priester und mit dem Priester die ganze katholische Kirche ins Mark getroffen ist? Wenn der Tod Christi kein Sühnetod für unsere Sünden war, dann war Christus auch nicht Priester, dann gibt es überhaupt kein Priestertum, dann gibt es auch kein Meßopfer, dann sind die Sakramente ihrer Kreuzeskraft entleert, dann hat die Kirche falsch geglaubt, dann ist die Kirche selber überflüssig! Darum fuhr Bischofsvikar Dr. Teusch fort:

Am Priestertum, am Kreuzes- und Meßopfer nicht rütteln!

"Wenn jemand leugnet, daß Jesu Leiden und Sterben den Charakter von Opfer und Sühne hat, verstößt er gegen den katholischen Glauben. Schon das Neue Testament läßt keinen Zweifel daran, daß der Herr seinen Tod als Opfer dargebracht hat. Der Hebräerbrief gibt unserem Herrn sogar den Titel Hoherpriester wegen der Einmaligkeit und Einzigartigkeit seines Opfers, das alle anderen Opfer des Alten Bundes überholt. Schon das Alte Testament bezeugt den kommenden Opfertod des Gottesknechtes (Jes 53,2-12).

Ebenso klar ist die Überzeugung der Kirche und überdies der gesamten Christenheit bis auf diesen Tag geblieben: durch sein Leiden und Sterben hat uns der Herr erlöst.

Was aber das Meßopfer angeht, so hat das Konzil von Trient erklärt, daß das Kreuzesopfer und das Meßopfer eins seien: es sei ja der eine Priester, der darbringt, Jesus Christus; es sei die eine Opfergabe, ebenso Jesus Christus; es sei die eine Opfergesinnung, nämlich Lob und Dank, Sühne und Bitte!"

Danken wir Gott täglich für die Gnade des Priestertums und das unschätzbare Geschenk der heiligen Messe, indem wir sie, auch an Werktagen, mit einem ebenso gläubigen wie liebenden Herzen mitfeiern!

Der Bischof bleibt der Bischof

Die neuerrichteten Priester-, Pastoral-, Dekanats- und Pfarrgemeinderäte werfen, wie die verschiedenen Diözesan- und Nationalsynoden, eine Reihe von Fragen auf, die nur gelöst werden können, wenn das Verhältnis dieser Gremien zum Bischof - den in der Pfarre der Pfarrer vertritt - grundsätzlich geklärt ist. Professor Doktor Audomar SCHEUERMANN führt dazu im deutschsprachigen Osservatore Romano mit erfreulicher Klarheit aus:

Die Spannung zwischen der "lehrenden Kirche", jener Kirchenglieder also, die das Wort Gottes verkünden und deuten, und der "lernenden Kirche", welche das Wort Gottes empfängt und beantwortet, wird immer sein. Aus dieser Spannung ist es im Mittelalter zur Investitur und zum Patronat gekommen, damit Leute, die außerhalb der Hierarchie stehen, Mitspracherechte hätten. Aus dem gleichen Grund ist man heute bemüht, durch die verschiedenen Räte den Betroffenen Kontrollfunktionen und Mitgestaltungsrechte zu verbriefen.

Der sogenannte Absolutismus des Bischofs ist schon sehr lange Zeit eine Fabel. Der Apostel steht unter Petrus, der Bischof unter dem Haupt der Gesamtkirche, dessen lehrende, ordnende, richtende Erstbefugnis ihn in allem bindet. Aber auch im Raum seines Bistums hatte der Bischof schon vor dem Konzil sein Domkapitel, das ihm als Rat und Ältestengremium beigegeben war und noch heute ist. Ohne diese bestehenden Räte aufzulösen, hat nun das II. Vatikanische Konzil drei neue Räte geschaffen: den Priester-, den Pastoral- und den Diözesanrat...

Nicht von Volkes Gnaden

Die Rechtsform für das Zusammenwirken, die Organisationsordnung der Räte also, hat von der Struktur der Kirche auszugehen, die eine hierarchische ist, bestimmt vom Willen des Herrn, nicht des Volkes. Der unsichtbare Herr wird in der Teilkirche durch den Bischof vertreten. Dieser Bischof, aus den Menschen genommen und mit heiliger Vollmacht im Sakrament der Weihe und in der kanonischen Sendung durch den Papst ausgestattet, verbleibt immer in einem klaren Gegenüber zur Schar der ihm Anvertrauten. Er hat die Stellung des Hauptes, mag er auch in seiner persönlichen christlichen Existenz ein Christ sein wie andere.

Darum ist in der Kirche ein Demokratisierung oder Parlamentarisierung nicht möglich, in der etwa die Räte im Dienste der Machtverteilung und der Kontrolle stünden und die Autorität in die von ihr Beherrschten rückkoppeln dürften. Die Räte sind mitsorgende und mitberatende Organe, beratend in verschiedenen Verbindlichkeitsgraden, deutlich, wenn in der Kirche näherhin bestimmt wird, daß der Bischof nur wirksam handeln kann, nachdem er diesen Rat gehört, in anderen Fällen nur handeln kann, nachdem er für ein bestimmtes Tun sich der Zustimmung dieses Rates versichert hat.

In der Kirche aber bleiben, wie die Offenbarung Jesu Christi in den Glaubenswahrheiten und die daraus folgenden ethischen Grundsätze, auch die institutionellen Grundformen unverfügbar. Darum kann das kirchliche Amt nicht demokratisiert werden. Die eigentliche Autorität ist Jesus Christus, der in der geschichtlichen Welt durch diejenigen gegenwärtig wird, die als Nachfolger der Apostel gerufen sind. Daraus erwächst das Amt der Kirche; daß dieses Amt da ist und daß es so ist, ist vorgegeben und darf von einer Demokratisierung in weltlich-politischem Sinn nicht verdorben werden. Wo Kirche ist, die Christus gehorsam bleibt, ist es ausgeschlossen, daß sie Vorsteher habe, die von der Gemeinde gänzlich abhängig sind. Daher kann der Gedanke, die Diözesanleitung einer Leitungskonferenz zu überantworten, von der verfassungsmäßigen Grundstruktur her nicht weiter gedacht werden.

Dies sei an zwei bedeutenden Aufgaben des Bischofs aufgezeigt.

Alleiniger Gesetzgeber

Höchster Ausdruck des bischöflichen Leitungsamtes ist das Gesetzgebungsrecht des Bischofs. Wenn sich der Bischof nach bisherigem Recht in seiner Gesetzgebung der Mitarbeit der Diözesansynode bedient, so war doch ausdrücklich vom Recht bestimmt, daß die Mitglieder der Synode nur eine beratende Befugnis haben. Alleiniger Gesetzgeber ist der Bischof, der allein, ohne die Synodalen, die in den Synodalstatuten festgelegte Gesetzgebung unterzeichnet. So wird es auch künftig sein, daß die bischöfliche Gesetzgebung sich der beratenden und fördernden Mitwirkung von Priestern und Laien versichert, ohne daß deswegen die bischöfliche Vollmacht einem Parlament übergeben würde. Die Beteiligung von Priestern und Laien am Gesetzgebungsvorgang hat alle Möglichkeiten der Erarbeitung, Anregung und Deutlichmachung der Interessen, darf aber niemals die Möglichkeit haben, die Freiheit des Bischofs einzuschränken in dem Entscheid, ob empfohlene Vorlagen Gesetz werden sollen oder nicht. Überlegungen, das bischöfliche Recht sei auch dann noch wenigstens gewahrt, wenn dem Bischof ein Veto eingeräumt wird, versuchen den Bischof seiner eigenen Initiative zu berauben und ihn auf die beschwernisreiche und in einer auf Frieden aufbauenden Gemeinschaft Unfrieden stiftende Bremserfunktion zu reduzieren. Daß ein um die Communio bemühter Bischof nicht dankbar die aus der Mitwirkung von Räten beigebrachten Überlegungen nützt und sich zu eigen macht, sollte nicht von vornherein angenommen werden. Allzuviel, was heute an Anspruch erhoben wird, wächst aus einem reichlich unreflektierten Ressentiment gegen die schon lange nicht mehr übertrieben autoritätsbewußte Führung der Kirche.

... und Hüter des Glaubens

Der Bischof steht in seiner anderen Aufgabe, nämlich der des Wächterdienstes und der Abwehr von lehrmäßigen Irrtümern, in einer höchst persönlichen Verantwortung. Darum kommt es ihm allein zu, die Prediger vor ihrer Sendung zu prüfen und bei begründeter Beanstandung gegebenenfalls die Predigtvollmacht zu widerrufen. Ihm kommt es zu, Religionslehrer und Theologiedozenten in ihrer lehrmäßigen Zuverlässigkeit zu beurteilen und gegebenenfalls zu beanstanden. Ihm obliegt es, in seinem Bereich Lehrirrtümer in Wort oder Schrift - jedenfalls dann, wenn beträchtlicher Schaden angerichtet worden ist oder bevorsteht - zu kennzeichnen und abzuwehren. Mag sich der Bischof auch in der Vorbereitung dieser oft schweren und harten Entscheidung auf Berater und beratende Gremien stützen, mag er sich helfen lassen, niemals aber darf er in dieser Aufgabe, die Lehrverfälschung als solche zu qualifizieren, von irgend jemandem behindert werden. Wenn die Deutsche Bischofskonferenz neuestens ein Lehrbeanstandungsverfahren geschaffen hat, so ist doch in klarer Erkenntnis der unabnehmbaren Verpflichtung des einzelnen Bischofs ausdrücklich gesagt, das Lehrbeanstandungsverfahren wolle dem zuständigen Bischof helfen, sein Lehr- und Hirtenamt wahrzunehmen; die ihm eigene Zuständigkeit und Verantwortung bleibe unbeeinträchtigt und es werde sogar erwartet, daß der Ortsbischof in der Regel sich ein Urteil bilde und demgemäß entscheide... Aber all das ist nur Hilfe für die eigentliche Entscheidung, wie die Lehre zu beurteilen und was gegen den Autor zu unternehmen ist, die schließlich der einzelne Bischof in eigener Verantwortung zu fällen hat.

An diesen zwei Aufgaben des Gesetzgebungsdienstes und der Irrtumsabwehr wird deutlich: Der Bischof darf seinen Dienst und seine ganz persönliche Verantwortung an niemanden abtreten, so sehr er auch um die Unterstützung und Mithilfe seiner Gläubigen bemüht sein wird, die in den diözesanen Ratsgremien repräsentiert sind. Diese Ratsgremien sind Organe der Kommunikation zwischen Bischof und Volk in der Teilkirche, sind Manifestation der Gemeinsamkeit. In dieser Communio ist das erste Problem keineswegs, festzulegen, ob und wann der Bischof wirksam handelt, ob und wann er einen unzulässigen Alleingang wagt. Vielmehr geht es in erster Linie darum, daß jeder, ob Bischof oder schlichter Gläubiger, als bewußter Christ in dieser Gemeinschaft stehe, jeder mitwirkend, daß die Kirche das Heil verkünde und wirke und in dieser Welt ein Zeichen Gottes sei.   Dr. Audomar Scheuermann

(K)ein Haus für Gott?

Ein ökumenischer Arbeitskreis, zu dem sich evangelische Pfarrer mit Professoren und Studenten des Liturgischen Arbeitskreises Trier zusammengefunden hatten, befaßte sich mit dem Thema: "Gottesdienstlicher Raum in der heutigen Situation." Msgr. R. Oster berichtete darüber in der "Deutschen Tagespost":

Die Gestaltung des gottesdienstlichen Raumes ist in eine Art Sackgasse geraten. Einerseits soll der Raum den neuen liturgischen Richtlinien angepaßt werden, anderseits soll er auch dem Bedürfnis nach persönlichem Gebet Rechnung tragen. Das dadurch entstandene Dilemma ist noch nicht ganz gelöst. Versuche mit ein- oder angebauten Sakramentskapellen oder Gebetsnischen sind meist ebensowenig zufriedenstellend wie die mit der Krypta zur Aufbewahrung des Allerheiligsten.

Architekt K. P. Böhr wies in seinem Referat darauf hin, daß sich viele Katholiken in den modernen Kirchen nicht mehr wohl fühlten und selbst die jüngere Generation im "Affront zum Kirchenbau der letzten Jahre" stehe. Aus dem Gotteshaus und dem Haus des Gebetes sei immer stärker ein "Gemeindehaus" geworden, ein Haus der "Bruderschaft", ein Ort, in dessen Mitte sich der "Mahltisch" befinde.

Die meisten neuen Kirchen könnten den Menschen nicht zum Verweilen, zum persönlichen Gespräch mit Gott einladen und dem Streßgeplagten keine Stätte der Sammlung und Besinnung sein. Glas, Beton und Eisen vermögen keine Wärme zu vermitteln. In großen ungegliederten Innenräumen mit vier kahlen Wänden gähne den Menschen die Leere an, die durch die pure Sachlichkeit und Nüchternheit der Raumgestaltung noch erhöht werde. Der Blick schweife ruhelos umher und werde höchstens auf den in seiner Nacktheit dastehenden steinernen Altarblock gelenkt. Trotz des zentralistischen Raumes fehle der Blickfang, der Besinnlichkeit und Ruhe ausstrahle.

Eine zu gering ausgestattete Kirche erfasse weder die Gemeinde noch den einzelnen Besucher. Dazu komme das Fehlen einer wirklich ansprechenden und das religiöse Empfinden vertiefenden "Ikonologie" (Bildersprache), die beitragen würde, dem so stark visuell eingestellten modernen Menschen eine bildhafte Antwort zu geben, mit der er sich beschäftigen könnte.

Architekten, Künstler und Priester fragen sich, warum wohl die Gläubigen den erneuerten Kirchenbau nicht mitvollziehen oder ihn ganz ablehnen. Unverständnis? Obstruktion? Oder das undefinierbare Gefühl, die modernen Kirchen seien "profaniert, entsakralisiert und entmythologisiert"? Viele Fragen, die viele Antworten erheischen.

Der Referent nannte noch zwei Gründe: Der Kirchenbau der jüngsten Vergangenheit ist in großem Maße durch die Akzentverlagerung von der Meditation zur Aktion geprägt worden. Die Zeit, in der sich der Kirchenbau an der Kathedrale orientiert hat, ist vorbei. Entscheidend darf jedoch nicht die Orientierung an Glas und modernen Baustoffen sein, sondern die geistige Konzeption. Wer ißt schon gern in einem leeren großen Speisesaal? Im übrigen stehe die Krise im Kirchenbau in einem engen Zusammenhang mit der Krise im gesamtkirchlichen Bereich.

Baurat O. H. Vogler aus Trier setzte sich besonders für eine klare Unterscheidung zwischen sakralem Raum und profanem Bereich ein. Er bezeichnete es geradezu als eine Respektlosigkeit, ein Gotteshaus, das "dem göttlichen Partner gewidmet" und "eigens vorbehalten" ist, zu profanen Zwecken zu benutzen. Ein Gerichtssaal werde auch nicht zum Tanzsaal "umfunktioniert", ein Krankenzimmer nicht "in einen Ort ausgelassener Fröhlichkeit verwandelt". In diesem Zusammenhang betonte er, daß "der Respekt, der an weltlichen Orten gezollt werde, im sakralen Bereich noch viel ausgeprägter hervorstechen müsse". Seine Forderung lief auf den Satz hinaus: "Ein Gotteshaus darf nicht zugleich Mehrzweckraum sein."

Wenn schon moderne Kirchenräume allein die Zahl der Gottesdienstbesucher nicht vergrößern könnten, so würden Mehrzweckräume erst recht das Gegenteil bewirken. Es sei auch falsch gewesen, den Kirchenraum einer Fabrikshalle anzugleichen, um die Arbeiter in ihrem Milieu anzusprechen und sie so leichter zu versammeln und im Gottesdienst zu beheimaten. Wenn auch die früher übliche "Prachtentfaltung" in der Liturgie heute nicht mehr ansprechend und tragbar wäre, so sehne sich der Mensch doch danach, aus seinem Alltag herauszukommen und sich irgendwie sonn- und festtäglich zu fühlen und aus der profanen Welt in eine ganz andere Atmosphäre erhoben zu werden. Gerade diese Atmosphäre sei es, die so viele vermißten, wenn sie so manche moderne Kirche beträten.

Es gebe nur eine Lösung: Gotteshäuser zu errichten, die schon nach außenhin als Sakralbau erkennbar sind, im Innern der Liturgiereform entsprechen und eine Atmosphäre schaffen, die dem gesunden Empfinden des gläubigen Menschen nach Geborgenheit und Stille entgegenkommt und ihn ausruhen läßt in der Gegenwart des im Sakrament anwesenden Herrn.

Maulwürfe

Die Kirche zu Fall zu bringen, ist jedes Mittel gut. Gestern wie heute. Nur die Chance, daß das Teufelswerk gelingen könnte, ist heute größer.

"Schmeichelt allen Leidenschaften, den schlechtesten wie den hochherzigsten", hieß es in einer Geheimanweisung der Freimaurer 1819. "Machen wir keine Märtyrer, sondern popularisieren wir das Laster in den Massen... Schafft Herzen voll Laster, und ihr werdet keine Katholiken mehr haben!"

Wenn der Anweisung erst 150 Jahre später der große Erfolg beschieden ist, so lag das nicht an den hellsichtigen Regisseuren, sondern an der Wachsamkeit der betroffenen Hirten und an der Geschlossenheit ihrer Herden.

Heute ist zur äußeren Zersetzung der (un-)heimliche "Marsch durch die Institutionen" getreten.

"Wir werden jeder für sich versuchen, in die Kirche einzusickern", hat 1969 ein evangelischer Theologiestudent im "Radius" in einem mit "Partisanenstrategie" überschriebenen Artikel aus der Schule geplaudert. "Wir werden daher die Kirchenleitung belügen, so wie sie das Kirchenvolk belügt. In Zukunft wird man nie wissen, ob nicht im schwarzen Rock ein Roter steckt, ein Wolf im Schafspelz. Wir wollen die Kirche nicht reformieren, sondern revolutionieren. Wir sind linke Theologen, die sich zusammenschließen, um in der Kirche Raum zu schaffen für unsere revolutionäre Tätigkeit. Sozialisten aller Landeskirchen, vereinigt euch!"

Drei Jahre später mußten sich evangelische Kirchenleitungen mit der Frage befassen, ob kommunistische Pfarrer im Amt bleiben können, waren fünfzig von ihnen kommunistische Parteimitglieder, marschierten im Rheinland an die hundert hinter der kommunistischen Fahne einher.

Dazu kommt die "hauseigene" und systematische Untergrabung des Vertrauens und der Autorität im eigenen Lager. "Begrabt euer hirn an der biegung des Tiber", spottet 1973 ein katholischer Theologiestudent (von dem sich seine Kollegen im Seminar gottlob distanziert haben) in der Grazer Theologenzeitung, die den beziehungsreichen Titel "Maulwurf" trägt, "dort ist eine stadt, genannt die ewige. Und in ihr wohnt in einem palaste ein weiser alter mann, der hält in einem goldenen käfig eine taube gefangen. Ihr name: heiliger geist..."

Wir meinen: nicht das ist das Schlimmste, daß es Maulwürfe gibt und daß Maulwürfe wühlen, das Schlimmste ist, daß man sie ungestört wühlen läßt und dabei noch meint, Gott und der Kirche einen Dienst zu erweisen.

Darum wurde er römisch-katholisch

Viele Katholiken kennen heute ihren Glauben weniger denn je und erliegen nur zu leicht den verführerischen Parolen eines falschen Ökumenismus; erst recht haben sie keine Ahnung, was die Evangelischen wirklich glauben und was darum von uns Katholiken unabdingbar festgehalten und in die wahre Einheit eingebracht werden muß. Heilsames Licht in diese nebelhafte Verschwommenheit bringt der Abschiedsbrief des ehemaligen Hamburger Pastors Jürgen Wiechert (33), der am 10. April mit seiner Ehefrau, seinen drei Kindern und 14 weiteren Gemeindeangehörigen (darunter der Kirchenvorsteher, ein Lehrer, ein Diakon, der Vikar und ein Theologiestudent) in die katholische Kirche aufgenommen wurde. Er lautet:

Liebe Auferstehungsgemeinde,
liebe Brüder und Schwestern!

Mit diesen Zeilen verabschiede ich mich von Euch. Ich werde - und meine Familie mit mir - zur römisch-katholischen Kirche übertreten. Damit ist mein pfarramtlicher Dienst in der Landeskirche - und leider auch in dieser Gemeinde - beendet.

Lutherische Erneuerung aus katholischen Traditionen

Etliche unter Euch werden meine Entscheidung mit Bestürzung und Enttäuschung aufnehmen; viele werden fragen, ob ein solcher Schritt wirklich nötig gewesen sei: hätte die Gemeinde es nicht verdient, nach der noch immer nicht verwundenen Konversion Pastor Bredereckes erst einmal wieder zur Ruhe zu kommen? Gab es hier nicht gottesdienstliche Anbetung, Sakramentsfrömmigkeit, sowie vielfältiges und gefülltes liturgisches Leben, wie dies im Protestantismus nur ganz selten und auch in vielen katholischen Gemeinden so schon nicht mehr anzutreffen ist - und hätte dies alles nicht des Schutzes und der erhaltenden Fürsorge bedurft? Gab es hier nicht auch viele Gemeindeglieder, die freudig bereit waren, den Weg der Erneuerung der lutherischen Kirche aus ihren katholischen Traditionen weiterzugehen - gegen alle törichten Anwürfe?

Ich habe dies alles bedacht; dies und vieles mehr: daß manch einer nach langem vergeblichem Suchen hier eine bleibende geistliche Heimat fand; und daß andere nach anfänglichem Zögern das liturgische Leben der Gemeinde lieben lernten, nun aber aufs neue verunsichert und ratlos werden könnten. Ich habe auch an unsere vielen Jugendlichen gedacht, die aus glaubensarmer, von Mangel an Frömmigkeit und Gottesverehrung geprägten Umwelt den Weg in unsere Meßfeiern und Vespern gefunden und darin gelernt und gelebt haben, was des Menschen eigentliche Bestimmung ist: Gott anzubeten mit aller Kreatur und der ganzen Schöpfung; anzubeten "Mit Herzen, Mund und Händen" und allen Sinnen; niederzufallen und anzubeten vor dem heiligen Sakrament des Altars in der tröstlichen Gewißheit der leibhaftigen Nähe des Herrn. Ich habe dies alles bedacht; dies und noch vieles mehr.

Katholischer Glaube und evangelische Ämterauffassung sind unvereinbar

Wenn ich nun dennoch gehe, so mag immerhin deutlich werden: ich gehe, weil ich nicht mehr bleiben kann und darf.

Ich glaube alles, was die heilige katholische Kirche zu glauben lehrt. Weil das so ist, kann ich nicht länger Euer Pastor bleiben. Laßt mich dieses, weil eine auch nur im entferntesten ausreichende Beschreibung ja ganz und gar unmöglich ist, wenigstens an einer Stelle andeutend zu erklären versuchen:

So glaube ich insbesondere, daß die hierarchischen Ämter unverzichtbar sind: das Amt des Papstes, des Petrusnachfolgers, mit der daran gebundenen Vollmacht, für die ganze Kirche verbindlich die göttliche Offenbarung auszulegen und zu formulieren - dies verpflichtet mich zum Gehorsam gegenüber dem Lehramt der Kirche unter der Leitung des Heiligen Vaters; das bischöfliche Amt, durch das die Gnade und Vollmacht des Amtes der Apostel fortbesteht und - unter Handauflegung - von Bischöfen auf Bischöfe übertragen wird - dies verpflichtet mich zum Gehorsam gegenüber der geistlichen Gewalt der Bischöfe; das priesterliche Amt, in das solche Bischöfe (die in der leiblichen apostolischen Nachfolge stehen) einsetzen und für das sie die besondere priesterliche Gnade unter Handauflegung geben - dies macht es mir unmöglich, weiterhin am Altar einer evangelischen Kirche zu stehen, da, selbst redliches Bemühen und ein gläubiges Herz (wer hätte beides auch immer?) nicht die durch Weihe empfangene Amtsgnade und Vollmacht ersetzen, welche nötig sind, die Wandlung der Gaben Brot und Wein in Leib und Blut des Herrn zu wirken.

Die Reformation hat das hierarchische Priestertum verworfen

Die Notwendigkeit der apostolisch-bischöflichen Nachfolge und des besonderen priesterlichen Amtes sind im übrigen bis zur Reformation in Lehre und Leben der ganzen Christenheit selbstverständlich gewesen. Die reformatorische Bewegung hat sich von beidem gelöst. Und mag man in der Aussage der Bekenntnisschriften, daß öffentliche Wortverkündigung und Sakramentsverwaltung nur durch ordinierte Pastoren geschehen dürfe, auch lange Zeit einen "Rest" der kirchlichen Amtslehre festgehalten haben, so ist auch dies inzwischen längst überholt. Jeder Laie (Nichtordinierte) darf nach lutherischem Kirchenrecht damit beauftragt werden, das heilige Mahl einzusetzen (die meisten nicht ordinierten Vikare werden durch ihre Lehrpfarrer dazu veranlaßt!); die Verpflichtung zur Handauflegung bei der Ordination ist ebenfalls entfallen; was soll's auch, da besondere priesterliche Gnadengaben ohnehin nicht vermittelt werden?

Martin Luther hat einmal geschrieben ("An den christlichen Adel deutscher Nation"), daß jeder Christ durch die Taufe zum Priester, Bischof und Papst geweiht sei. In seiner Schrift "De Instituendis ministris" macht Luther sich über die Ordination der Priester lustig und erklärt ausdrücklich, die Ordination sei nichts; und wer sich ordinieren lasse, habe den Glauben verloren, weil er mit dieser Ordination zugestehe, daß ihm etwas fehle, was er erst durch Ordination empfangen könne.

Die Schrift sagt anders

Wie anders aber steht's in der Heiligen Schrift: daß z. B. der auferstandene Herr die Jünger anblies, ihnen so den Heiligen Geist gab und ihnen zugleich die Binde- und Lösegewalt übertrug; oder daß der hl. Apostel Paulus an den von ihm eingesetzten Bischof Timotheus schreibt: "... entfache zu lodernder Flamme die Gnadengabe Gottes, die dir durch meine Handauflegung innewohnt" (2 Tim 1,6); und an Titus schreibt Paulus: "... daß du in den einzelnen Städten Älteste (Priester) einsetzest, wie ich dir Weisung gegeben habe." (Tit 1,5).

Die evangelischen Kirchen haben kein geistliches Amt mit besonderer Vollmacht; ein Pastor ist nichts anderes als ein "Funktionär", der um der äußeren Ordnung willen tut, was jedem Christen zu tun möglich ist. (Ihr habt dies hier in Marmstorf nicht so gemerkt, weil wir immer versucht haben, unser "Amt" priesterlich zu leben - nur: Ich kann nicht selber "machen", was die lutherische Kirche nicht hat. Amt und Kirche gehören zusammen.) Wo die Amtsgnade fehlt, fehlt insbesondere auch die Vollmacht zur Einsetzung des heiligen Mahls (wie andere Sakramente) und zur priesterlichen Verkündigung. Weil dieser unauflösliche Zusammenhang in der Reformation zerbrochen ist, ist auch anderes verlorengegangen: die Fülle der (sieben) Sakramente, die Gewißheit, daß in der Feier des Heiligen Mahls Himmel und Erde vereint sind und die sichtbare Kirche in leiblicher Gemeinschaft mit den Engeln, mit der seligen Jungfrau Maria, mit den Aposteln, Propheten, Märtyrern und allen Heiligen, ja mit aller Kreatur Christus anbetet: die Gewißheit darum auch, in solcher Mahlgemeinschaft die Heiligen "dort" ebenso anrufen zu dürfen, wie einer auf Erden zu seinem sichtbaren Bruder sagen mag: Bete für mich; der Glaube an die leibhaftige Gegenwart Christi in Brot und Wein ist fast verschüttet, wie überhaupt alle Reste des Sakramentalen nach und nach verlorengehen; wurde z. B. die Ehe noch bis vor kurzem wenigstens wie ein Sakrament behandelt, so ist nun, da das neue kirchliche Traugesetz es zuläßt, daß Geschiedene immer und immer wieder vor den heiligen Altar treten, auch dies vorbei.

Die Verwerfung der leiblichen Gegenwart Christi im Amtsträger, in den Sakramenten und in der gottesdienstlichen Verkündigung wird nicht zuletzt deutlich im Unverständnis gegenüber den leiblichen Formen der Anbetung: Knien, Bekreuzigen und ähnliches mehr. Wie sagt der Apostel Paulus? "Daß im Namen Jesu sich beugen sollen die Knie all' derer, die im Himmel und auf Erden und unter der Erde sind" (Phil 2,10).

Vom "Felsen" gelöst und aus dem Zentrum geschleudert

Wir haben in Marmstorf versucht, vieles davon wieder lebendig werden zu lassen. Es ist uns sogar gelungen; nur: die lutherischen Kirchen haben die dafür nötigen Grundlagen nicht mehr. Sie haben sie nicht mehr, weil der unauflösbare sakramentale Zusammenhang von priesterlichem Amt, priesterlicher Verkündigung und Einsetzung der Sakramente zerrissen wurde; weil das Petrusamt, der "Fels, auf dem die Kirche erbaut ist, damit die Pforten der Hölle sie nicht überwinden" (Mt 16,18), verlassen wurde. Die evangelischen Gemeinschaften entfernten sich immer mehr von der Mitte der Kirche, gerade wie Bruchstücke, die, einmal aus dem Zentrum geschleudert, sich durch die Fliehkraft bewegt, immer weiter davon entfernen.

Das alles klingt nun freilich sehr hart und unbarmherzig für die, die in der ihnen vertrauten lutherischen Kirche bleiben wollen. Doch auch hierzu sagt die römisch-katholische Lehre etwas sehr Tröstliches (wie die katholische Kirche überhaupt barmherziger ist, als man es uns in protestantischer Erziehung hat weismachen wollen), daß nämlich ein evangelischer Christ, der gläubig von den Gaben lebt, die seine Kirche für ihn (noch!) zur Verfügung hat, durchaus selig werden mag. Anderseits setzt der seine Seligkeit aufs Spiel, der seiner Erkenntnis, daß die katholische Kirche die Fülle der göttlichen Gnadengaben bewahrt hat, nicht folgt. Darum werde ich römisch-katholisch.

Ich bitte Euch, mir dies zu verzeihen. Ich bitte Euch, für mich und meine Familie zu beten, wie auch ich weiterhin für Euch beten will. Ich danke Euch für alles Gute, das ich in der Gemeinde erfahren habe. Daß wir eines Tages "alle eins seien", sollte unsere gemeinsame inständige Bitte sein. Doch ist diese Einheit nicht durch Verschleierung des Trennenden und durch Verharmlosung der Wahrheitsfrage "machbar"; ich hoffe, Ihr werdet das verstehen.

Euer Pastor Jürgen Wiechert

Achtung - Gefahr!

Der Abschiedsbrief Pastor Jürgens an seine ehemalige Gemeinde ist für uns Katholiken aus mehr als einem Grund aufschlußreich. Er zeigt klar und überzeugend auf, daß es im Leben der Kirche vor allem anderen auf die Anbetung Gottes ankommt, aber auch auf die Treue zur überlieferten Lehre.

Beides ist heute in der katholischen Kirche in Gefahr. Die Anbetung Gottes wurde mit dem Einbruch der horizontalen Frömmigkeit stark zurückgedrängt; mit dem Abbau der äußeren Zeichen der Ehrfurcht ist rapid der Sinn für die Heiligkeit Gottes verschwunden; die Bruderliebe wird vielfach losgelöst von der Gottesliebe gepredigt; Gott ist überhaupt auf weite Stecken im kirchlichen Denken, Tun und Lassen ins zweite Glied verbannt worden und hat dem Menschen den Vortritt lassen müssen.

Nicht anders ist es mit der überlieferten Lehre. Vom Vater, vom Sohn und vom Heiligen Geist ist immer weniger die Rede; das Urgeheimnis unseres Glaubens, die Allerheiligste Dreifaltigkeit, wird gerade noch gestreift. Eine vaterlose Gesellschaft kann keinen Vatergott brauchen. Und der Sohn ist vielen mehr Menschenbruder als Gottessohn. Vom Geist nicht zu reden - er muß kleingeschrieben werden und soll anonym bleiben.

Das weitere ergibt sich von selbst. Man kniet nicht mehr vor dem menschgewordenen Gottessohn im Allerheiligsten Sakrament des Altares, man besucht ihn nicht mehr, hält kaum noch eine Andacht vor ihm, sondern kennt nur noch die Messe (und selbst diese oft nicht mehr als die Vergegenwärtigung und unblutige Erneuerung des Kreuzesopfers). Die Kirche mit ihrem ihr von Christus eingestifteten hierarchischen Charakter? Darüber redet man nicht. (Nur: "Die Strukturen müssen sich ändern!") Die Liebe zum Gekreuzigten, die Liebe zur Kirche, zum Priestertum, zu Jesus im Tabernakel, zu Maria, den Engeln und Heiligen, die Liebe zu den leidenden Seelen in der Läuterung nimmt ab. Langsam, aber stetig.

Woher das kommt? Ganz gewiß nicht zuletzt daher, daß heute protestantische Exegeten, Theologen und Pastoren von Katholiken, insbesondere von Theologie- und Priesterstudenten, wie katholische Autoren gelesen, ja nicht selten vor diesen bevorzugt werden. Oft wissen selbst Priester nicht, wo das, was sie sagen, seinen Ursprung hat - und wohin es führt.

Die Gefahr einer stillen Protestantisierung der katholischen Kirche ist daher keineswegs eine Erfindung böswilliger Reaktionäre, sie ist vielmehr eine Wirklichkeit, vor der man gewaltsam die Augen schließen müßte, um sie nicht zu sehen. Gerade das aber verbietet uns der Glaube.

*

Durch falsche Lehre wird die Quelle des Lebens der Gemeinde verdorben. Darum wiegt die Versündigung gegen die Lehre schwerer als die Versündigung im Wandel. Wer der Gemeinde das Evangelium raubt, verdient uneingeschränkte Verurteilung.
Dietrich Bonhoeffer

Hl. Maria, Mutter Gottes,
verhilf auch den Abgefallenen
und den Irrenden
zum wahren Glauben!

Maria,
Engel
und
Heilige

Mit der Hilfe Mariens

Das Heilige Jahr will eine Zeit der geistlichen und sittlichen Erneuerung sein und seinen charakteristischen Ausdruck in der Wiederversöhnung finden, in der Wiederherstellung der von Christus gewollten Ordnung, bei jedem einzelnen und in allen menschlichen Beziehungen. Die Erneuerung der geistlichen und sittlichen Kräfte der Kirche und unserer Gesellschaft - das ist ein kühnes Vorhaben, das uns, wenn es gelingen soll, die Hand ausstrecken läßt nach einer Hilfe von oben. Wer kann uns helfen, dieses Ziel zu erreichen? Die Mutter Gottes, die allerheiligste Jungfrau Maria, die Mutter unseres Erlösers, die Mutter der Kirche, unsere demütige und glorreiche Königin!

Hier öffnet sich uns ein weites theologisches Panorama der Glaubenslehre. Wir sehen, wie sich der göttliche Plan unseres Heiles, das der Welt von dem einzigen aus eigener kraft wirkenden Mittler Jesus Christus angeboten wurde, unter der Mitwirkung des Menschen verwirklicht. Welches menschliche Mitwirken in der Geschichte unseres Christentums ist aber seiner Funktion, seiner Würde, seiner nicht nur rein physisch-instrumentalen Wirksamkeit nach, sondern auch als vorherbestimmter und dennoch freiwilliger und vollkommen über sich verfügen lassender Faktor als erster erwählt worden? Das Mitwirken Mariens!

Hier sollte die Rede über Maria nicht mehr enden. Da wir aber fest zu der Lehre stehen, welche die Gottesmutter in die Mitte des Erlösungsplanes, in die erste Reihe und in gewissem Sinn als unentbehrlich an die Seite Christi stellt, genügt es, daran zu erinnern und zu bekräftigen, daß die Erreichung des Zieles der Erneuerung im Heiligen Jahr von der überreichen Hilfe der Gottesmutter abhängen wird. Wir brauchen ihren Beistand, ihre Fürsprache. Wir müssen eine besondere Verehrung der Jungfrau Maria in unser Programm aufnehmen, wenn wir wollen, daß das historisch-geistliche Ereignis, auf das wir uns vorbereiten, seine wahren Ziele erreichen soll.

Wir beschränken uns darauf, diese Verehrung Mariens, auf die wir so große Hoffnungen setzen, in einer doppelten Empfehlung herauszustellen:

1. Wir müssen Maria immer besser als das authentische Idealbild der erlösten Menschheit erkennen. Vertiefen wir uns in dieses ganz reine Geschöpf, in diese Eva ohne jede Sünde, in dieses Kind Gottes, in dessen unschuldiger, wunderbarer Vollkommenheit sich der ursprüngliche, reine Schöpfergedanke Gottes ungebrochen widerspiegelt! Maria ist die menschliche Schönheit, nicht nur in ästhetischer Hinsicht, sondern seins- und wesensmäßig, in der Synthese von göttlicher Liebe, von Güte und Demut und der Spiritualität und klaren Schau des "Magnificat". Sie ist Jungfrau und Mutter im reinsten und wahrsten Sinn. Sie ist die von der Sonne umhüllte Frau (Offb 12,1). bei deren Anblick unsere Augen geblendet werden - diese unsere Augen, die so oft verletzt werden oder die gar erblinden durch die entheiligten und entheiligenden Bilder unserer heidnischen, hemmungslosen

Umgebung, von der wir geradezu überfallen werden.

Die Gottesmutter ist das erhabenste "Vorbild" nicht nur der durch Christus erlösten Kreatur, sondern auch das "Vorbild" der im Glauben dahinwandernden Menschheit; sie ist das Bild der Kirche, wie der heilige Ambrosius sie nennt und der heilige Augustinus sie den Katechumenen vorstellt: "Sie stellt in sich die Gestalt der heiligen Kirche dar." Wenn wir unseren Blick fest auf Maria, die allerheiligste Jungfrau richten, werden wir in uns die Gestalt und Struktur der erneuerten Kirche herzustellen vermögen.

2. Wir werden auf die Hilfe und Fürsprache Mariens vertrauen müssen. Wir werden zu ihr beten, sie anrufen müssen. Sie ist bewunderungswürdig in sich und liebenswert für uns. Sie wendet sich, wie im Evangelium (Jo 2,3ff), vermittelnd an ihren göttlichen Sohn und erreicht bei ihm Wunder, die der normale Lauf der Dinge von sich aus nicht zuließe. Sie ist gut, sie ist mächtig. Sie kennt die Bedürfnisse und die Leiden der Menschen. Die Verehrung der Gottesmutter muß bei uns wieder neu lebendig werden, wenn wir den Heiligen Geist erlangen und ehrliche Nachfolger Jesu Christi sein wollen. Ihr Glaube (Lk 1,45) möge uns Führer sein in die Wirklichkeit des Evangeliums hinein.   Papst Paul VI.

Unberührt von der Sünde

Die Unbefleckte Empfängnis Mariens ist der Wurzelgrund all ihrer Tugenden und Gnadenvorzüge, ihrer Gottes- und Menschenmutterschaft. Diese erste und einzigartige Gnade, die ihr Gott um Seiner Ehre und um unseres Heiles willen geschenkt hat, verschweigen oder schmälern wollen, hieße Gott korrigieren und Seine Absichten verschleiern. Wer die Unbefleckte Empfängnis Mariens angreift, greift Gott selbst an.

Maria ist nicht wie wir in der Sünde, sondern in der Gnade empfangen. Davor muß der Mensch sich beugen, ja darüber muß er sich freuen. Nur der Stolz, der seinen Ursprung nicht verraten kann, begehrt auf: "In ihrer Unbefleckten Empfängnis ist unser aller Empfängnis befleckt." Unsere Empfängnis ist und bleibt befleckt; sie wäre es auch dann, wenn Maria nicht unbefleckt empfangen wäre. Hierin, und nur hierin, unterscheidet sich Maria von allen übrigen Menschen. Sie gehört nicht zum Haufen der Sünder. Sie gehört zu uns Menschen, aber nicht, sofern wir Sünder sind. Wo von Sünde die Rede ist, ist für Maria kein Platz. Maria ist durch einen einzigartigen, sonst niemandem zuteil gewordenen Gnadenvorzug von jeder Sünde bewahrt geblieben. Dafür können wir Gott nicht genug danken.

Gott hat sie vor dem Fall in die Sünde bewahrt. Er hat sie an sich gezogen und schon im ersten Augenblick ihres Daseins in die Gewänder des Heiles gekleidet. Er wandte ihr als der künftigen Mutter Seines Sohnes "mehr als allen anderen Geschöpfen Seine besondere Liebe zu, und an ihr allein fand Er Sein höchstes Wohlgefallen. Weit mehr als alle Engel und Heiligen überhäufte Er sie mit himmlischen Gnadengaben, die Er der Schatzkammer Seiner Gottheit entnahm. So wunderbar begnadete Er sie, daß sie allzeit frei blieb von jeder Makel der Sünde und strahlend von Schönheit und Vollkommenheit eine solche Fülle von Reinheit und Heiligkeit besaß, wie sie, abgesehen von Gott, größer überhaupt nicht erdacht werden kann" (Pius IX.). Darum können wir unmöglich von dem schweigen, was Gott Großes an ihr getan und durch den Mund der Kirche für alle Zeiten und Menschen verkündet hat.

In ihrer Unbefleckten Empfängnis gründet der unerschütterliche Glaube Mariens, ihre lebenslange Ganzhingabe an Gott, auch, und erst recht, unter dem Kreuz; ihre jedes Menschenmaß himmelhoch übersteigende Liebe, ihr Wachsen in der Gnade, ihre vorzeitige Auferweckung vom Tod, ihre Krönung und allgemeine Gnadenvermittlung. Gewiß, die Unbefleckte Empfängnis war die Gnade des Anfangs, da diese jedoch immer im Hinblick auf die Aufgabe eines Menschen gegeben wird, ist es selbstverständlich, daß die Anfangsgnade Mariens größer war als die Endgnade irgendeines Heiligen. Gott hat Maria, wenn auch dunkel und nur einen Augenblick lang, die Größe ihrer Erhebung erkennen lassen: "Von nun an werden mich seligpreisen alle Geschlechter..."

Noch einmal: Gott hat das getan. Wir aber müssen die Werke Gottes offenbar machen. Er hat sie ja selbst offenbar gemacht, schon in Urzeiten: "Feindschaft will ich setzen zwischen dich und das Weib, zwischen deinen Samen und ihren Samen. Er wird dir den Kopf zertreten; du aber wirst ihm die Ferse zertreten." In der ersten Frohbotschaft leuchtet bereits die Verheißung eines persönlichen Erlösers und der Unbefleckten Empfängnis Mariens auf. Wenn manche Schrifterklärer meinen, auf Grund des Kontextes dies nicht herauslesen zu können, so ist das für den Glauben belanglos, weil der Geist Gottes die Kirche eindeutig dahingeführt hat, rückschauend den von Gott von Anfang an intendierten Sinn der Schrift klar zu erkennen.

Wie Christus gekommen ist, die "Werke des Teufels" zu zerstören (1 Joh 3,8), "so teilte sich auch die heiligste Jungfrau infolge ihrer ganz innigen und unzertrennlichen Verbundenheit mit ihrem Sohn in diese seine ewige Feindschaft mit der giftigen Schlange; sie errang über diese einen vollkommenen Triumph und zertrat ihr den Kopf mit ihrem makellosen Fuß" (Pius IX.).

Daher der Haß Satans gegen Maria. Nicht genug damit, daß er sie als einzigen Menschen nicht überwinden konnte, bringt sie Den in die Welt, der seinem Reich und seiner Herrschaft ein Ende setzen und ihn endgültig besiegen wird. Sie steht als unzertrennliche und treueste Gefährtin an Seiner Seite, deckt die Anschläge und Winkelzüge des Widersachers auf und entreißt ihm fort und fort die Seelen, um sie Christus zuzuführen. Die Unbefleckte Empfängnis ist die unüberwindliche Jungfrau, an der die List und Bosheit Satans bis zum Ende der Zeiten zuschanden wird. Wo Maria ist, hält es Satan nicht aus, ist es um sein Reich geschehen.

Gott will, daß wir Maria ehren

"AVE EVA oder DER FALL MARIA" ist ein Skandal.

"Gott ist das Wort - Das Wort wurde Fleisch... Er konnte landen - bei einem Mädchen, das wurde schwanger, von diesem Wort, gesprochen gegen den Strich... Der Geist - Gott - auf Taubenfüßen - konnte landen..."

So kann man von Gott nicht sprechen, so kann man von Maria nicht sprechen, so kann man auch einer ungläubigen Welt das Geheimnis der Menschwerdung - mit den so zarten "Neben"-Geheimnissen der jungfräulichen Empfängnis und der jungfräulichen Geburt des Gottessohnes - nicht nahebringen wollen. Man darf das Geheimnis Gottes nicht auf die Straße zerren, um es im Jargon der Straßenjungen und -mädchen abzuhandeln, man darf das Geheimnis Gottes nicht verpopen. Wer es dennoch tut, bei dem fehlt es an mehr als nur am guten Geschmack.

Heute glaubt jeder Lümmel, sich an Maria den Schnabel wetzen zu dürfen, weil sein Herz weit von Gott und bar jeder Ehrfurcht ist. Gott hat die Mutter seines Sohnes von Ewigkeit her auserwählt; er hat sie im Augenblick ihrer Empfängnis im Schoß ihrer Mutter unaussprechlich geheiligt; er hat sie in göttlicher Allmacht, kraft des Heiligen Geistes (nicht kraft der menschlichen Natur und ihres fleischlichen Verlangens) zur Mutter seines Sohnes gemacht und sie so hoch über jedes andere Geschöpf erhoben. Kein Engel, kein Cherub und kein Seraph, steht Gott so nahe wie Maria; kein Mensch kann begreifen, wie sehr sie Gott und Christus geliebt hat. Darum hat Gott sie auch zur Mutter aller Brüder und Schwestern ihres Sohnes gemacht, zur Mutter der Kirche und aller Christgläubigen. An Maria vorbei kommt keiner zum Glauben; einen Christus, der nicht der wirkliche und wahre Sohn Mariens ist, gibt es nicht.

So darf auch keiner an Maria vorbeisehen, darf keiner Maria geringachten. Christus sagt: "Wer den Sohn nicht ehrt, der ehrt auch den Vater nicht, der den Sohn gesandt hat." Und: "Ich suche nicht meine Ehre; es ist aber einer, der sie sucht und richtet." Wie der Vater auf die Ehre seines Sohnes bedacht ist, ist Christus auf die Ehre seiner Mutter bedacht. Er wäre kein guter Sohn, ja nicht einmal ein guter Mensch, wenn ihn die Ehre seiner Mutter gleichgültig ließe. Zur hl. Birgitta sagte er: "Die Schmerzen meiner Mutter taten mir viel weher als meine eigenen." So dürfen wir annehmen, daß ihn die Unehre, die man seiner Mutter antut, mehr erzürnt, als die Unehre, die ihm selbst angetan wird.

Es ist ein Verhängnis, daß heute auch viele Katholiken keine Liebe mehr zu Maria haben, nur selten oder oberflächlich zu ihr beten und ihr Bild in den Winkel, wenn nicht gar in die Rumpelkammer gestellt haben.

Gewiß, es waren arme Verführte, die das Volk lehrten, man möge nur auf Jesus sehen und dürfe nicht so viel von Maria reden (obwohl die Geschichte diese Milchmädchenrechnung längst und gründlich als falsch erwiesen hat), indem sie aber Maria verschwiegen und ihr die Ehre nahmen, die Gott ihr gegeben hat, wurden sie selbst zu Verführern. Es ist schlimm, daß heute Schulkinder nicht einmal das "Gegrüßt seist du Maria" beten können; daß in den meisten Familien das ganze Jahr kein "Engel des Herrn" gebetet wird; daß viel Jugendliche kein Marienlied mehr kennen, Marienandachten Mangelware geworden und Marienpredigten selten sind. Sicher, es gibt rühmliche Ausnahmen, aber der Masse der Katholiken wird Maria immer fremder.

Zugegeben, Maria ist eine Herausforderung an den Menschen von heute. Der moderne Mensch will sich am Glauben vorbeidrücken - Maria aber ist lebendiger Glaube. Er will sich selbst bestimmen - Maria aber ist vollkommene Hingabe an den Willen Gottes. Maria ist Demut, Reinheit, Selbsthingabe - der Mensch von heute aber will Sinnesgenuß, Selbstverwirklichung und Macht. Gerade darum muß sich der Mensch an Maria entscheiden: ob er wie sie demütig, gläubig, gehorsam, rein und gottergeben leben, oder ob er das Joch Christi abschütteln und selbst "wie Gott" sein will. An Maria entscheidet sich, so herausfordernd das klingen mag, das Schicksal der Welt.

Die beim Kreuze steht

Manche mögen Maria nicht. Sie sagen, man solle zu Gott gehen, nicht zu einem Geschöpf. Ob sie wissen, wer Maria ist?

Wir haben es vor kurzem erst erlebt. Da tobten ungeheure Sonnenstürme und schleuderten unvorstellbare Massen Sonnenenergie in den Raum. Die Magnetfelder der Erde wurden davon betroffen und der Funkverkehr war empfindlich gestört. Eilends durchgeführte Messungen ergaben: die Menge der freigewordenen Sonnenenergie bedrohte noch nicht das Leben der Menschen. Wir sind noch einmal davongekommen.

Aber eines hat uns der Vorfall mit erschreckender Deutlichkeit gezeigt: wir stehen solchen Ereignissen völlig hilflos gegenüber. Da hilft kein Superhirn und kein Zentralkomitee, dagegen gibt es keine Vorsorge und keinen Schutz. Gegen die kosmischen Gewalten ist der Mensch ohnmächtig.

Er ist sogar ohnmächtig gegen Haß und Terror auf Erden. Das hat uns blitzartig München zum Bewußtsein gebracht. Die so heiter begonnenen Spiele der Superlative - man könnte auch sagen: menschlichen Protzentums - haben in Blut und moralischen Niederlagen geendet. Und was gestern München war, kann heute schon Wien, Frankfurt, Paris oder auch Hintertupfing sein.

Ernsthafte Wissenschaftler rechnen uns vor, daß die Menschheit schon in naher Zukunft, auch ohne großen Krieg am Ende sein wird, wenn nicht rasch eine Umkehr, eine "kopernikanische Wende" erfolgt. Hat sie die Kraft dazu? Offensichtlich nicht. Ihr steht der Sinn nach noch mehr Geld, noch mehr Bequemlichkeit, noch mehr Genuß, noch weniger Opfer ...

Man kann heute die Hölle und den Teufel ruhig leugnen, denn schon wird uns in kleinen Dosen ein Vorgeschmack ihrer Wirklichkeit zuteil. Mag da und dort auch einer erkennen, wie sehr die Welt und die Menschheit längst zum Spielball übermenschlicher Mächte geworden ist, das Gros der Erdbewohner merkt den Verrat an Gott, am Geist und am Menschen nicht, weil der Gegenspieler nicht nur die Peitsche schwingt, sondern immer auch mit vollen Händen Zuckerbrot austeilt und die Masse (von der Hitler sagte, daß sie dumm und träge sei) wie eh und je nach Zuckerbrot und Spielen giert.

Man hat den Teufel mit leeren Worten fortgeschickt und meint, er gehe wirklich, aber die Theologen, die dem Teufel den Abschied gaben, werden sich noch wundern, wie hart er ihnen und ihren Gläubigen trotz aller Abschiede auf den Fersen bleibt - auch wenn er sie zum Lohn für ihren Teufelsdienst im Augenblick hochschwemmt und ihnen herrliche, goldene Zeiten verspricht.

Maria tut das nicht. Sie steht beim Kreuz wie eh und je und hat ihren Kindern nichts von der Herrlichkeit der Welt zu bieten, im Gegenteil: "Meinen Kindern will ich Kreuze aufladen, schwer und tief wie das Meer, weil ich sie in meinem geopferten Sohn liebe." Nur daraus erwächst die Kraft, den Willen Gottes zu erfüllen und Satan zu überwinden. Dazu drückt sie ihnen den Rosenkranz in die Hand. Mögen die einen ihn belächeln und die anderen hassen, so bleibt er doch das untrügliche Kennzeichen derer, welche die Zeichen der Zeit erkannt haben und denen es wirklich um die Rettung der Menschen geht. Wir sollen daher weniger um irdische und vergängliche Dinge bitten, sondern vielmehr um die Gnade des Glaubens und die Kraft zu einem gottgefälligen Leben —für uns selber, für unsere Angehörigen und Verwandten, für den Papst, die Bischöfe, die Priester und Ordensleute, für den Ehegatten, die Kinder und Lehrer, für die Jugend und die Brautleute, die Katecheten und Missionäre, für die um ihres Glaubens willen Verfolgten; und dürfen jene nicht vergessen, die das hohe Gut des Glaubens verloren haben oder es auf falschen Wegen suchen: "Heilige Maria, Mutter Gottes, verhilf auch den Abgefallenen und den Irrenden zum wahren Glauben!"

Ohne Maria unmenschlich

Gott gegenüber sind wir alle Empfangende. Von da aus erkennen wir, was Sünde im Letzten ist: die Leugnung der Gehorsamspotenz, von Gott nicht empfangen wollen, nicht gehorchen wollen, sondern selbst alles bestimmen, sich an die Stelle Gottes zu setzen so wie Prometheus. Mariens Haltung ist die Demut des Menschen, der Gott gegenüber Kind bleibt. Im bewußten Ja, in der unbedingten, niemals zurückgenommenen Bejahung des Gotteswillens überschreitet sie den Bereich des Naiv-Kindlichen und gelangt zur vollen Reife der Schönheit der Frau auf den Wolken. Damit wird Maria das Bild der vollendeten christlichen Haltung, welches der ebenso ausgesprochenen prometheischen Haltung der Gottesverneinung gegenübertritt. Wenn heute der Mensch das geschöpfliche Sein vergißt und diese weibliche Komponente seines Seins, dann ist Gefahr im Verzug, auch im natürlichen Bereich.

Das Marianische wird so zu einer Existenzfrage des heutigen Christentums und der heutigen Kirche. Ohne Maria droht das Christentum unter der Hand unmenschlich zu werden. Die Kirche wird funktionalistisch, seelenlos, ein hektischer Betrieb ohne Ruhepunkt. Und weil in dieser männlichen Welt immer neue Ideologien einander ablösen, wird alles polemisch, kritisch, bitter, humorlos und schließlich langweilig, und die Menschen laufen in Massen aus einer solchen Kirche davon.

Es ist von symbolischer Tragweite, daß Christus am Kreuze Seiner Mutter die Kirche übergeben hat. Verborgen durchwaltet ihre jungfräuliche Mütterlichkeit den ganzen Raum der Kirche, verleiht ihm das Licht, das Wärmende, Bergende. Ihr Mantel macht die Kirche zum Schutzmantel. Maria kann den Aposteln und ihren Nachfolgern zeigen, wie man zugleich ganz wirksame Gegenwart und ganz ausgelöschter Dienst sein kann. Denn die Kirche war hier in Maria schon da, ehe die Männer ins Amt eingesetzt wurden.   Bischof Rudolf Graber, Regensburg

Mutter, worüber weinst du?

Unter deinen Schutz und Schirm fliehen wir...

Ich sehe, wie vor dir und deinem toten Sohn die Menschen vorüberziehen, gestikulierend, photographierend, laut schwätzend, die Männer mit bedecktem Haupt, die Pfeife im Mund, gelangweilt, desinteressiert, blasiert - und du, Mutter, weinst...

Es müßte ein zweiter Léon Bloy erstehen, der uns, wie in seinem Buch "Die, welche weint" sagen könnte, worüber du weinst. Vielleicht weinst du darüber, daß man schon 1839 verkündet hat: "Wir machen keine Märtyrer, aber wir popularisieren das Laster in den Massen. Schafft lasterhafte Herzen und ihr werdet keine Katholiken mehr haben! Es ist die Korruption großen Stils, die wir angebahnt haben und die uns die Möglichkeit gibt, der Kirche das Grab zu schaufeln." Dieses zynische Wort erfüllt sich heute in einem Ausmaß, das uns erschrecken läßt.

Vielleicht weinst du, Mutter, darüber, daß man dir heute jenen Namen entreißen will, mit dem du dich in Lourdes Bernadette gegenüber gleichsam legitimiert hast: "Ich bin die Unbefleckte Empfängnis" - als ob nicht gerade heute, in dieser Korruption, in diesem Triumphalismus der Unsittlichkeit, der Blick auf die Immaculata dringender nötig wäre als je, ja als ob er nicht schier der einzige Ausweg aus diesem sittlichen Chaos wäre!

Vielleicht weinst du, Mutter, über das Wort des französischen Exkanonikus Coca, der damals schon, vor hundert Jahren, für die Abschaffung des geistlichen Gewandes und die Einführung der Priesterheirat eintrat, der Christus mit dem Universum gleichsetzte und erklärte: "Mein Christus ist nicht der des Vatikans." -

All dies erfüllt sich heute wörtlich, aber wir waren zu bequem, es nachzulesen, viel lieber phantasierten wir in Futurologie...

Vielleicht weintest du, Mutter, über die Krisis, die heute über die Kirche hereingebrochen ist, die jedoch von langer Hand vorbereitet war und deren Ausmaß nur Heilige wie ein Pius X. mit ihrem feinen Witterungsvermögen erkannten. Denn damals schon wurde die Sprengladung an die Kirche gelegt, wurden jene Begriffe geprägt, die heute zum modernen Wortschatz gehören...

Christus weinte über Jerusalem, Maria weint über das Abendland und die Kirche.   Aus einer 1971 in Kevelaer gehaltenen Bischofspredigt

Warum wir uns Maria weihen

Der Weihakt allein genügt nicht, man muß die Weihe auch leben

Die Herz-Marien-Verehrung ist nicht neu; sie geht in ihren Vorstufen bis ins 6. und 7. Jahrhundert zurück und war den besten Vertretern mittelalterlicher Mystik - einer Mechthild von Hackeborn, einer Gertrud von Helfta, einer Birgitta von Schweden - wohlvertraut. Der heilige Johannes Eudes hat ihr im 17. Jahrhundert die Anerkennung des öffentlichen Kultes verschafft. Die heilige Margareta Maria Alacoque hat in ihren Offenbarungen "das mit dem Herzen Jesu vereinigte Herz Mariens" geschaut und auf der "Wundertätigen Medaille" finden wir gleichfalls die beiden Herzen vereint.

Es war also eine durchaus logische Entwicklung, daß Papst Pius XII. am 31. Oktober 1942, mitten im Toben des Zweiten Weltkrieges, die Kirche und das ganze Menschengeschlecht dem Unbefleckten Herzen Mariens geweiht und zugleich mit der Einführung des Festes "Maria Königin des Weltalls" im Jahre 1954 die jährliche Erneuerung dieser Weihe angeordnet hat. Papst Paul VI. hat am 21. November 1964 die Weltweihe erneuert und in seinem Rundschreiben SIGNUM MAGNUM vom 13. Mai 1967 "alle Kinder der Kirche" ermahnt, "sich PERSÖNLICH dem Unbefleckten Herzen der Mutter der Kirche zu weihen".

Sich selbst übergeben

Was heißt "sich weihen"? Durch die Weihe wird eine Person oder Sache in den Dienst Gottes gestellt. "Weihen", das heißt gänzlich hingeben, kann man sich letztlich nur Gott. Wo immer wir uns einem Geschöpf weihen, sei es einem Engel, einem Heiligen, oder auch Maria, geschieht dies letztlich nur, um dadurch leichter und vollkommener Gott zu gehören. Wir weihen uns Maria nicht, um bei ihr stehen zu bleiben und in ihr wie in einem letzten Ziel zu ruhen, sondern um dadurch Gott näherzukommen und mehr zu verherrlichen.

Manchen Menschen fällt es schwer, sich dem "Herzen" Mariens zu weihen. Das mag psychologisch begründet sein, sollte jedoch nicht zu ernst genommen werden. Wer ein "Herz" hat, ist auch - oder gerade - heute geschätzt. "Herz" ist ein

Urwort, ein ganzmenschlicher Begriff, der mit und vor dem leiblichen Organ den geistigen Kern des Menschen meint, jene innerste Mitte, die sein ganzes leib-seelisches Wesen prägt.

So meinen wir, wenn wir vom "Herz" Jesu sprechen, sein Innenleben, seine Person, ihn selbst, und zwar ganz konkret, als den im menschlichen Leibe Lebenden, dessen innerste Gesinnung eben in seinem "Herzen" zum Ausdruck kommt. Es leidet unter der Kälte und Gleichgültigkeit der Menschen, die es so sehr liebt; darum das in Flammen gehüllte, vom Kreuz überragte und mit Dornen gekrönte Herz, wie es der Herr der heiligen Margarete Maria zeigte.

Ähnlich ist es bei Maria. Unter dem Sinnbild des Unbefleckten Herzens der Gottesmutter verehrt die Kirche "die hohe und einzigartige Heiligkeit ihrer Seele, vor allem aber ihre glühende Liebe zu Gott und zu Jesus, ihrem Sohn, schließlich auch die mütterliche Güte, die sie den durch das göttliche Blut erlösten Seelen entgegenbringt". Darum sahen die Kinder in Fatima das leibliche Herz, das von allen Seiten von Dornen umgeben war, die es verwundeten. "Wir erkannten, daß es das Unbefleckte Herz Mariä war", schrieb Luzia, "es war betrübt wegen der unzähligen Sünden der Welt und verlangte Sühne und Buße."

Unter ihren Schutz flüchten

Luzia, die traurig war, weil sie noch auf Erden bleiben sollte, sagte sie auch: "Mein Unbeflecktes Herz wird deine Zufluchtstätte sein und der Weg, der dich zu Gott führen wird." Damit ist ein wesentlicher Sinn der Weihe genannt: sich dem Unbefleckten Herzen Mariens weihen heißt, sich unter den Schutz der jungfräu-lichen Gottesmutter stellen. Vom Vertrauen der Gläubigen zu Maria zeugt das bereits aus dem zweiten oder dritten Jahrhundert stammende Gebet "Unter deinen Schutz und Schirm", davon zeugen auch die Schutzmantelmadonnen des Mittelalters. Heute, da wir offensichtlich in apokalyptischen Zeiten leben, brauchen wir den mächtigen Schutz der Sündelosen erst recht.

Die Kirche war immer davon überzeugt, daß Gott Maria eine Macht verliehen hat, die sie hoch über alle Geschöpfe hinaushebt. Pius XII. sagte 1946 anläßlich der Krönung der Marienstatue in Fatima: "Jesus ist König von Natur und durch sein Verdienst. Durch ihn und mit ihm ist Maria, ihm untergeordnet, Königin durch die Gnade, durch göttliche Verwandtschaft, durch ihr Verdienst und durch einzigartige Erwählung. Und ihr Reich ist so weit wie das Reich ihres Sohnes, weil nichts ihrer Herrschaft entzogen ist."

Maria übt MACHT aus, und zwar in mütterlicher Weise, doch auch als die unüberwindliche Jungfrau, die den Feinden Christi und der Kirche schrecklich ist. Der Drache ist zornig über die Frau, und da er gegen sie nichts vermag, führt er gegen ihre Kinder Krieg (Apk 12,17). Wenn diese nicht nur äußerlich zu ihr flüchten, sondern sich ihr innerlich übergeben, so daß sie in ihnen lebt und wirkt - und durch sie Jesus, auf dem das Wohlgefallen des himmlischen Vaters ruht -, dann werden auch sie für den Bösen unüberwindlich sein, selbst, wenn man ihre Leiber töten sollte.

In Marienfried, das gewissermaßen eine Ausdeutung der Botschaft von Fatima darstellt, hat Maria das ebenso ernste wie tröstliche Wort gesprochen: "Der Teufel wird nach außen solche Macht bekommen, daß alle, die nicht fest in mir gegründet sind, sich täuschen lassen. Überall, wo die Menschen nicht auf mein unbeflecktes Herz vertrauen, hat der Teufel Macht. WO ABER DIE MENSCHEN AN DIE STELLE IHRER SÜNDIGEN HERZEN MEIN UNBEFLECKTES HERZ SETZEN, HAT ER KEINE MACHT."

Sich ihrem Dienst weihen

Wie dies geschehen kann, hat der heilige Johannes Eudes gesagt: "Schlaget auf eure Wohnung in dem mütterlichen Herzen eurer teuersten Mutter, das ganz eins ist mit dem göttlichen Herzen Jesu, ihres Sohnes. In ihm sei der Ort eurer Ruhe, eurer Zuflucht, eure unüberwindliche Festung, euer Lustgarten, euer irdisches Paradies. LEBET DAS LEBEN DIESES SELIGSTEN HERZENS, hegt mit ihm die gleichen Gefühle, tretet ein in seine Gesinnungen, folget seinen Neigungen, liebet, was es liebt, und hasset, was es haßt, und nichts sonst; wünschet nur, was es wünscht, erquickt euch an dem, woran es sich erquickt; trauert nur über das, worüber es trauern würde, wenn es noch fähig wäre, zu trauern; ergebt euch unablässig dem Geiste, der es beseelt, damit derselbe Geist euch besitze und führe in allen Dingen; damit seine Gnade euch heilige, seine Liebe euch entflamme, seine Huld euch entzünde und besonders sein Seeleneifer euch verzehre."

Damit ist auch deutlich gesagt, worauf es ankommt: daß es nämlich nicht genügt, sich einmal Maria zu weihen und diese Weihe vielleicht einmal im Jahr zu erneuern, sondern daß wir ernsthaft bestrebt sein müssen, die Weihe zu LEBEN.

Das ist nötig, damit wir selber sicher zur Fülle des ewigen Lebens gelangen, das ist aber auch nötig, damit unsere gefährdeten Brüder und Schwestern gerettet werden. Maria ist die Mutter der Kirche und die Mutter aller Menschen. Ihre geistliche Mutterschaft "dauert unaufhörlich fort, von der Zustimmung an, die sie bei der Verkündigung gläubig gab und unter dem Kreuz ohne Zögern festhielt, bis zur seligen Vollendung aller Auserwählten". Für sie gibt es weder Rast noch Ruhe, bevor nicht das letzte ihrer Kinder daheim beim Vater ist.

Darum hat ihr Gott so große Macht und Handlungsfreiheit gegeben. Sie aber hat keine anderen Hände als die ihrer Kinder. Sie braucht Helfer, die sich ihr zur Verfügung stellen, die sie ausrüsten, mit ihrem Geist - dem Geiste Jesu, dem Heiligen Geist - erfüllen und senden kann.

Es ist ein "schaudererregendes Mysterium", daß Menschen deshalb verlorengehen, weil niemand für sie betet und sich für sie opfert. Die Macht der Gottlosigkeit und der Verführung ist ins Gigantische gewachsen. Sie kann nur durch die

Gegenmacht restloser Hingabe und dienender Liebe überwunden werden. Maria, die Mutter aller Gläubigen, die von der Sünde unberührte Siegerin in allen Schlachten Gottes, wird die Heerschar der Kinder Gottes sammeln, ausrüsten, mit den entsprechenden Aufgaben betrauen und nach treu und tapfer bestandenem Kampf zum Siege führen.

Hehre Königin
des Himmels, höchste Herrin der Engel,
die du von Anbeginn von Gott die Macht
und die Sendung erhalten hast,
den Kopf Satans zu zertreten,
wir bitten dich demütig,
sende deine heiligen Legionen,
damit sie unter deinem Befehl
und durch deine Macht
die höllischen Geister verfolgen,
überall bekämpfen,
ihre Verwegenheit zuschanden machen
und sie in den Abgrund zurückstoßen.
Wer ist wie Gott?

Heilige Engel und Erzengel, verteidigt uns, beschützt uns!
O gute und zärtliche Mutter, du wirst immer unsere Liebe und Hoffnung bleiben.
Amen.

Wissenschaft

Saßen da zwei Männer in der Eisenbahn nebeneinander, ein junger und ein alter. Der Alte ließ die Perlen eines mächtig langen Rosenkranzes durch seine Finger gleiten, und sein Gesicht strahlte tiefe Andacht wider.

Plötzlich wandte sich der junge Mann, ein Universitätsstudent, an den Alten: "Sie glauben noch an diese alte Rosenkranzbeterei?"

"Ja, Junge, ich glaube noch daran. Und du, du glaubst nicht daran?"

"Ich?" Der junge Mann lachte, daß es im ganzen Abteil schallte. Dann sagte er:

"Wenn ich Ihnen einen Rat geben darf: werfen Sie den Rosenkranz zum Fenster hinaus und führen Sie sich von der neuen Wissenschaft etwas zu Gemüte."

"Von der neuen Wissenschaft?" Der Alte schien nicht recht zu hören. "Ich verstehe nicht."

"Geben Sie mir Ihre Adresse", erwiderte der Student, "dann werde ich Ihnen Bücher schicken, die Ihnen Aufklärung geben."

Der Alte zog aus seiner Westentasche eine Visitenkarte und reichte sie dem

jungen Mann. Darauf standen die einfachen Worte:
LOUIS PASTEUR, Wissenschaftliches Forschungsinstitut, Paris.
Der junge Mann ließ den Kopf sinken und verdrückte sich. An der nächsten
Haltestelle stieg er aus. Pasteur aber fuhr fort, seinen Rosenkranz zu beten.

Notre Dame des Temps Nouveaux

Brüder aus Kraft und Licht

Bultman hat gemeint, man könne nicht einen elektrischen Rasierapparat gebrauchen und gleichzeitig an die Existenz der Engel glauben. Das ist natürlich
Unsinn und erinnert an jenen russischen Raumfahrer, der nach seiner Rückkehr
auf die Erde verkündete, es gebe Gott nicht, weil er ihn nirgendwo im Raum habe
sehen können.

Die Engel sind Geschöpfe und als solche Gott und Christus untergeordnet. Als
reine Geistwesen sind sie den Sinnen unzugänglich. Sie werden im Neuen
Testament auch nur beiläufig erwähnt; über ihr Wesen und Wirken ist uns keine
ausdrückliche Offenbarung zuteil geworden.

Aus ihrer reinen Geistnatur ergibt sich jedoch, daß sie sich selbst und alle
Geschöpfe umfassend erkennen und nicht, wie die Menschen, irren können;
ebenso, daß sie über einen mächtigen Willen verfügen, dem jedes Zögern und
Schwanken fremd ist. Sie sind in jedem ihrer Akte ganz sie selbst und dem
stoffgebundenen Menschen unvergleichlich überlegen.

In der Schrift erscheinen sie als Feuer, Winde und Wolken. Das heißt aber
nicht, daß sie Feuer sind, "sie sind WIE Feuer, brennend, versengend, alles durch-
glühend und bezwingend, aufwärts steigend, selber nicht umfaßt, aber die Welten
unter sich umfassend"; sie sind auch nicht Winde oder Wolken, "aber WIE Winde
bewegend, WIE Wolken schwebend, wehend und webend" (O. Hophan). Wir
können mit unserem schwachen menschlichen Verstand unmöglich ihr Wesen
erfassen; es ist ganz Licht und Kraft; und je näher die Engel Gott stehen, um so
unbegreiflicher werden sie für uns.

Als Nachbildungen des dreipersönlichen Gottes sind sie kraft ihrer Geistnatur
durch und durch personal geprägt; jeder Engel ist eine viel charakteristischere
"Persönlichkeit", als dies ein Mensch je sein kann. Das macht sie für die ihnen von
Gott zugedachten Dienste besonders geeignet und verleiht ihnen, trotz der
Gleichheit ihres Wesens, eine von Engel zu Engel verschiedene Eigenart und ihrer
Gesamtheit die Fülle unvorstellbarer Vielfalt.

Die Engel sind zur Lebensgemeinschaft mit GOTT bestimmt; wir nennen sie
mit Recht "himmlische" Geister, weil sie ganz Gott zu Diensten und kraft ihrer Natur
Gott näherstehen als die Menschen. Christus sagt, sie "schauen immerdar das
Antlitz des himmlischen Vaters" (Mt 18,10), nicht nur in seligem Entzücken,
sondern auch um des leisesten Winkes gewärtig zu sein und den Willen Gottes

augenblicklich und vollkommen zu erfüllen.

In der großen Prüfung haben sie sich in der einem Geschöpfe möglichen höchsten und daher unwiderruflichen Freiheit ein für allemal für Gott entschieden und stehen nun ganz und bedingungslos zu dieser Entscheidung; sie existieren seither im Mitvollzug des göttlichen Lebens, indem sie selber ganz ("existentiell" im Vollsinn des Wortes) Liebe und Lob, Anschauung und Dienst sind.

Jeder Engel ist eine Schöpfung und daher eine Welt für sich, und doch bezieht jeder in sein verströmendes Ich alle Mit-Engel ein. Das ist ein gewaltiges gegenseitiges Geben und Nehmen, ein Hin- und Herströmen und -fluten, "eingebettet in JUBEL. Verstehen des anderen ist Jubel, da in diesem als Mitgeschöpf das Bild des Schöpfers erkannt wird. Die Engel haben Freude aneinander, daran, daß die anderen mitjubelnd ihrer Bestimmung gemäß dem Lobpreis des Höchsten unermüdlich, rückhaltslos, umfassend obliegen und darin von der Klarheit des Herrn umleuchtet sind" (J. Hennig).

Inmitten dieser jubelnden, liebenden Schar himmlischer Geister ist unser Platz; Engel und Menschen gehören zusammen, nicht kraft der Natur, doch kraft der Gnade und göttlicher Bestimmung! Noch können wir sie nicht sehen, aber schon dürfen wir ihre Macht und Liebe erfahren, dürfen wir in ihr "Heilig, heilig, heilig" einstimmen und uns ihrem Aufschwung zu Gott überantworten:

> Ihr heiligen Engel,
> lehret uns das Schweigen, das die Welt verlernt hat;
> lehret uns, das Böse durch die Gottesliebe zu besiegen;
> lehret uns, Gewalt gegen uns selbst zu üben und
> nichts zu wissen, als ihn, Gott, unsern Herrn,
> nichts zu lieben, als ihn, Gott, unsern Herrn,
> nichts zu sein, als sein Eigentum in Ewigkeit! Amen.

Sankt Michael!

Sankt Michael, du starker Held,
ergreife Schild und Lanze
und steig hernieder auf die Welt
im goldnen Strahlenkranze!

Erheb dich kühn voll Himmelskraft
wie einst in Schöpfungszeiten,
um gegen List und Leidenschaft
und Satans Macht zu streiten!

Du Engelsfürst, laß dich erflehn
in diesen schlimmen Tagen,
daß wir gleich dir den Kampf bestehn
und Siegeskränze tragen! *Jolanthe Haßlwander*

Stark und sicher in Engelhand

Ist der Schutzengelglaube nur für die kleinen Kinder? Viele meinen es. Doch wie unrecht tun sie dem Schutzengel und sich selbst! Ist es doch GOTT, der in seiner liebenden Vorsorge den heiligen Engel an unsere Seite gestellt hat. Und der Engel hat Jahr und Tag demütig und geduldig, aber auch voll freudiger Liebe darauf gewartet, zum Schutzengeldienst gerufen zu werden und einem Menschenbruder Engeldienste leisten zu dürfen.

Die Engel sind dienende Geister,"ausgesandt zum Dienste derer, die das Heil erben sollen" (Hb 1,14). Haben wir gehört? Es ist nicht, wie viele fälschlich meinen, die Hauptaufgabe des Engels, auf uns acht zu haben, daß wir an unserem leiblichen Leben keinen Schaden nehmen, (sosehr wir auch dieses seinem mächtigen Schutz anvertrauen dürfen), sondern daß er uns helfe, unser ewiges Ziel zu erreichen. Der Erwerb und die Erhaltung bloß vergänglicher Güter würde keinen so mächtigen Beistand des Himmels erfordern.

Der Engel hat seine Prüfung bestanden und ist im "Himmel", auch wenn er seinen Schutzengeldienst auf Erden tut, das heißt, er lebt ganz in GOTT, er schaut und beurteilt alles mit den Augen GOTTES. So hört und sieht er nicht, was der (in seinen Wünschen oft so blinde und törichte) Mensch will, sondern nur, was GOTT vom Menschen will. Für IHN und SEINEN Willen will er ihn aufschließen; SEINE Wege will er ihn führen. Für bloß irdische Wünsche ist er taub. (Ganz anders der böse Engel, der mit vergänglichen Dingen —- wie Geld, Gut, äußerem Ansehen und Wohlergehen — die Menschen ködert und vom Wege des ewigen Heiles abzuziehen sucht.)

Der Engel liebt uns mit wahrer, nicht mit falscher Liebe, er liebt uns, wie GOTT uns liebt und wie auch wir einander — und letztlich auch die Dinge —lieben sollen: um GOTTES willen. Der Engel liebt uns, weil GOTT uns liebt; er schützt und leitet uns, weil GOTT durch ihn uns schützt und leitet. Seine Liebe ist nicht, wie es so oft die Liebe armseliger Menschen ist, schwach und vergänglich; nein, er liebt uns in der Wahrheit, die GOTT selber ist und in der er unverlierbar und ewig feststeht. Ist schon wahre irdische Liebe schwacher Menschen eine Macht, wie groß muß dann erst die Macht der Liebe dieser Himmelsgeister sein!

Dann ist aber auch kein Platz mehr für kitschige "Schutzengerl". Es gibt keine "Engerl", wie es auch keine "Teuferl" gibt; die Engel sind alle groß und gewaltig und lassen jedes Menschenmaß zurück. Die Engel sind ja nicht für die Erde geschaffen, sondern für das All; sie sind kosmische, nicht irdische Wesen. Wenn der Vater nun so hohe Geister (die sich, menschlich gesprochen, "klein" machen müssen, um zu uns herabzusteigen) zu unserem Dienst entbietet, dann müssen wir darin nicht nur einen Beweis seiner Liebe zu uns, sondern auch einen Hinweis auf die Gefährdung unseres Heiles erblicken, die so große Helfer nötig macht.

Die Engel sind Kämpfer, und Kämpfer um den Glauben und das ewige Heil müssen auch wir sein. Ohne die heiligen Engel und ihren Schutz müßten wir vor den Nachstellungen des Teufels und seiner Dämonen zittern. Pius XII. hat in der letzten Ansprache vor seinem Tod das ernste Wort gesagt: "Wir müssen uns mit den heiligen Engeln zusammenschließen; wir müssen mit ihnen eine große, starke Familie bilden wegen der Zeiten, die auf uns zukommen!"

Heiliger Schutzengel,

der du mir von GOTT als Begleiter
für mein ganzes Leben gegeben bist,
rette mich für die Ewigkeit und tu deine Pflicht an mir,
die dir die Liebe GOTTES
aufgetragen hat.

Rüttle mich in meiner Gleichgültigkeit
und ziehe mich heraus aus meiner Schwäche.
Verstelle mir jeden unrechten Weg und Gedanken!
Öffne mir meine Augen für GOTT und für das Kreuz.

Aber schließe mir meine Ohren
vor den Einflüsterungen des bösen Feindes.
Wache über mich, wenn ich schlafe
und stärke mich am Tag für die Pflicht und jedes Opfer.
Lasse mich einst deine Freude und dein Lohn sein im Himmel.
Amen.

Satanscocktail gefällig?

Das "Ristorante Satana" kredenzte seinen Gästen an mehreren Abenden kostenlos "Satanscocktail", die Mitgliederzahlen beim Spiritistenklub "Navona 2000" schnellten innerhalb weniger Tage beträchtlich in die Höhe, und auf dem Petersplatz scheute sich ein frecher Bube nicht, dem Papst bei einer seiner Angelus-Ansprachen im Teufelskostüm vor der Nase herumzutanzen - das alles im heiligen Rom und nur deshalb, wie die Papstkritiker vom Dienst beflissen feststellten, weil Paul VI. in der letzten Zeit es mehrfach gewagt hatte, offen und ausdrücklich vom Teufel zu reden, obwohl Theologen und Prediger seit geraumer Zeit in seltener Einmütigkeit Satan und sein Wirken fast ausnahmslos verschweigen.

Man kann in den oben erwähnten und in ähnlichen Ereignissen, auch wenn aufgeklärte Besserwisser darüber mitleidig lächeln, ruhig einen - seine wesenhafte Tiefe durch Lächerlichmachung glänzend verdeckenden - Hinweis auf die Existenz des Teufels erblicken. Es gibt nicht nur DAS Böse, es gibt auch DEN Bösen und DIE Bösen. Das ist die uralte Überzeugung der Menschheit, die in die Schrift eingegangen und von der Kirche - weil Jesus sie nicht widerrufen, sondern bestätigt hat - geglaubt und verkündet wird. Man darf heute nicht so tun, als ob man auf einmal nicht wüßte, ob das unzweifelhaft existierende Böse in der Welt "ein überirdisches personales Wesen zum Urheber hat oder ob es in dem furchtbaren Mißbrauch menschlicher Freiheit gründet". Es ist ganz und gar keine nebensächliche Frage, ob wir mit der Kirche an die Existenz und an das Wirken personaler böser Geister glauben, oder ob wir in intellektueller Selbstgenügsamkeit im Bösen nur eine menschliche Schwäche oder das Werk eines blinden Zufalls sehen.

Wenn es keinen Teufel gäbe

Es mag angesichts eines Fortschrittsrummels wirklich ein Fortschritt sein, daß man wieder anfängt, das Böse ernst zu nehmen. Das Böse ist in der Menschheit so tief eingewurzelt, daß es auf Grund aller menschlichen Erfahrung unrealistisch ist zu meinen, es könnte jemals daraus völlig getilgt werden. Wie ist das aber möglich, wo uns doch die Kraft Christi zur Verfügung steht?

Wenn es den Teufel und die Dämonen nicht gibt, gibt es auch keine Engel. Dann ist aus der Schöpfung ein wesentliches Stück herausgebrochen; dann ist der Mensch das höchste Geschöpf und die Schöpfung um ihre geistige Spitze gebracht. Dann gibt es keine dienenden Geister, die anbetend vor Gott stehen, dann muß sich Gott mit dem armseligen Lobpreis aus Menschenmund begnügen. Dann hat der Mensch auf Erden auch keinen schützenden Freund an seiner Seite; dann gibt es außer der Gewalt der Menschen in dem mannigfachen Bösen dieser Welt nur die Macht der sinnlosen Verkettung des blinden Zufalls.

Wenn es die Engel nicht gibt, dann ist auch der Himmel nur ein halber Himmel, weil das Millionenheer der guten Engel darin fehlt. Wir wissen dann auch nicht, was Christus gemeint hat, als er sagte, daß bei seiner Wiederkunft "alle Engel mit ihm" kommen werden und "er die Engel aussenden" werde, um die Auserwählten von allen vier Winden zu sammeln. Das Gericht wird dann ein bloßes Gericht über die Menschen sein, die nun alle Schuld auf sich nehmen und alles Böse in der Welt allein verantworten müssen.

Auch die Hölle wird nicht mehr die Hölle sein. Das "Weicht von mir, ihr Verfluchten" wird die Verdammten nur auf sich selbst zurückwerfen, es wird sie aber nicht in das ewige Feuer stürzen, von dem der Herr sagt, daß es "dem Teufel und seinen Engeln bereitet ist", wenn es diesen Teufel und diese verdammten Engel nicht gibt.

Aber auch die Erlösungstat Christi wird ihrer Tiefe beraubt, weil Christus, von dem es heißt, daß er gekommen sei, "die Werke des Teufels zu zerstören", diese niemals hat zerstören können, wenn es den Teufel und seine Werke gar nicht gibt. Die ganze Erlösung wird wesentlich verkürzt, weil das "Geheimnis der Bosheit" dann ein bloß menschliches Geheimnis ist und uns Christus nicht von Satan, sondern nur von uns selber erlöst hat.

Die Sünde kennt dann nur eine menschliche Dimension; sie hat ihren Ursprung nicht mehr im weltüberlegenen Geist, sondern im weltverwiesenen Menschen; sie läßt entweder an der helfenden Gnade Gottes oder an der Charakterfestigkeit des Menschen zweifeln und sie als bloßes Menschenwerk, ohne die abgründige Tiefe der satanischen Bosheit, erscheinen.

Wir sehen: die Leugnung Satans und der Dämonen führt zu einer wesentlichen Verkürzung der Schöpfung, der Sünde, der Erlösung, des Himmels und der Hölle.

Wachen und beten

Es kann also niemals theologisch richtig sein, den Teufel zu verschweigen. Ebenso wenig kann es pastoral klug sein. Wer es dennoch tut, gleicht jenen Illustrierten, die eine heile Welt vorgaukeln, die es in Wirklichkeit nicht gibt.

Man kann sich dabei auch nicht auf die "Hierarchie der Wahrheiten" berufen. Alle Einzelwahrheiten stehen in einem lebendigen Zusammenhang, und auch ihre Rangordnung gestattet nicht, eine davon herauszubrechen oder stillschweigend unter den Tisch fallen zu lassen. Die Wahrheit von der Dreifaltigkeit Gottes steht zweifellos höher als die Wahrheit von den Engeln. Trotzdem ist es denkbar, daß jemand zu seinem Engel ein größeres "Nahverhältnis" hat als zum Vater im Himmel oder zum Heiligen Geist. Die Wahrheit hat eben nicht nur eine theoretische, sondern auch eine praktische Seite. Ähnlich ist es mit der Liebe. Kein Christ zweifelt daran, daß die Gottesliebe jede irdische Liebe überragen muß, und doch liegt uns die Gatten- oder Kindesliebe viel näher. So darf man auch die Wahrheit von den Engeln, den guten wie den bösen, nicht mit dem Hinweis auf ihren niedrigen Rang abtun. Man muß sie nur an ihrem theologischen Ort belassen und von Christus her anleuchten.

Wenn es wahr ist, daß der Teufel wie ein brüllender Löwe umhergeht, "suchend, wen er verschlingen könne", und wir nicht gegen schwache Menschen, sondern gegen "die Mächte und Weltbeherrscher dieser Finsternis" kämpfen müssen, dann ist die Infragestellung des Teufels eine theologische Falschmünzerei und seine Verschweigung eine unverantwortliche Leichtfertigkeit feiger Verkünder. Nur Tölpel können vergessen, wer ihr grimmigster Feind ist. Die in Christus weise Gewordenen wachen und beten, damit sie in der Stunde der Versuchung den Wolf im Schafspelz erkennen und im Glauben besiegen können.

Der Rauch Satans

Wir haben den Eindruck, daß der Rauch Satans durch irgendeinen Riß in den Tempel Gottes eingedrungen ist. Es ist der Zweifel, die Unsicherheit, die Infragestellung, die Unruhe, die Unzufriedenheit, die Auseinandersetzung. Man hat kein Vertrauen mehr zur Kirche. Man vertraut dem erstbesten weltlichen Propheten, der in einer Zeitung schreibt oder in irgendeiner sozialen Bewegung spricht, und man verlangt von ihm die Formel für das wahre Leben! Man denkt nicht daran, daß wir diese Formel bereits besitzen! Der Zweifel hat in unser Bewußtsein Einzug gehalten, er ist durch Fenster eingedrungen, die nur für das Licht geöffnet sein dürfen! (...) Der Unterricht wird die Quelle von Verwirrung und bisweilen absurder Widersprüche. Man verherrlicht den Fortschritt, um ihn gleich darauf durch die seltsamsten und radikalsten Revolutionen zu zerstören, um alle Eroberungen zu verleugnen, um wieder zu Primitiven zu werden, nachdem man die Fortschritte der modernen Welt so sehr gepriesen hat!

Auch in der Kirche herrscht dieses Klima der Unsicherheit. Man hätte meinen sollen, nach dem Konzil würde die Sonne über der Geschichte der Kirche scheinen. Statt der Sonne aber haben wir die Wolken, den Sturm, die Finsternisse, das Suchen, die Ungewißheit. Wir predigen den Ökumenismus und wir trennen uns täglich mehr voneinander. Wir reißen Abgründe auf, statt sie zuzuschütten!

Wie hat das geschehen können? Wir meinen, eine feindliche Macht hat sich eingemischt. Ihr Name ist der Teufel, dieses geheimnisvolle Wesen, auf das der hl. Petrus in seiner Epistel (1 Petr 5,8f) anspielt. Wie oft spricht Christus im Evangelium von diesem Feinde der Menschen! Wir glauben an etwas (oder jemand?) Außernatürliches, das in die Welt gekommen ist, um sie zu verwirren, um die Früchte des ökumenischen Konzils zu zerstören und um die Kirche daran zu hindern, ihre Freude darüber zu besingen, daß sie wieder ihr volles Selbstbewußtsein gefunden hat. Darum möchten wir heute mehr denn je in der Lage sein, die von Gott dem Petrus anvertraute Aufgabe auszuüben, unsere Brüder im Glauben zu stärken.

Papst Paul VI. am 29. Juni 1972 im Petersdom vor den Kardinälen, dem Diplomatischen Korps und zahlreichen Gläubigen.

Nicht ohne Zulassung GOTTES:
Die Hölle zeigt ihre Fratze

Der Fall Anneliese Michel beschäftigt seit Wochen nicht nur die Bewohner des malerisch in einer Main-Schleife zwischen Weinbergen und roten Sandsteinhängen gelegenen Städtchens Klingenberg, er kommt auch im deutschen Blätterwald nicht zur Ruhe. "Sollte es wirklich der Teufel gewesen sein?" fragen die einen; "Teufelsglaube wie im finsteren Mittelalter", spotten die anderen. Allein, hier gibt es nichts zu spotten; der Fall ist zu ernst. Leicht machen es sich die modernen Sadduzäer: "Der Teufel? Den gibt es doch gar nicht!" Sie haben überdies den Vorteil, als "helle Köpfe" zu gelten.

Was ist nun geschehen, und warum dieses Rauschen im Blätterwald - je liberaler, desto lauter?

Ein tragischer Fall

Am 1. Juli starb in Klingenberg die 23-jährige Theologie- und Pädagogikstudentin Anneliese Michel im Hause ihrer Eltern; das Mädchen wurde morgens in ihrem Bett tot aufgefunden. Da der herbeigerufene Arzt keine Todesursache feststellen konnte, ging der Fall an die Kriminalpolizei und von dieser an die Staatsanwaltschaft Aschaffenburg. Eine gerichtsmedizinische Untersuchung stellte als Todesursache einwandfrei Nahrungs- und Flüssigkeitsmangel fest.

Das Mädchen war 1973 erkrankt, ohne daß ihr die Ärzte helfen konnten. Eine Ärztin diagnostizierte auf Epilepsie, weil sich epilepsieähnliche Anfälle zeigten. Zwischen einem Besessenheits- und einem epileptischen Anfall ist aber ein großer Unterschied. Während der epileptische Anfall nur kurz ist, den Kranken lähmt und schwere Nachwirkungen hat, kann der Besessenheitsanfall praktisch fast unbegrenzt dauern. Dabei ist der Besessene in einer Weise aktiv, daß die Zeugen des Anfalls unwillkürlich auf den Gedanken kommen: "Der hat den Teufel im Leib." Auffallenderweise hat ein solcher Anfall keine störenden Nachwirkungen. Der Besessene schüttelt sich und ist normal wie zuvor.

Bei Anneliese Michel kam es neben diesen Anfällen nicht nur zur Abmagerung, sondern auch zu "besorgniserregenden seelischen Zuständen", wie die Eltern, übrigens "tief religiöse Menschen", dem Staatsanwalt erklärten. Der Verdacht auf Besessenheit verstärkte sich. Es wurde das vom kirchlichen Gesetzbuch, Canon 1151, §2, geforderte Gutachten erstellt, woraufhin der zuständige Ortsbischof, Dr. Josef Stangl aus Würzburg, den Salvatorianerpater Renz mit der Vollmacht zum Exorzismus betraute.

Gebet, nicht Magie

Der Exorzismus ist ein im Namen Gottes bzw. Jesu an den Teufel gerichteter Befehl, eine Person, eine Sache oder einen Ort zu verlassen und keinen Schaden anzurichten. Das hat - wenn das für den modernen Menschen, der hier den Schalter drückt, worauf dort das Licht aufleuchtet, vielleicht auch nicht mehr ohne weiteres einsichtig erscheint - mit Magie nicht das geringste zu tun. Der Exorzismus ist "ein feierliches Gebet zu Gott im Namen und Auftrag Christi (daher das Imperativische - Befehlende der Formeln) und der Kirche um seinen Schutz vor Unheilsmächten, die, so 'natürlich' auch ihre Manifestation zunächst erscheinen mag (und ist), doch dämonische Hintergründe und Tiefen haben", formuliert das Lexikon für Theologie und Kirche. Die Kirche befiehlt also kraft ihrer Vollmacht und Autorität dem Bösen, die Wirkung hängt aber nicht nur von dem ordnungsgemäß beauftragten Exorzisten, sondern mehr noch von Gott ab, ohne dessen Zulassung kein Dämon von einem Menschen oder einer Sache Besitz ergreifen kann.

Der an Anneliese Michel vorgenommene Exorzismus bewirkte nicht nur eine Linderung der "Leiden", sondern vorübergehend eine völlige Befreiung von der Besessenheit, so daß sie an der Universität zwei Prüfungen ablegen konnte.

Leider stellte sich der frühere Zustand nach vielen Wochen wieder mit neuer Heftigkeit ein. Das Mädchen konnte keinerlei Nahrung zu sich nehmen, und wenn man es dazu zwang, mußte es sich übergeben. Die Eltern wollten einen Arzt zu Rate ziehen, aber das Mädchen, das schon wiederholt von Ärzten erfolglos behandelt worden war, lehnte entschieden ab. Daraufhin versuchten die Eltern, ihr mit Gewalt Nahrung einzuflößen; das Mädchen hätte selber gern gegessen und getrunken, vermochte es aber nicht. Ein innerer Zwang, den sie nicht brechen konnte, hinderte sie daran.

Der Exorzismus selbst, der in der Regel über längere, ja lange Zeiträume angewendet werden muß, wurde vorschriftsgemäß ausgeführt. Der Exorzist hat dabei, wie es die Kirche vorschreibt, die Besessene nicht angerührt und die leibliche Sorge um sie dem Arzt oder den Eltern überlassen. Seine Aufzeichnungen, 43 Tonbandkassetten, hat er dem Staatsanwalt übergeben. Dieser hat inzwischen nach langwierigen Ermittlungen einwandfrei festgestellt, daß das Mädchen nicht durch exorzistische Maßnahmen oder sonstiges "aktives Tun" ums Leben gekommen ist, zwischen ihrem Tod und dem über sie gesprochenen Exorzismus also kein direkter Zusammenhang besteht.

Haß, Verwirrung und Überheblichkeit

Trotzdem dauert das Trommelfeuer auf den Bischof, den Exorzisten und die katholische Kirche an. Nicht weniger als fünf Anzeigen sind gegen den Bischof erstattet worden: er hätte für künstliche, genauer für Zwangsernährung sorgen müssen! Der Bischof hinwiederum hat Gegenanzeige wegen falscher Verdächtigung und übler Nachrede erstattet.

Damit nicht genug. Als "Retter in der Not" spielt sich der 64-jährige Tübinger Theologieprofessor Dr. Herbert Haag auf, und zwar, wie die "Allgäuer Tageszeitung" schreibt, "als Wortführer von etwa zehn Theologen in der Bundesrepublik Deutschland". Der durch seinen "Abschied vom Teufel" hinlänglich bekannte Alttestamentler sieht seine Stunde gekommen und leugnet in aller Öffentlichkeit, vor allem via Bildschirm, die Existenz des Teufels und der Besessenheit. Nach ihm handelt es sich in solchen Fällen entweder um Epilepsie, Hysterie oder andere Geisteskrankheiten. Er verkündet forsch: "Teufelsglaube ist mangelnder Gottesglaube". Daß er als katholischer Theologieprofessor öffentlich und mit Nachdruck eine Irrlehre verkündet, ficht ihn offenbar nicht an.

Pater Rudolf Rodewyk, der Frankfurter Jesuit, der über entsprechende Erfahrungen verfügt und im Fall von Klingenberg als kirchlicher Gutachter fungierte, warnt nachdrücklich: "Jene aber, die meinen, das Phänomen Besessenheit existiere nur in der Vorstellung bigotter Pfarrer und anderer Gläubiger, zeigen nur, daß sie noch nie einen Besessenen gesehen und erlebt haben. Der Spott bliebe ihnen sonst im Halse stecken."

Unsichtbar und verborgen

Gerade das Neue Testament zeigt deutlich, wie Heinrich Schlier in seinem Buch über "Mächte und Gewalten im Neuen Testament" dargestellt hat, daß das Wirken der Mächte und Gewalten, sei es der guten, sei es der bösen, nicht NEBEN den feststellbaren innerweltlichen Ursachen und Kräften steht, sondern daß es ihre Eigenart ist, IN den innerweltlichen und daher naturwissenschaftlich, psychologisch, soziologisch feststellbaren Wirklichkeiten VERBORGEN wirksam zu sein: in den Dingen der Welt, in den Ereignissen der Geschichte, in den Gegebenheiten der Gesellschaft, ja bis in die Kirche hinein. Die Personalität, um die es hier geht, wirkt eben nicht wie die der Menschen so, daß die eine Person der anderen gegenübersteht oder daß die eine mit der anderen so zusammenarbeitet, daß sie nebeneinander stehen, auch wenn sie an der gleichen Sache arbeiten. Die Personalität der mit Teufel gemeinten Wesen meint eine leiblose Geistigkeit, und ihre Wirksamkeit kann man nicht vom erforschbaren und erfahrbaren Wirken des Bösen in den natürlichen Wirklichkeiten abgrenzen.

Prof. Dr. Otto Semmelroth SJ

Stolz und haßerfüllt

Besessene: "Ich bin unsterblich".

Vianney: "Du bist also der einzige Mensch, der nicht sterben wird?"

"Ich habe nur eine einzige Sünde in meinem Leben begangen, und ich lasse alle, die wollen, an dieser schönen Frucht teilhaben. Heb' die Hand und gib mir die Absolution; du hebst sie öfters für mich."

"Tu quis es - wer bist du?"

"Magister caput - Der Meister, das Haupt... Häßliche schwarze Kröte, wie du mich leiden läßt! Wir bekriegen uns gegenseitig, die Frage ist, wer siegen wird... Aber siehst du, es passiert dir doch von Zeit zu Zeit, daß du für mich arbeitest: Du glaubst, deine Welt ist in Ordnung, aber sie ist es nicht. Warum verlangst du eine Gewissenserforschung bei deinen Beichtkindern, warum so viel Prüfung? Genügt nicht die, zu der ich sie anleite?"

"Du sagst, daß du die Gewissenserforschung meiner Beichtkinder leitest? Sie wenden sich doch an Gott, bevor sie ihr Gewissen erforschen."

"Ja, mit den Lippen. Ich sage dir, daß ich es bin, der ihre Gewissenserforschung macht. Ich bin öfter in deiner Kapelle als du glaubst..."

"Was hältst du von N. N.?" (einem Priester von erprobter Tugend).

Wütend, zähneknirschend: "Ich mag ihn nicht."

"Und von..."

"Den lasse ich mir gefallen! Der läßt uns machen, was wir wollen. Du hast ihn auf den rechten Weg gebracht, aber das hat nicht gehalten... Sag mir, warum machst du's nicht wie die andern?"

"Wie machen es denn die andern?"

"Sie laden einander zu Gastmählern ein."

"Dazu habe ich keine Zeit."

"Die andern nehmen sich die Zeit. Es gibt schwarze Kröten, die mich nicht so leiden lassen wie du. Ich diene ihnen bei der Messe. Sie lesen sie für mich."

"Dienst du bei meiner?"

"Red' nicht so dumm!... Ach, wenn die... (die heilige Jungfrau) dich nicht beschützte!... Aber Geduld! Wir haben schon Stärkere als dich zu Fall gebracht... Du bist noch nicht gestorben..."

"Was hältst du vom Tanz?"

"Ich umhege den Tanz wie eine Mauer, die den Garten umschließt."

Aus der von Vianney selbst diktierten Niederschrift eines Zwiegesprächs, das der hl. Pfarrer von Ars am 23. Jänner 1840 in der Kapelle des hl. Johannes des Täufers in Gegenwart von acht Zeugen mit einer Besessenen führte.

Zu welcher Gemeinde gehörst du?

Überall, wo Christus seine Opfergemeinde hat, da hat auch Satan seine Opfergemeinde (vgl. Offb 2,9). Es gibt nur zwei Opferaltäre auf der Welt, auf denen alle Opfer der Menschen aufgeopfert werden. Die einen legen sich und ihr Opfer auf den Altar Christi, des Königs, die anderen auf den seines großen Widersachers Satan, des Fürsten dieser Welt. Es gibt nur zweierlei Handlungen, zweierlei Werke: gute und böse. Ob einer im Büro arbeitet oder in der Schule, in der Werkstatt oder im Feld, auf dem Katheder oder auf der Kanzel steht, das bleibt sich gleich, es gibt letzten Endes nur zweierlei Arbeiten, zweierlei Werke: gute und böse. Ein Drittes gibt es nicht. Und so gibt es auch nur zweierlei Menschen, ob Mann oder Frau, Priester oder Laie, jung oder alt, gelehrt oder ungelehrt, groß oder klein, arm oder reich: nur gute und böse. Ein Drittes gibt es nicht. Entweder heißt es: Für Gott oder gegen Gott! "Wer nicht mit mir ist, der ist gegen mich, wer nicht mit mir sammelt, der zerstreut." (Lk 11,23).

Mit unserer Opferung vollzieht sich auch unsere Wandlung. Durch jede bewußte, freiwillige Tat werden wir besser oder schlechter, wachsen wir immer mehr hinein in Christus, wachsen wir immer mehr hinein in Satan. Unser Wandlungswort: Ja, Vater, oder: Nein, Vater. "Siehe, ich komme, deinen Willen zu erfüllen" (Hb 7,10), oder: "Non serviam: Ich diene dir nicht" (Jr 2,20). Wenn jetzt die Schleier fielen, dann würde es sofort offenkundig, welcher Opfergemeinde wir angehören und welches Wandlungswort wir augenblicklich sprechen.

P. Richard Gräf CSSp in: JA, VATER

Zur Heiligsten Dreieinigkeit beten wir,
Daß sie sich unser erbarme,
zu den Heiligen aber immer nur,
daß sie für uns bitten. Hl. Thomas von Aquin

Das Wunder von Ars

In Lourdes ist es nicht Bernadette, die man sucht, sondern die Grotte der Erscheinungen, während die Pilger nach Ars kommen, um einen Menschen zu sehen: einen Mann, der schon zu Lebzeiten als Heiliger verehrt wird und der, vergessen wir es nicht, der Pfarrer eines Dorfes von 240 Einwohnern in einer weltverlorenen Gegend ist.

Von 1827 bis 1859 wird, dem Skeptizismus der Zeit zum Trotz, die kleine Kirche von Ars nie leer werden. Schon 1828 ist die Zahl der Wallfahrer, die nach Ars kommen, groß. "Herr Pfarrer", sagt Catherine Lassagne, "die anderen Missionare laufen den Sündern nach bis in fremde Länder. Aber bei Ihnen ist es umgekehrt. Ihnen laufen die Sünder nach!"

Überrascht, aber ehrlich, antwortet der Heilige sofort: "Das ist beinahe wahr!"

Diese Anziehungskraft eines einzigen Mannes, zu dem dreißig Jahre lang ganze Massen von Menschen strömen, ist vielleicht einzigartig in der Menschheitsgeschichte und in den Annalen der Kirche. Einzigartig ist auf alle Fälle dieses Ganze, genannt "Ars", diese verblüffende Mischung von Wundern und satanischen Machenschaften, heranbrandenden Menschenmassen und bescheidenstem täglichem Leben und diese so lang andauernde, so tief verankerte Gewohnheit, sich im Übernatürlichen zu bewegen. Und wenn man noch denkt, daß uns das Wesentliche des Wunders von Ars entgeht! Denn die größten Wunder spielen sich ja in den Seelen ab...

"Bevor ich nach Ars kam", hat ein Mann aus dem Volk zu Abbé Monnin gesagt, "bevor ich den 'guten Pater' gesehen hatte, ist es mir schwergefallen zu glauben, was in den Heiligenleben erzählt wird. Vieles schien mir unmöglich. Jetzt glaube ich alles, weil ich mit meinen eigenen Augen alle diese Dinge gesehen habe, und noch viel mehr."

*

Eines Tages sieht der Pfarrer von Ars einen sehr eleganten Herrn in die Sakristei kommen, der auf ihn zutritt und sich zu sagen beeilt:

"Hochwürden, ich komme nicht, um zu beichten. Ich komme, um mit Ihnen zu diskutieren."

"O lieber Freund, da sind Sie an der falschen Adresse", antwortet Vianney, "ich verstehe nicht zu diskutieren. Aber wenn Sie einen Trost brauchen, knien Sie hier nieder."

Der Pfarrer von Ars weist dabei auf den Platz, wo seine Beichtkinder sich niederzuknien pflegen, und sagt dazu:

"Glauben Sie mir, es sind schon viele vor Ihnen hier gekniet und haben es nicht bereut."

"Aber Hochwürden, ich habe schon die Ehre gehabt, Ihnen zu sagen, daß ich nicht gekommen bin, um zu beichten, und dies aus einem Grund, der mir sehr einfach und entscheidend scheint, und der ist, daß ich nicht den Glauben habe. Ich glaube nicht mehr an die Beichte wie an alles übrige."

"Sie haben nicht den Glauben, mein Freund? O wie ich Sie bedaure! Ein kleines Kind von acht Jahren mit seinem Katechismus weiß mehr davon als Sie. Ich habe mich für sehr unwissend gehalten, aber Sie sind es noch mehr als ich, da Sie die Dinge nicht wissen, die man als erstes wissen muß."

Vianney fährt fort zu sprechen und kommt dann auf seinen unerbittlichen, sanften Befehl zurück:

"Knien Sie hier nieder, ich werde Ihnen die Beichte abnehmen."

"Herr Pfarrer", erwidert der andere, dessen Sicherheit schon etwas erschüttert ist, "das ist eine Komödie, die Sie mir da empfehlen. Ich bitte Sie, mir zu glauben, daß ich keine Lust darauf habe. Ich bin kein Komödiant."

"Knien Sie hier nieder, sage ich Ihnen!"

Und der andere liegt auf den Knien, "er weiß nicht wie und fast wider seinen Willen". Er wird sich ein paar Minuten später erheben, nicht nur getröstet, sondern "vollkommen gläubig". Sein Weg zum Glauben war kurz, ein Blitz hat ihn zu Boden gestreckt.

Seinen Beichtkindern sagt Vianney dasselbe wie den Zuhörern seiner Predigten: "Wie schade! Es ginge noch an, wenn Gott nicht so gut wäre. Aber er ist so gut! Wie roh muß ein Mensch sein, um einen so guten Vater zu beleidigen! Nein, so viel Bosheit und Undankbarkeit kann man nicht verstehen. Der Grund ist, daß der Glaube fehlt... Wir werden das eines Tages verstehen, aber dann wird es zu spät sein."

*

"Gott hat mir", sagt Vianney zu seinen Vertrauten, "die große Barmherzigkeit erwiesen, nichts in mich zu legen, worauf ich mich stützen könnte, weder Talent noch Wissen, weder Weisheit noch Kraft, noch Tugend. Ich entdecke in mir, wenn ich über mich nachdenke, nur meine armen Sünden, und dabei erlaubt mir der liebe Gott noch, daß ich sie nicht alle sehe und daß ich mich nicht ganz kenne. Dieser Anblick würde mich in Verzweiflung stürzen. Ich habe keine andere Hilfe gegen diese Versuchung, als mich zu Füßen des Tabernakels niederzuwerfen wie ein Hündlein zu den Füßen seines Herrn." Michel de Saint-Pierre

Sie lebte der Liebe

Wenn die Kirche den 100. Geburtstag der "kleinen" heiligen Theresia feiert - die am 30. September 1897 Verstorbene, wurde am 2. Jänner 1873 geboren und zwei Tage später getauft -, so tut sie das im Wissen um die brennende Aktualität dieser Heiligen. Sie ist der Christ, der, beispielhaft für unsere Zeit wie kein zweiter, in innerer Gelöstheit einfach und schlicht für Gott lebt und stirbt - genauso wie auch wir es tun sollten, mögen wir in der Welt oder im Kloster sein.

Klein- Theresia wächst in einer Familie auf, für die Gott kein Vorwand, sondern die große Wirklichkeit ist, an der man freudig sein Leben ausrichtet. Die Eltern feiern jeden Tag um 5.30 Uhr die heilige Messe mit und empfangen auch die heilige Kommunion, was damals eine große Seltenheit war. Sie wollten gerne ein Kind, das als Priester "ein großer Heiliger" würde, und hielten viele Novenen in dieser Absicht.

Das Beispiel der Eltern schloß auch das Herz der Kinder für Gott auf. Klein Theresia weiß sich von Gott geliebt. In dieser Gewißheit bestärkt sie der Umgang mit den Geschwistern, zu denen auch die verstorbenen gehören und von denen man im Hause überzeugt ist, daß sie bei Gott im Himmel sind. "Mein ganzes Leben lang hat es dem Herrn gefallen, mich mit Liebe zu umgeben; meine ersten Erinnerungen sind zärtliche Liebkosungen, freundliches Lächeln." Zwischen den Himmlischen und den Irdischen besteht Freundschaft, Liebe und trauter Umgang. so wird das schlichte Leben der gläubigen Familie "gleichnishaft durchsichtig auf die letzten Geheimnisses des Evangeliums". Dem Kind bleibt die falsche Problematik einer abstrakten Glaubensunterweisung und einer "rationalisierten Theologie" erspart.

Theresia weiß sich von Gott geliebt und kennt nur den einen Wunsch, ihn wiederzulieben. "Ich verlange danach, dich zu lieben und dahin zu wirken, daß du geliebt wirst." Sie kann am Ende ihres Lebens sagen: "Ich habe dem lieben Gott immer nur Liebe gegeben." Sie strebt nicht danach, eine Heilige zu werden, sie will Gott Freude machen. Denn "Gott bedarf nicht unserer Werke, sondern unserer Liebe". Als Jesus die Samariterin bat: Gib mir zu trinken, "da war es die Liebe seines armen Geschöpfes, die der Schöpfer des Universums forderte. Er hatte Durst nach Liebe". Sie will nicht Sünder retten, damit diese nicht in die Hölle kommen, sondern daß sie Gott ewig lieben.

"Gott selbst und Gott allein." Sie wäre keine Karmeliterin, wenn sie unter einem anderen Gesetz angetreten wäre. Es gilt, die Herzen nicht an sich zu ziehen, sondern zu Gott zu führen.

Das heißt aber nicht, daß sie die Hände in den Schoß legen dürfte. "Mein Jesus, du hast genug gelitten in den dreiunddreißig Jahren deines Lebens, nun ist es an mir, zu kämpfen und zu leiden." Die Liebe zu Jesus hält von der Nächstenliebe nicht ab, sondern spornt erst recht dazu an. "Je mehr ich mit ihm vereint bin, desto mehr liebe ich alle meine Schwestern."

Sie beweist das durch ihr Verhalten im klösterlichen Alltag. Die Schwester, die "das Talent" hat, ihr "in jeder Hinsicht zu mißfallen", nimmt sie besonders in ihr Gebet hinein. Und wenn sie eine Mitschwester bekümmert sieht und das Sprechen nicht erlaubt ist, bittet sie Jesus, daß er sie tröste. Nie verwechselt sie jedoch wahre Liebe mit einem faulen Frieden. Sie kämpft gegen die Fehler der ihr Anvertrauten auch dann, wenn keine Aussicht besteht, den Kampf zu gewinnen.

"Es ist der Wille Gottes, daß ich bis zum Tode kämpfe. Mit den Seelen, die man leitet, muß man aufrichtig sein, man muß ihnen sagen, was man denkt. Das tue ich immer. Es liegt nicht viel daran, wenn ich nicht beliebt bin, das suche ich gar nicht. Wenn man nicht die volle Wahrheit hören will, soll man nicht zu mir kommen."

Wir dürfen auch nicht meinen, daß die Liebe, für die sie lebte und in der sie sich aufgehoben wußte, sie vor dem Leiden bewahrt hätte. "Gibt es eine weniger geprüfte Seele als die meine? Wie würde man sich wundern, wenn die Prüfung, die ich erdulde, offen zutage träte!" Ihre Seele ist in Finsternis gehüllt, der Gedanke an den Himmel bloß Anlaß zu Kampf und Qual. Schon am Vorabend ihrer Einkleidung überfällt sie die Angst, sie könnte einer Täuschung erliegen. Im letzten Jahr ihres Lebens setzen furchtbare Versuchungen gegen den Glauben und besonders gegen die Hoffnung ein. Dazu kommen die körperlichen Leiden. "Ich habe nie geglaubt, daß man so viel leiden kann, nie, nie!" Aber: "Ich bereue es nicht, mich der göttlichen Liebe ausgeliefert zu haben." Und ihr letztes Wort: "Mein Gott, ich liebe dich!"

Die große "kleine Heilige" ist wahrhaft die Heilige für unsere Tage - ein von der göttlichen Vorsehung auf den Leuchter gestelltes Leitbild gegen die erlöschende Gottesliebe, gegen die "Häresie der Aktion", gegen das Geschwätz vom "Tode Gottes", gegen eine sich selbst genügende Mitmenschlichkeit wie gegen die zum Himmel schreiende Verfälschung der Liebe zur Lust.

Theresia vom Heiligsten Antlitz

Die erste Predigt, die sie verstand und die Eindruck auf sie machte, war eine Predigt über das Leiden des Herrn.

Aus dem Gebetbuch der Vierzehnjährigen rutschte eines Tages ein Bildchen etwas heraus und zeigt ihr die blutende Hand des Gekreuzigten. Theresia weiß, daß es keinen Zufall gibt und "die kleinsten Ereignisse unseres Lebens von Gott gelenkt werden". Sie ist betroffen von dem Blut, das aus der Hand des Gottessohnes tropft. "Ich empfand tiefen Schmerz bei dem Gedanken, daß dieses Blut zur Erde fiel, ohne daß jemand herbeieilte, um es aufzufangen." So wollte sie im Geiste beim Kreuz stehen und das Gottesblut auffangen, um es über die Seelen auszusprengen.

Bald darauf schenkt ihr der Herr den zum Tod verurteilten dreifachen Mörder Pranzini. Sie wollte ihn "um jeden Preis" der ewigen Verdammnis entreißen und erbat sich zu ihrem Trost ein Zeichen seiner Reue. "Pranzini hatte nicht gebeichtet, er hatte das Schafott bestiegen und wollte eben seinen Kopf in das grausige Loch stecken, als er plötzlich, einer jähen Eingebung folgend, sich umwendet, das Kruzifix ergreift, das ihm der Priester hinhielt und dreimal die heiligen Wunden küßt!"

Nun wuchs erst recht ihre Begierde, Seelen zu retten. "Es war ein wahrer

Tauschhandel der Liebe; den Seelen gab ich das Blut Jesu, und Jesus bot ich eben diese vom göttlichen Tau erquickten Seelen an."

Jesus ließ sie verstehen, daß er ihr die Seelen durch das Kreuz schenken wolle. So will sie sich "kein einziges Opfer entgehen lassen, keinen Blick, kein Wort"; sie "will die geringfügigsten Handlungen benutzen und sie aus Liebe tun". Sie sagt, wie es Brauch ihrer Zeit ist, nicht "Opfer bringen", sondern "Blumen streuen"; das aber will sie ("wie könnte man bei einer so fröhlichen Beschäftigung auch weinen?") im Verborgenen und singend tun: "Singen werde ich auch, wenn ich meine Blumen mitten aus den Dornen pflücken muß, und mein Gesang wird um so wohlklingender sein, je länger und spitzer die Dornen sind."

Aus dem Anblick des mißhandelten und blutüberronnenen heiligsten Antlitzes schöpft sie Liebe und Leidenskraft. Als ihre Schwester vor einer bekannten Darstellung des Hauptes Christi sagt: "Wie schade, daß die Lider geschlossen sind und wir seinen Blick nicht sehen", antwortet sie: "Nein, es ist besser so, denn wir könnten seinen göttlichen Blick nicht ertragen, ohne vor Liebe zu sterben." Sie hatte auch immer ein Bild des heiligsten Antlitzes in ihrem Brevier und stellte es im Chor neben sich; und während ihres langen Todeskampfes ließ sie es an die Vorhänge ihres Bettes heften.

Ihr Beruf ist die Liebe

"Ich bitte Jesus, mich in die Flammen seiner Liebe zu ziehen, mich so innig mit ihm zu vereinigen, daß er in mir lebt und handelt." Theresia von Lisieux weiß, daß die Liebe Gabe und Geschenk Gottes ist, sie weiß aber auch, daß diese kostbare Gabe nur jenen zuteil wird, die sich der Liebe hochherzig ausliefern und so ihr "Brandopfer" werden.

"Jesus bedarf nicht unserer Werke, sondern nur unserer Liebe." So schreibt sie wenige Tage vor ihrer Profeß: "Ich möchte Jesus über alles lieben - ihn lieben, wie er noch nie geliebt worden ist." Als wenige Tage nach dem großen Fest ihr die Cousine im Sprechzimmer die Aufmerksamkeiten schildert, mit denen sie ihren neuvermählten Gatten umgibt, da steht es für die junge Profeßschwester fest: "Man soll nicht sagen können, daß eine Frau in der Welt für ihren Mann, einen einfachen Sterblichen, mehr tut als ich für meinen geliebten Jesus."

Theresia gibt sich aber keinen Illusionen hin. "Die Liebe besteht nicht im wonnigen Gefühl der Andacht, sondern in dem festen Entschluß, in allen Stücken Gott gefallen zu wollen." Ihre Liebe ist selbstlos und scheut kein Opfer. Sie sucht das Wohlgefallen des Geliebten, nicht sich.

So wird sie immer mehr Beute, aber auch Werkzeug der göttlichen Liebe. "Wenn ich Liebe erweise, so handelt einzig Jesus in mir; je mehr ich mit ihm vereint bin, desto inniger liebe ich alle meine Schwestern." Sie begreift, daß die vollkommene Liebe darin besteht, die Fehler der anderen zu ertragen, sich über ihre

Schwächen nicht zu wundern oder zu beklagen, und sich an dem kleinsten Guten, das man an ihnen sieht, zu freuen.

In der Liebe findet sie den Sinn ihrer Berufung: "Ich begriff, daß, wenn die Kirche einen aus verschiedenen Gliedern bestehenden Leib hat, ihr auch das notwendigste, das edelste von allen nicht fehlt; ich begriff, daß die Kirche ein Herz hat, und daß dieses Herz von Liebe brennt. Ich erkannte, daß die Liebe allein die Glieder der Kirche in Tätigkeit setzt, und würde die Liebe erlöschen, so würden die Apostel das Evangelium nicht mehr verkünden, die Märtyrer sich weigern, ihr Blut zu vergießen... Ich begriff, daß die Liebe alle Berufungen in sich schließt, daß die Liebe alles ist, daß sie alle Zeiten und Orte umspannt, daß sie ewig ist... Da rief ich im Übermaß meiner überschäumenden Freude: O Jesus, meine Liebe - endlich habe ich meine Berufung gefunden: meine Berufung ist die Liebe! Ja, ich habe meinen Platz in der Kirche gefunden - im Herzen der Kirche, meiner Mutter, werde ich die Liebe sein!"

Ein neuer Heiliger des Bußsakramentes

Als solchen bezeichnete Papst Paul VI. Kapuzinerpater Leopold Mandic von Castelnovo, der am 2. Mai im Petersdom seliggesprochen wurde. Das Beispiel des seligen Leopold - sagte der Papst - sei einerseits ein Aufruf an alle Priester zu einem Dienst von so grundlegender Bedeutung und so unvergleichlicher Spiritualität, anderseits erinnere es die Katholiken daran, "welch ein unvergleichlicher Dienst auch heute noch, ja heute mehr denn je, die persönliche Ohrenbeichte für sie ist: eine Quelle der Gnade und des Friedens, eine Schule des christlichen Lebens und ein unvergleichlicher Trost auf der irdischen Pilgerfahrt."

Normalerweise darf ein Seligsprechungsprozeß erst 50 Jahre nach dem erfolgten Tod eingeleitet werden, die Erinnerung an die Tugenden Pater Leopolds war jedoch so stark, daß man in diesem Fall von dieser Norm absehen mußte: "Das Urteil der Kirche mußte sich beugen vor dem spontanen Chor derer, die den demütigen Kapuziner persönlich gekannt oder seine wunderbare Fürsprache erfahren haben", sagte der Papst.

Pater Leopold, der am 12. Mai 1866 in Süddalmatien, das damals zur österreichisch-ungarischen Monarchie gehörte, geboren wurde, hat 40 Jahre mit nur geringer Unterbrechung während des Ersten Weltkriegs in Padua verbracht, davon täglich acht, zehn, zwölf, ja manchmal sogar 15 Stunden in einem winzigen Beichtzimmerchen von wenigen Quadratmetern, in dem es im Winter eisig kalt und im Sommer zum Ersticken heiß war. Hier kamen Leute aus allen Ständen und sozialen Schichten zu ihm: Universitätsprofessoren und Studenten, Priester und Ordensleute, Industrielle, Offiziere, Ärzte - leidgeprüfte, von Sünde, Seelennot und Zweifeln geplagte Menschen, die Trost und Hilfe suchten. Sie fanden in P. Leopold, der selbst schwer leidend war, einen stets heiteren, freundlichen und überaus gütigen Priester, der getreu seiner Losung: "Alles für die Seelen, alles!" sich für die Sünder opferte und dem Gott - wie einem hl. Pfarrer von Ars oder einem P. Pio - die Gabe der Herzenskenntnis schenkte.

"Klein an Gestalt und schwach an Gesundheit, wirkte dieser Mann als ein wahrer Riese des Geistes; der Herr bediente sich seiner, um zahllosen Seelen die Last des Lebens zu erleichtern, sie für die ewigen Ideale zu gewinnen und zum Guten aufzumuntern", schrieb Kardinal Alois Stepinac am 12. Juli 1946 über ihn.

Der seeleneifrige Beichtvater, der sich zum Missionar an den slawischen Ostvölkern berufen fühlte, wegen seiner schwachen Gesundheit aber nicht angenommen wurde, war unermüdlich um seine Weiterbildung besorgt; wenn er nicht betete, studierte er: die Heilige Schrift, die Kirchenväter, die großen Gottesgelehrten, aber auch moderne Theologen. Er wußte in allen schwierigen Fragen Bescheid und wurde Ratgeber von Bischöfen, Ordensoberen und Universitätsprofessoren; selbst bekannte Männer aus dem Vatikan holten sich bei ihm Rat.

Er war aber auch ein unermüdlicher Beter. Er betete immer und überall. Viele Stunden der Nacht verbrachte er im Gebet vor dem Tabernakel. Auf die Feier der heiligen Messe bereitete er sich bereits in den frühesten Morgenstunden vor. Seine Frömmigkeit erbaute alle, die mit ihm die heilige Messe feierten.

Eine große Liebe verband ihn mit der himmlischen Mutter Maria. Ihr vertraute er all seine Sorgen, besonders die Rückkehr der getrennten Ostvölker zu Rom an, und zu ihr betete er täglich vertrauensvoll den Rosenkranz. Als er am 30. Juli 1942, 76-jährig, an den Folgen eines Speiseröhrentumors während der Vorbereitung auf die heilige Messe starb, galten seine letzten Worte der Verehrung der Mutter Gottes.

Werkzeug für die Weltweihe

Ihre Familie, ein alteingesessenes westfälisches Adelsgeschlecht, das vor allem in der Zeit des Kulturkampfes für die Rechte der Kirche eintrat, hat in den letzten 150 Jahren der Kirche allein sechs Bischöfe geschenkt, darunter Kardinal von Galen, den "Löwen von Münster" - das zeigt zur Genüge, aus welchem Holz die neue deutsche Selige geschnitzt ist, die Papst Paul VI. am Allerheiligentag mit vier anderen zur Ehre der Altäre erhoben hat.

Maria Droste zu Vischering wurde am 8. September 1863 im prächtigen Erbdrostenhof mitten in der Stadt Münster geboren; ihre Kindheit verlebte sie auf Schloß Vischering in Darfeld. Die Weite des Münsterlandes ließ ihrem kindlichen Ungestüm freien Lauf; sie war ein richtiger Wildfang, von dem ihr späterer Seelenführer sagte: "Kleine Geister und enge Seelen waren oft befremdet über ihr großes und weites Herz, das nicht nur ihr Haus und ihre Genossenschaft kannte, das vielmehr nichts ausschloß, was irgendwie die Interessen Gottes berührte."

Das kernkatholische Elternhaus senkte den Samen des christlichen Glaubens tief in das kindliche Herz; die Kleine erlebte beglückend die tiefe Frömmigkeit des Vaters, während sie die Mutter lehrte, daß man ins eigene Herz hören müsse, um den Willen Gottes zu erkennen, der jeden Menschen nach seinen besonderen Eigenheiten ruft. Mit 15 Jahren hörte sie in der Predigt, daß man "Gott aus ganzem Herzen lieben" müsse; sie vernahm darin den an sie persönlich gerichteten Ruf: "Du sollst Ordensfrau werden!" Noch war sie aber innerlich nicht soweit: sie wollte sich dem Ruf verschließen und redete sich ein: "Die Predigt ist ja nicht für dich allein; die anderen hören sie auch und gehen nicht ins Kloster." Allein, die Stimme Gottes war stärker, und wenn sie Krankheit in den nächsten Jahren auch hinderte, ihr zu folgen, so geschah der entscheidende Anruf doch damals.

Die Frömmigkeit des jungen Mädchens war von Anfang an von einer großen Liebe zum göttlichen Herzen des Herrn bestimmt. Als sie zehn Jahre alt war, erhielt ihre Familie die Erlaubnis, jeden ersten Monatsfreitag in der Hauskapelle zu Darfeld eine Herz-Jesu-Andacht zu halten. Zwischen dem 15. und 17. Lebensjahr, wo sie auf der Riederburg weilte, vertiefte der dortige Hausgeistliche, P. Hausherr, ihre Frömmigkeit in dieser Richtung. Schon damals begriff sie, "daß die Liebe zum Herzen Jesu ohne Opfergeist nur leere Einbildung ist". Sie wollte die wahre Liebe zum gott-menschlichen Herzen unseres Erlösers in der Gemeinschaft mit Gleichgesinnten verwirklichen und trat deshalb, sechsundzwanzigjährig, am 21. November 1888 in Münster in die Genossenschaft der Schwestern vom "Guten Hirten" ein.

Diese Schwesterngemeinschaft, die heute mit 513 Niederlassungen in 44 Provinzen verbreitet ist, hat sich neben der Seelenrettung das Apostolat an sittlich gefallenen oder gefährdeten Mädchen und Frauen durch religiöse Unterweisung, liebevolle Behandlung und stete Beschäftigung mit häuslichen und wirtschaftlichen Arbeiten zum Ziele gesetzt. Das war schon auf Grund ihrer Herkunft und bisherigen Lebensweise keine leichte Arbeit für die neue Schwester, und erst recht nicht, wo sie außerdem kränklich war. Sie wußte das, und doch sagte sie tapfer: "Ich weiß, daß das Amt der leitenden Erzieherin meine Seelen- und Körperkraft aufreibt, aber ich bin bereit, auf dem Kreuz zu bleiben und auch zu sterben."

Vielleicht hatte sie gedacht, in ihrer geliebten westfälischen Heimat bleiben zu können, doch dieses Glück war ihr nur fünf Jahre beschieden; am 12. Mai 1894 wurde sie nach Portugal gesandt um am 12. Mai zur Oberin von Porto ernannt. Es folgten fünf Jahre intensivster Arbeit, so daß das Kloster, das bei der Übernahme durch sie "in vielfacher Hinsicht in Todesnöten lag", bald zu einem Zentrum geistlicher Ausstrahlung wurde. Eine Rückenmarkentzündung mit Lähmungserscheinungen konnte sie nicht hindern, das Kloster vom Krankenlager aus bis zu ihrem frühen Tod umsichtig und mit erstaunlicher Tatkraft zu leiten.

Die Kraft und das Geheimnis ihres Lebens war das göttliche Herz des Herrn. Schon bei ihrer Profeß hatte sie den Namen "Maria vom Göttlichen Herzen" erhalten. Ihm lebte sie. "Einzig dem Herzen Jesu schreibe ich den guten Erfolg zu, den ich bei dem Umgang mit den Mädchen stets hatte, und oft, wenn der Fall verzweifelt schien, ebnete ER alle Schwierigkeiten. Wenn man von Seinem göttlichen Herzen eine Seele erbittet, versagt ER sie nie, wenn er auch zuweilen viele Gebete, viele Opfer und Leiden verlangt."

Die sorgfältig gehütete und, wie zur Abwehr, in einem strengen äußeren Regiment abgeschirmte Gnade war der traute Umgang mit dem Herrn. Am 4. Juni 1897 erhielt sie von Ihm den Auftrag, von Papst Leo XIII. die Weltweihe ans göttliche Herz zu erbitten. Abt Ildefons Schober von Seckau (Steiermark), der damals ihr Seelenführer war, meinte, der Papst habe dafür seine eigenen Ratgeber. Christus wiederholte am 7. April 1898 seinen Auftrag, der nun durch Vermittlung des Abtprimas von Hemptinne am 7. Dezember 1898 dem Heiligen Vater übermittelt wurde. Weitere Weisungen Christi und weitere Schreiben an den Papst folgten. Leo XIII. approbierte am 2. April 1899 die Herz-Jesu-Litanei für die ganze Welt und ordnete durch die Enzyklika ANNUM SACRUM die erbetene Weltweihe für den 11. Juni an. Die Überbringerin der Botschaft, die nunmehr selige Maria Droste zu Vischering, erlebte diese jedoch nicht mehr. Sie starb drei Tage vorher, am 8. Juni 1899, am Vorabend des Herz-Jesu-Festes, im blühenden Alter von 36 Jahren.

*

Du Königsherz

im fließenden Mantel deines Blutes:
Sei geliebt, Liebe!
Du Bruderherz im wilden Hohn
der Dornenkrone:
Sei geliebt, Liebe!
Du brechendes Herz
im starren Schmuck deiner Todeswunden;
Du vom Thron gestoßenes Herz,
Du verratenes Herz,
du grausam gemartertes Herz:
Sei geliebt, Liebe,
ewige Liebe, sei ewiglich geliebt!

Gertrud von Le Fort in: Hymnen an die Kirche

Leben
aus dem
Glauben
der Kirche

Das macht uns wirklich froh

Darin sind sich alle einig, daß das Evangelium "Frohbotschaft" ist und bleiben muß, worin das Frohmachende dieser Botschaft aber wirklich besteht, darin gehen die Meinungen auseinander. Die alte Versuchung der Juden, im Messias einen bloß irdischen Heilbringer zu sehen, der von Krankheit und Armut, Unfreiheit und Bedrückung befreit, ist unter den Christen heute groß. Man sieht in Jesus ein "Modell" (früher sagte man schlicht: ein "Vorbild") für unser Leben, weil sich damit viele Konflikte vermeiden und die unvermeidlichen besser durchstehen lassen. Dagegen ist sicher nichts einzuwenden, solange es sich um die Propagierung der Gesinnung Christi handelt und der Sinn seines Kommens nicht auf diese "Funktion", uns zu einem friedlicheren, not- und konfliktfreieren irdischen Dasein zu verhelfen, beschränkt wird.

Jesus ist aber nicht gekommen, uns zu einem angenehmen irdischen Leben zu verhelfen, sondern uns von unseren Sünden zu befreien und uns das EWIGE Leben zu schenken. Wohlstand in Sünde nützt nichts. Wohlstand verweichlicht, macht bequem und lau, bindet das Herz an das Irdische und trübt den Sinn für Gott und das Göttliche. Darum das "Wehe" Jesu über die Reichen. Und der Friede der Gottlosen ist ein falscher Friede, mehr Waffenstillstand und Verschleierung der Konflikte als deren Beseitigung. Jesus will uns den wahren Frieden schenken, der von Gott kommt und der Er selber ist, "nicht, wie die Welt ihn gibt". Das ist das wahrhaft Frohmachende seiner Botschaft, daß wir nicht mehr Knechte der Sünde und des Verderbens, sondern Kinder des himmlischen Vaters sind, auch wenn uns irdische Nöte nicht selten weinen machen.

Diese Frohbotschaft gilt den Armen, den Kleinen, den Gedemütigten, denen, die sich selbst nicht zu helfen wissen, und das nicht erst im Neuen, auch schon im Alten Bund. Schon Anna, die Mutter Samuels, wußte: "Den Schwachen zieht er aus dem Staub, vom Misthaufen hebt er den Armen auf" (1 Sam 2,8), und erst recht Maria: "Die Mächtigen stürzt er vom Thron, die Armseligen erhöht er. Die Hungernden erfüllt er mit Gütern, die Reichen läßt er leer ausgehen" (Lk 1,52f). Die Seligpreisungen des Herrn sind eine einzige Bestätigung dafür. "Nur für die Armen ist die Botschaft eine frohe", formuliert Urs von Balthasar, weil diese für Gott offen sind und das Heil in Empfang nehmen können, das Gott für sie bereithält, und das sie von Menschen vergeblich erwarten würden.

Das Heil, das Gott uns schenkt, ist das volle und endgültige Heil, das den ganzen Menschen umfaßt und auch dem Leib zu seinem "Recht" verhilft. Hat Gott uns die Sünde vergeben, erlischt auch der Anspruch des Todes auf uns. "Nichts gereicht denen mehr zur Verdammnis, die in Christus Jesus sind" (Röm 8,1). Auch unser Leib ist schon erlöst. Und unser Leib ist heilig, weil er ein Tempel des in uns wohnenden Heiligen Geistes ist (1 Kor 6,19). Wenn wir in unserem Leibe vorübergehend auch leiden, Hunger und Durst, Hitze und Kälte, Krankheit und

Ermüdung, und vor allem den Tod, dann ist das eben das "Frühere", das "Vergängliche", das dem "Kommenden", "Bleibenden" vorausgehen muß, so wie im Leben Jesu das Leiden und Sterben der Auferstehung und Verherrlichung vorausgehen mußte. "Zuerst kommt der sinnliche Mensch, dann erst der geistige", sagt Paulus (1 Kor 15,46). Zuerst müssen wir leiden und sterben, dann erst werden wir auferstehen und ewig selig sein.

Was nützen Ansehen und Reichtum, Gesundheit und ein langes Leben, wenn am Ende der Tod steht? Der Mensch will leben und ewig leben. Darum dieses Jagen nach Besitz und Genuß, und die Leichtgläubigkeit, mit der die Menschen den falschen Propheten auf ihre Predigt von einem irdischen Paradies hereinfallen. Ganz anders Jesus. "Wer von euch vermag mit all seiner Sorge seinem Leben auch nur eine Elle hinzuzufügen?" (Mt 6,27). Wer sein irdisches Leben gewinnen will, wird sein ewiges Leben verlieren, während Christus denen, die ihr irdisches Leben um seinetwillen hintansetzen und so vielleicht nur wenig oder "nichts" von ihrem irdischen Leben haben, das ewige Leben schenken wird, auch im Leibe. "Ich werde sie auferwecken am Jüngsten Tag."

Das ist die Frohbotschaft, die einzige, die uns sterbliche Menschen wirklich froh macht, und die man von den Dächern rufen müßte, daß der vergreisten Welt davon die ertaubten Ohren gellen, die man aber auch den Christen nicht eindringlich genug verkündigen kann, weil sie allein dem Kommen Christi und der tiefsten Sehnsucht des Menschenherzens gerecht wird.

Die Auferstehung hat schon begonnen

Es ist leider wahr: auch viele Christen wissen nicht, was mit der "Auferstehung" wirklich gemeint ist. Für die einen ist Christus nach drei Tagen einfach ins Leben zurückgekehrt, wobei sie mit "Leben" dieses irdische, natürliche Leben meinen, da wir uns vom himmlischen, übernatürlichen Leben keine Vorstellung zu machen vermögen. Andere wieder weigern sich rundweg, an das Lebendigwerden des toten Jesus zu glauben und sagen: "Jesus lebt in seinen Werken weiter, ähnlich wie Goethe, oder meinetwegen Mohammed." Wieder andere - es sind jene, die meinen, "theologisch" auf der Höhe der Zeit zu stehen - halten es mit dem Vater der Entmythologisierer, Rudolf Bultmann: "Was über die Auferstehung in der Bibel steht, kann man nicht wörtlich nehmen. Jesus hat nach seinem Tode nicht mehr so wie vorher gelebt, sondern wird seinen Jüngern nur als Vision erschienen sein, um ihnen zu zeigen, daß er bei Gott weiterlebt."

In allen drei Ansichten ist Wahres mit Falschem vermengt, wobei in jedem Fall das Falsche überwiegt. Bultmann, auch von seinen evangelischen Fachkollegen längst als überholt erkannt, spukt als Ladenhüter immer noch auf katholischen Kathedern und Kanzeln herum. Wahr ist, daß Jesus nach seinem Tode nicht mehr so wie vorher gelebt hat, war seine Auferstehung jedoch eine "Vision"? Es war der lebendige Jesus, der nach seiner Auferstehung bei seinen Jüngern aus und ein ging, nicht ein Bild von ihm oder sein "Geist"; die Jünger waren nicht Visionäre, sondern Zeugen, die den Auferstandenen mit eigenen Augen gesehen und mit ihren Händen betastet haben.

Der tote Jesus ist lebendig geworden, seine Seele ist in ihren ausgebluteten, gemarterten Leib zurückgekehrt, nicht zaghaft und schwach, sondern mit himmlischer Kraft und Herrlichkeit! Die Wächter waren davon "wie tot". Jesus nimmt in seinem Leib nicht das alte, am Kreuz ein für allemal abgebrochene irdische Leben auf, er beginnt in seinem bisher irdischen, nun aber umgewandelten und verklärten Leib ein neues, eben das himmlische Leben. Seine Auferstehung ist etwas völlig anderes als die Auferweckung des Lazarus. Diesen hat Jesus in das irdische Leben zurückgerufen, bis er ein zweites Mal und endgültig starb. Er selbst ist nur einmal gestorben und am dritten Tag in der geistgewirkten überirdischen Existenzweise auferstanden. Er war auch dem Leibe nach bereits "im Himmel", als er aus dem Grab ging, auch wenn er vorübergehend bei seinen Jüngern "auf Erden" war und sich ihnen zeigte.

Der auferstandene Jesus ist der Verratene und Gekreuzigte, der sich in geheimnisvoller Weise den Seinen beim letzten Abendmahle in letzter Liebe in sakramentaler Weise zur Speise und zum Trank gegeben hat und nun in einem völlig neuen Sein vor ihnen steht. Er ist es, und wirkt doch wie ein Fremder, obwohl seit der letzten Begegnung erst drei Tage vergangen sind. "Er wird erkannt und ist doch nicht zu erkennen. Er ist anwesend im Gewähren seiner selbst und zugleich im Entzug. Er gibt sich zu berühren und verweigert sich solcher Berührung. Er ist leibhaftig da, aber in unfaßlicher, himmlischer Andersartigkeit" (H. Schlier).

Mit der Auferstehung Jesu ist der Himmel hereingebrochen, das, was am Ende durch ihn mit uns allen sein wird. Dieses Ende hat in seiner Auferstehung bereits begonnen - die Auferstehung der Toten ist nicht nur etwas, das erst sein wird, sie ist auch etwas, das schon längst begonnen hat. Es dauert bloß "eine kleine Weile", bis wir an der Reihe sind.

In Jesus Christus ist ja nicht irgend jemand gestorben und auferstanden, sondern der "Erstgeborene aller Schöpfung", der "Anfang und das Ende", das "Haupt seines Leibes, der Kirche". Was an ihm geschah, wird auch an uns geschehen. Wir wurden ja in seinen Tod und in seine Auferstehung hineingetauft, und in der heiligen Eucharistie empfangen wir immer wieder das Unterpfand unserer leiblichen Auferstehung: "Wer mein Fleisch ißt und mein Blut trinkt, hat ewiges Leben, und ich werde ihn auferwecken am Jüngsten Tage" (Jo 6,54). Er ist der Garant unseres Lebens und unsere Auferstehung, und nicht nur der unseren, sondern auch jener der ganzen Schöpfung, die gleich uns sehnsüchtig nach dem ewigen Ostern Ausschau hält.

Kreuz kontra Kirche?

Gerade als die Elektrische hält, drückt mir ein junger Herr eine religiöse Schrift in die Hand und steigt aus. Ich lese. Tiefer Glaube an die Heilige Schrift als Gotteswort spricht daraus. Und große Hochschätzung fürs Gebet. Könnte katholisch sein.

Doch da fragt eine Artikelüberschrift, wer ein Christ sei. "Nicht unbedingt einer, der zu einer Kirche gehört", lautet die Antwort. Nun ja, eine BLOSSE Kirchenzugehörigkeit, ein bloßes Taufscheinchristentum genügt sicher nicht.

Da fällt mir der beigelegte gelbe Zettel mit einer Doppelzeichnung in die Augen. Rechts ein Kreuz, auf das eine große schwarze Schar zupilgert, die hinter dem Kreuz in verklärter Gestalt jubelnd den Berg hinaufsteigt - Erlöst! Links eine Kirche, auf die ebenfalls eine Schar zupilgert, aber hinter ihr ebenso schwarz, wie sie gekommen ist, weiterzieht - Unerlöst! Das Bild sagt in greller Klarheit, was im Artikel immerhin vorsichtig, so oder so deutbar, formuliert ist: "Nicht Zugehörigkeit zur Kirche erlöst, sondern einzig das gläubige Vertrauen auf Christus, den Gekreuzigten."

Ist die Zugehörigkeit zur Kirche also wertlos? Steht das Kreuz gegen die Kirche? Ganz und gar nicht. Das Kreuz steht in der Kirche. Das Kreuz Christi und die Kirche Christi bilden eine Einheit. Es ist ein Widersinn, das Kreuz neben oder gar, wie der Zeichner es tut, gegen die Kirche stellen zu wollen.

1. Der Kirche ist das Meßopfer anvertraut, in der das Kreuzopfer Christi gegenwärtig wird; dieses aber ist immer auch Opfer der Kirche, in ihrem Namen und in ihrem Auftrag dargebracht. Das Meßopfer unterscheidet sich ja auch gerade dadurch vom Kreuzopfer, daß die Kirche in das Opfer Christi eingeht und sich mit Christus mitopfert.

Und selbst wenn es dieses Mitopferns und Mitgeopfertwerdens der Kirche nicht bedürfte, bliebe das Meßopfer unentbehrlich, ist es doch jenes allein wertvolle Lobopfer, das Gott durch den Propheten angekündigt hat (Mal 1,11) und in dem Christus selbst die "reine Opfergabe" und zugleich der Opferpriester ist. Die heilige Messe ist jenes vollgültige Lob-, Dank-, Bitt- und Sühnopfer, das schlechthin unersetzlich ist und durch nichts und niemanden erreicht oder aufgewogen werden kann. Dieses Opfer aber ist der Kirche anvertraut.

2. Christus hat der Kirche nicht nur sein Opfer, er hat ihr auch die Sakramente übergeben, diese Quellen des Lebens, die am Kreuz entspringen. Die Menschheit verdankt es nur der Treue seiner Kirche, daß ihr bisher weder das Kreuzesopfer fehlte noch die Sakramente verlorengingen. Denn während die "kirchenfreien" Christen mit dem Weihepriestertum auch das Höchste, die heilige Eucharistie, verloren, hütet die Kirche die Eucharistie in zweifacher Hinsicht: im eucharistischen Opfer als Vergegenwärtigung des Kreuzesopfers Christi und im Opfermahl als wirkliche Gegenwart Christi zur Speise und zum Trank ewigen Lebens. Und

daß die Kirche alle Sakramente im Zeichen des Kreuzes spendet, weist symbolhaft darauf hin, daß der Gnadenquell des Kreuzes vor allem in den ihr anvertrauten Sakramenten zum Strömen kommt. Auf die Kirche und ihre Sakramente verzichten, heißt auf die Gnadenströme des Kreuzes verzichten, das Kreuz Christi seiner Kraft berauben.

Aus dem Kreuzestod Christi kommt auch die Segensmacht der Kirche in ihren Sakramentalien, ihre Macht gegen die Dämonen, die Kraft ihrer Segnungen und Weihen und ihrer Fürbitten. Sie segnet, bannt, weiht und bittet "durch unsern Herrn Jesus Christus" in der Kraft des heiligen Kreuzes, dessen reifste Frucht sie selber ist.

3. Die mit dem Kreuz gesegnete und segnende Mutter Kirche ist auch zur Lehrerin der echten Kreuzesnachfolge Christi geworden. Aus ihrer Lehre von der "Torheit des Kreuzes Christi" haben viele ihrer Kinder Weisheit gelernt und sind große Heilige geworden, ein Segen für die Welt und ein lebendiger Erweis der Kraft des Kreuzes Christi.

4. Eva erstand aus der Seite des schlafenden Adam, die Kirche, eine zweite "Mutter aller Lebenden", ging aus der geöffneten Seite des im Kreuzestod entschlafenen Erlösers hervor, des zweiten, besseren Adam. Er ist ihr Ursprung, ihr Leben, ihr Weg, ihre Kraft, ihr Sieg. Wer kann sie von ihm losreißen und den verrückten Gegensatz bilden: "Hie kreuzesfreie Kirche - hie kirchenfreies Kreuz und Christentum"?! Diesen Widersinn gibt es nicht.

Kreuz und Erlösung, Christus und Christentum sind nicht außerhalb, sondern in der Kirche zu finden; wäre es nicht so, hätte Christus keine Kirche zu gründen brauchen. Gewiß: Gottes Erbarmen weiß die schuldlos Blinden auch auf ungewöhnlichen Wegen zum Heil zu führen - außerhalb der sichtbaren, nicht aber außerhalb der unsichtbaren Grenzen der Kirche. Diese wirkt weit über ihren sichtbaren Bereich hinaus, Gertrud von Le Fort drückt dies wunderbar in ihren "Hymnen an die Kirche" aus:

"Die Irrenden gehen nicht unter, weil du noch den Weg weißt, und die Sünder werden verschont, weil du noch betest... Wenn du einen Tag verstummtest, so würden sie auslöschen, und wenn du eine Nacht schliefest, so wären sie dahin! Denn um deinetwillen lassen die Himmel den Erdball nicht fallen: alle, die dich lästern, leben nur von dir!"   P. Alois Macheiner SVD

Nur noch um die Hälfte beten?

Neulich hat ein Dominikanerpater in einer vielgelesenen Zeitung lang und breit dargelegt, daß wir heute an einen "rettenden Gott", an einen Schöpfer und Weltbeherrscher einfach nicht mehr glauben könnten, weil wir doch wüßten, daß nicht Gott, "sondern Naturgesetze und wir Menschen" das vielfältige Geschehen in der Welt bestimmen. Es sei daher auch "sinnlos geworden, um eine gute Ernte, um die Abwendung einer Krankheit, um einen guten Tod zu bitten".

So oder ähnlich kann man es ja seit geraumer Zeit hören. Und weil Priester manchmal vor Ehrfurcht erstarren, wenn sie aus brüderlichem Mund Ungereimtes hören, hat gottlob ein mündiger Laie, Prof. Dr. Nikolaus Lobkowicz, Präsident der Münchner Universität, Philosoph und Politologe, dem vorlauten Dominikaner geantwortet. Der Pater, sagt er, "hält unsere Vorfahren für dümmer, als sie es nachweislich waren, und uns Zeitgenossen für fortgeschrittener, als wir es tatsächlich sind". Er mag recht haben, wenn er sagt, daß der Glaube an die Wirksamkeit von Gebeten und Opfern verlorengegangen sei, er hat aber unrecht, "wenn er diesen Verlust aus unserer besseren Kenntnis der Sachzusammenhänge, aus unserer Aufgeklärtheit ableitet". Die Alten wußten sehr wohl, daß z. B. der Ausgang einer Schlacht nicht nur von Gott und ihren Gebeten an ihn, sondern auch von den Generalen abhing ("schließlich war früher die Enthauptung unfähiger Armeeführer üblicher als heute"). Wir können uns bloß nicht mehr vorstellen, daß Gott auch in solchen Dingen ein Wort mitzureden habe.

Weg vom Wissenschaftsdünkel

Was uns am meisten hindert, uns bittend oder dankend an Gott zu wenden, ist das falsche Überlegenheitsgefühl, das uns Wissenschaft und Technologie geben. Wir meinen, alles zu wissen, wenn noch nicht heute, so doch morgen. Gerade da aber mahnt uns der wahre Wissenschaftler zur Bescheidenheit:

"Die Wissenschaft belehrt uns über Gesetzmäßigkeiten, nach welchen Weltgeschehen abläuft. Doch wird immer wieder übersehen, daß wissenschaftliche Gesetze - völlig abgesehen davon, daß ihre Geltung stets hypothetisch (= nur auf Annahme beruhend, nur bedingt gültig) bleibt - die Gestalt von Bedingungssätzen haben: wenn dies, dann jenes; treten bestimmte Voraussetzungen ein, ereignet sich etwas Bestimmtes anderes. Deswegen trägt die Wissenschaft so erstaunlich wenig zur Bestimmung realer Geschehen bei: wir sind nicht in der Lage, die Voraussetzung hinreichend zu erfassen."

Das ist es - wir sind, auch mit den modernsten Methoden der Wissenschaft, nicht in der Lage, die Voraussetzungen des Weltgeschehens zu erfassen! Der Mensch tappt im dunkeln und sollte sich deshalb hüten, gleich dem oben erwähnten Dominikaner Gott den Einfluß auf das konkrete Weltgeschehen und dem menschlichen Bittgebet die Wirksamkeit auf Gott abzusprechen.

Gott nur für den Himmel zuständig?

Doch ja, gibt der Pater zu, um geistliche Dinge dürften wir Gott wohl bitten, nur nicht um irdische, natürliche.

Dürfen wir das? Logischerweise nicht. Denn "wenn wir Gott nicht mehr bitten können, er möge uns vor einem drohenden Unheil bewahren, sollten wir ihn auch nicht mehr bitten, daß er uns helfen möge, etwa Christen zu sein. Wenn er das eine

nicht kann, kann er auch das andere nicht. Nicht einmal das Gebet 'Dein Wille geschehe' ist dann mehr sinnvoll; es bedeutet ja nur noch 'es geschehe, was
geschieht'. Warum soll Gott uns in unseren Denk- und Verhaltensweisen beistehen können, wenn er es nicht im 'Materiellen' kann?"

Es ist auch keineswegs so, daß die Wissenschaft sagt, einen Gott, der auf die
Welt Einfluß nimmt, könne es nicht geben. "Nicht die Wissenschaft macht uns den
Glauben an einen 'rettenden' Gott schwer, sondern eine Ideologie, die sich der
Wissenschaft, genauer: einer Aura (= eines Schimmers), welche(n) die Wissenschaft umgibt, bedient." Diese Ideologie baut nämlich auf einer Voraussetzung
auf, die weder mit der Wissenschaft noch mit dem technischen Fortschritt etwas
zu tun hat: "daß wir nämlich nicht so emanzipiert sein könnten, wie wir gerne tun,
wenn es da jemand geben würde, der mächtiger wäre als wir und nach seinem
Gutdünken waltete".

Ein wenig demütiger werden

So ist es. Wenn es Gott gibt, und Gott etwas zu sagen hat, dann ist es mit der
Selbstherrlichkeit des Menschen vorbei, dann muß der Mensch wieder auf das ihm
von Gott gesetzte Maß zurück, auch wenn ihm dieser rettende "Rück"-Schritt von
der angemaßten Freiheit von Gott zur Bindung an Gott (das bedeutet nämlich
"Religion") noch so weh tut. Dann "hat" der Mensch wieder Religion, nicht nur
persönlich, sondern auch gesellschaftlich.

Nicht ohne Sarkasmus schließt Professor Lobkowicz: "Sofern es tatsächlich
einen Religionsverfall gibt, geht er nicht vom 'Volk' aus, sondern von jenen, die es
eigentlich besser wissen sollten - von den angeblich Aufgeklärten unter unseren
Theologen. Sie und nicht die Gläubigen horchen angestrengt am Busen der Welt,
um ja rechtzeitig zu erfahren, wie weit der Weltgeist fortgeschritten ist; sie und nicht
die Gläubigen wurden durch Auskultation (=Abhorchen) belehrt, daß Gott uns nun
nicht mehr beistehe, sondern nur noch eine anonyme Transzendenz (= ein
namenloses Etwas jenseits unseres Bewußtseins) und möglicherweise sogar tot
sei... Wäre es nicht an der Zeit, daß unsere Theologen, bevor sie sich öffentlich
äußern, zumindest die eine bescheidene Bitte wagen, Gott möge ihnen beistehen,
Ihn und nicht ihre Ideen zu verkünden?"

Buße ohne Beichte?

Die Meldung ist durch alle Massenmedien gegangen: Der Papst will die
Beichte abschaffen! Die Nachricht war ebenso falsch wie publikumswirksam.
Wenn CHRISTUS die Beichte eingesetzt hat, kann sie kein Papst, kein Konzil und
keine Kirche abschaffen.

Was die Frage so aktuell macht, ist der Umstand, daß wir heute wieder besser
sehen, was wir zwar immer gewußt, aber doch zu wenig beachtet haben: daß

Sündenvergebung auf vielerlei Weise geschieht und nicht bloß in der "Beichte".

Wenn wir besinnlich in der Heiligen Schrift oder in einem religiösen Buch lesen, wenn wir beten, die heilige Messe mitfeiern oder die heilige Kommunion empfangen, wenn wir unseren Beruf gewissenhaft ausüben, unsere Standespflichten treu erfüllen und die täglichen Widerwärtigkeiten geduldig ertragen; wenn wir freiwillig auf leibliche oder geistige Genüsse verzichten (also "fasten", wie man früher sagte) oder Mitmenschen unsere Sorge, unsere Kraft, unsere Zeit oder von unserem Geld und Gut schenken (also "Almosen" geben, wie der alte Ausdruck lautet) - dann werden uns, je nach dem Grad des Glaubens und der Liebe, womit wir das tun, wirklich Sünden vergeben.

Und weil keiner von uns eine Insel ist, sondern einer auf den anderen im guten wie im bösen einwirkt, ist es nur recht und billig, daß wir auch GEMEINSAM Buße tun: wir halten die "heiligen Zeiten", den Advent, die vierzigtägige Fastenzeit und den Freitag; wir bekennen gemeinsam vor jeder Eucharistiefeier unsere Schuld und bitten um Vergebung, gehen aber auch an den besonderen Buß- und Beichttagen in Scharen und nicht nur vereinzelt zum Sakrament der Buße.

Die sogenannten "Bußandachten" von denen heute viel die Rede ist, sind keineswegs neu; neu ist nur ihre Form. Die alte Kreuzwegandacht oder der gemeinsame Schmerzhafte Rosenkranz, recht gebetet und in einzelnen Elementen zeitgerecht erneuert, sind hervorragend geeignet, uns zu jener Buße zu führen, die in der inneren Abkehr von der Sünde und in der Hinwendung zu Gott besteht, ohne die es eine Vergebung der Sünden nicht gibt. Wenn wir durch das Leiden und Sterben Christi erlöst sind, dann müssen wir uns so oder so dem leidenden Herrn zuwenden, wenn wir die Frucht dieses Erlösungsleidens erlangen wollen.

Das hat der Herr selbst der späteren Ursuline Maria von der Menschwerdung (1606 bis 1672) gezeigt. Als sie eines Tages wie gewohnt zur Kirche ging, öffneten sich plötzlich die Augen ihres Geistes und sie erkannte die während ihres ganzen bisherigen Lebens "begangenen Sünden, Fehler und Unvollkommenheiten im großen und ganzen und in allen Einzelheiten mit solch klarer, sicherer Unterscheidung, wie keine durch menschliche Anstrengung erworbene Sicherheit sie je auszudrücken vermöchte". Sündenerkenntnis ist die Voraussetzung jeder Sündenvergebung.

"Doch im selben Augenblick sah ich mich tief in Blut getaucht. Meine Seele war überzeugt, daß das heiligste Blut des Gottessohnes sie einhüllte und daß sie sich an ihm schuldig gemacht hatte durch alle diese Sünden und daß dieses kostbare Blut für ihre Rettung vergossen worden war." Die Versenkung in das Leiden des Herrn bleibt der zeitlose Weg zum Herzen des Herrn und zur Vergebung unserer Sünden.

Natürlich kann diesen Dienst auch eine moderne "Bußfeier" leisten. Sie kann uns helfen, uns besser unserer Sünden bewußt zu werden und sie innerlich zu widerrufen; sie kann die Bußgesinnung in uns wecken und den Willen zum Rechttun stärken. Eines aber kann sie nicht: die sakramentale Lossprechung in der Einzelbeichte ersetzen! Das verbietet nicht nur die beständige Lehre und Praxis der Kirche, das verbietet das göttliche Recht, nach dem alle Todsünden dem Priester einzeln bekannt werden müssen, aber auch die Würde des Sakramentes und des Priesters, der wissen muß, ob er überhaupt lossprechen kann und wenn, von welchen Sünden er losspricht.

Gott hält über die Sünde ein unbarmherziges Gericht; er hält aber ein gnädiges und barmherziges Gericht über den Sünder, der sich selbst reumütig seiner Sünden anklagt und durch Jesus um Verzeihung und Barmherzigkeit bittet. Freuen wir uns doch, daß es uns so leicht gemacht ist, Vergebung zu erlangen: wir brauchen nur in den Beichtstuhl zu treten und unsere Sünden aufrichtig zu bekennen. Und glauben wir es: das macht uns nicht nur glaubwürdig vor uns selber, vor Gott und der Kirche, das macht uns auch frei!

*

Aus der Einsetzung des Bußsakramentes entnahm die gesamte Kirche immer, daß vom Herrn auch das vollständige Bekenntnis der Sünden eingesetzt wurde. Dieses Bekenntnis ist für alle, die nach der Taufe fallen, nach göttlichem Recht notwendig, weil unser Herr Jesus Christus vor seiner Himmelfahrt die Priester als seine eigenen Stellvertreter zurückließ, als Vorsteher und Richter, vor die alle Todsünden gebracht werden müssen, in die die Christgläubigen fallen. Sie sollen kraft der Schlüsselgewalt, die Sünden zu vergeben oder zu behalten, ihr Urteil fällen. Denn ohne Kenntnis des Tatbestandes könnten die Richter dieses Urteil nicht fällen, noch bei der Auferlegung der Strafe das rechte Maß wahren, wenn man seine Sünden nur allgemein statt einzeln und im besonderen darlegt.

Daraus ergibt sich, daß von den Büßenden alle Todsünden in der Beichte genannt werden müssen, deren man sich nach sorgfältiger Selbsterforschung bewußt ist, mögen sie noch so im verborgenen geschehen sein oder sich nur gegen die letzten zwei der Zehn Gebote gerichtet haben; verletzen diese doch oft die Seele noch schwerer und sind noch schlimmer als die Sünden, die ganz offen geschehen.

Die läßlichen Sünden, die uns von der Gnade Gottes nicht ausschließen und in die wir häufig fallen, kann man zwar richtig, mit Nutzen und ohne jede anmaßende Überheblichkeit beichten, wie es der Brauch gottesfürchtiger Menschen zeigt; man kann sie aber auch verschweigen und mit vielen anderen Heilmitteln sühnen.

Konzil von Trient; 14. Sitzung

Die Beichte bleibt

Es konnte vernünftigerweise auch niemand etwas anderes erwarten. Die in den letzten Jahren zuerst heimlich und dann immer offener geführte Anti-Beicht-

Kampagne konnte mit keinen neuen Argumenten gegen die Ohrenbeichte aufwarten; sie hat nur die alten neu verpackt. Neu war hingegen, daß die Kämpfer gegen die Beichte diesmal aus der katholischen Kirche kamen, während sie früher außerhalb derselben standen. Das von der Glaubenskongregation am 13. Juli 1972 veröffentlichte diesbezügliche Dokument spricht ausdrücklich von "gewissen irrigen Theorien bezüglich der Lehre über das Bußsakrament", aber auch "von dem zunehmenden Bestreben und der widerrechtlichen Praxis, die sakramentale Lossprechung gleichzeitig vielen zu erteilen, die nur im allgemeinen ihre Sünden bekannt haben". Der darin zum Ausdruck kommende Zug zur protestantischen Bußauffassung und -praxis ist unverkennbar.

Warum kann die katholische Kirche als die verantwortliche Verwalterin der "Geheimnisse Christi" von der Ohrenbeichte nicht abgehen? Weil sie sonst gegen den Willen Christi verstieße.

1. Die Sünde muß aufgedeckt werden, je radikaler, desto besser. Gott verlangt von den Stammeltern wie von Kain das Bekenntnis der Sünde und verzeiht David auf Grund seines Bekenntnisses. Die Juden bekannten laut ihre Sünden, während sie sich von Johannes taufen ließen, und viele Gläubige legten vor Paulus "ein offenes Bekenntnis ab über alles, was sie getan hatten" (Apg 19,18).

Das persönliche Formulieren und Aussprechen der Sünde macht diese deutlicher bewußt, zeigt die Reue an und entspricht überhaupt der leib-geistigen Verfassung des Menschen. Bekanntlich baut die moderne Psychotherapie ja auf der katholischen Beichte auf, und wenn man heute Beicht- oder Aussprachezimmer fordert, so entspricht das ganz diesem Sachverhalt. Je genauer und detaillierter das Sündenbekenntnis ist, um so befreiender wird die in der Lossprechung erfahrene Entlastung empfunden. Es ist bezeichnend, daß bereits Klagen laut werden, daß in den neuen Bußgottesdiensten die Vergebung nicht erfahren wird und darum auch kein innerer Aufbruch ins neue Leben mit Gott erfolgt.

2. Die sakramentale Buße ist ein Bußgericht, in dem das Gericht Gottes über die Sünde vorweggenommen wird. Das Zeichenhafte des Bußsakramentes besteht gerade darin, daß es ein RICHTERLICHER Akt der Kirche ist. Der Richter kann aber kein Urteil fällen, wenn der Tatbestand nicht bis in die Einzelheiten aufgedeckt ist. Nach einer bloß allgemeinen oder gemeinschaftlichen Anklage weiß der Priester nach dem Bekenntnis so viel wie vorher; er kann sich daher kein Urteil bilden und nicht lossprechen. Ohne ein vorausgehendes individuelles Einzelbekenntnis kann es - normalerweise - keine Lossprechung geben.

Spricht ein Priester - außer in dringlichen, genau festgelegten Ausnahmefällen - dennoch eine größere Anzahl von Gläubigen ohne vorausgehende Einzelbeichte los, so weiß er weder, ob er überhaupt, und wenn, wen er und von welchen Sünden er lossprecht. Eine solche Lossprechung ist nicht nur unerlaubt, sie ist auch ungültig und täuscht die Gläubigen. Sie macht den Priester zu einem blinden Lossprechungswerkzeug und die "Beichte", die keine ist, zu einem Ritualismus, gegen den man sonst heute mit Recht so empfindlich ist.

Die neuen Bußfeiern haben zweifellos ihr Gutes, sie enthalten aber kein Element RICHTERLICHER Betätigung der kirchlichen Schlüsselgewalt; sie sind nicht sakramental und können es nicht sein. Daher haben alle, die dem natürlichen Widerstreben vor der Selbstanklage in der Einzelbeichte das Wort geredet haben, anstatt mitzuhelfen, es zu überwinden, den Gläubigen einen sehr schlechten Dienst erwiesen, den es nun klug und entschieden gutzumachen gilt.

Nicht Magie, sondern Medizin

Der protestantische Theologe H. Thielicke, der sich viel mit dem Verhältnis der Theologie zur Medizin befaßt hat, schrieb einmal: "Wenn es darum geht, dem Leidenden zu helfen, reicht die Droge, das Narkotikum nicht aus. Erst die verstehende Zuneigung des Arztes (im Sinn des frei interpretierten griechischen Wortes 'Kliniker' = der sich dem Kranken auf seinem Lager 'Zuneigende') kann wahrhaft helfen und heilen." Dies wendet Thielicke dann auf Christus an, den Arzt unserer Seelen, der sich in ergreifender Weise dem seelisch kranken Menschen, dem Sünder, zugeneigt hat und zuneigt; am schönsten tut Er es im Altarsakrament, wo der Arzt Christus sich selber zu unserer Medizin macht.

Dann erzählt Thielicke von einem Besuch im berühmten Hôtel-Dieu in Beaune im französischen Burgund. In jenem Spital habe er nicht nur die großartige Architektur und das berühmte "Jüngste Gericht" des Rogier van der Weyden bewundert, sondern vor allem auch den Krankensaal, der so angelegt ist, daß alle Patienten den Blick auf den Altar frei hatten und so von ihren Betten aus an der heiligen Messe teilnehmen konnten, die dort täglich gefeiert wurde als wesentlichen Teil der Therapie.

"Leiden im Blick auf den leidenden, sich opfernden Christus! Eucharistie als Medizin, Heilung durch Heiligung!" So schreibt der protestantische Theologe. Wie tief hat er erfaßt, worum es beim Altarsakrament geht: Brot und Wein sind hier nicht etwa nur Nahrungs- und Genußmittel, noch viel weniger magische Zaubermittel, sondern wunderbare übernatürliche Medizin auf Grund mehrfacher Wandlung und Verwandlung, die an ihnen und durch sie am sündigen Menschen geschieht.

Die erste Verwandlung

liegt schon VOR dem Werden von Brot und Wein: sie erfolgte unter dem Gesetz von Mühle und Kelter; das Weizenkorn mußte zuerst in der dunklen Scholle sterben, damit es vielfältige Frucht brachte; dann wurde es zu blankem Mehl gemahlen; zuletzt im Feuer zu duftendem Brot gebacken; nun war es für das Essen und für die Assimilierung an Fleisch und Blut des Menschen bestimmt. Ähnlich ging auch am Wein im Kelch der Eucharistiefeier vorher schon eine Verwandlung vor sich: in der Kelter wurde die Traube zerpreßt, damit der Gärungsprozeß einsetzen und so dann der froh stimmende Trank des Weines fließen konnte.

Die zweite, wahrhaft heilige Verwandlung

machen Brot und Wein durch, bevor sie im Opfermahl der heiligen Messe gegessen und getrunken werden: Im Auftrag Jesu und in seiner Vollmacht verwandelt der Priester Brot in Christi Leib, Wein in Christi Blut; Brot und Wein machen dabei nicht nur einen Bedeutungswandel (Transsignifikation) und eine Zweckveränderung (Transfinalisation) durch, da sie aufhören, gewöhnliche Nahrungs- und Genußmittel zu sein; sie machen auch eine Wesensverwandlung (Transsubstantiation) durch, da ihr natürliches Wesen aufhört und Christus nun unter den verbleibenden Gestalten von Brot und Wein mit seinem Fleisch und Blut, mit Leib und Seele, mit Gottheit und Menschheit ganz und wahrhaft gegenwärtig wird. "Das ist das Geheimnis des Glaubens", der hier mit dem heiligen Thomas von Aquin bekennt: "Was Gott Sohn gesprochen, glaube ich allein, denn Er spricht die Wahrheit, nichts kann wahrer sein!"

Nun meinen vielleicht manche, es sei an Brot und Wein schon genug der Verwandlung geschehen. Aber nein! Nun folgt erst noch

die dritte Verwandlung

Christus sprach: "Nehmet hin und esset! Nehmet hin und trinket!" Wir sollen Ihn selbst in den Gestalten von Brot und Wein als unendlich kostbare, heilkräftige Medizin und Seelennahrung in uns aufnehmen, auf daß nun AN UNS die Verwandlung einsetze, unsere VERWANDLUNG IN CHRISTUS! Erst wenn diese ganz vollendet ist, hat das Altarsakrament sein Ziel erreicht: uns gesund und heil zu machen und ins Heil zu führen!

Wir werden in jeder würdigen heiligen Kommunion tiefer in Christus eingegliedert, damit so sein Leben, sein Geist, seine Gesinnung der Liebe und opferbereiten Hingabe an Gott und die Brüder in uns zur Auswirkung komme und uns ganz christusförmig mache.

Zu dieser Verwandlung müssen wir jeweils mehr und mehr bereit sein unter dem Gesetz von Mühle und Kelter wie Brot und Wein und Er, der für uns durch die Kelter des Leidens ging und in äußerster Selbstentäußerung nicht nur unser Bruder, sondern unsere Speise und unser Trank werden wollte. Der alte, egoistische, sündige Mensch muß in uns sterben, der neue muß erstehen, der nach Gott geschaffen ist in wahrer Gerechtigkeit und Heiligkeit nach dem Vorbild des durch den Kreuzestod hindurchgeschrittenen Herrn. Dann war uns das Altarsakrament nie magisches Zaubermittel, sondern heilkräftige Medizin zu unserer Heilung und Heiligung.   Prälat Ferdinand Holböck

Sorge um den eucharistischen Herrn

Nach katholischer Lehre wird bei der hl. Messe das Wesen des Brotes und des Weines verwandelt, so daß NACH der Wandlung weder Brot auf dem Altar liegt noch Wein im Kelch ist, sondern der Leib und das Blut des Herrn - von seinem göttlichen Geist durchdrungen und belebt und von seiner göttlichen Person getragen, also der Herr selbst. Luther hat diese Wesensverwandlung als "Menschenfündlein" abgelehnt und eine gleichzeitige Gegenwart des Brotes und des Leibes Christi gelehrt und später, als Karlstadt gegen diese Eucharistielehre Einwände erhob, seine Lehre von der Allgegenwart Christi entwickelt.

Heute beginnt sich auch in der katholischen Kirche ein fragwürdiges Eucharistieverständnis durchzusetzen. Holländische Theologen haben an die Stelle der wirklichen Gegenwart des geopferten und verklärten Herrenleibes ein bloßes Symbol gesetzt: das Brot, das auf Jesus oder auf Gott als den Geber alles Guten hinweist; sie sprechen nicht mehr von Transsubstantiation ("Wesensverwandlung"), sondern nur noch von einer Transfinalisation oder Transsignifikation. Der Holländische Katechismus kommt dieser Auffassung deutlich entgegen, wenn er sagt: "Auch würde niemand Brot, das zu Staub zerfallen ist, vernünftigerweise noch Brot nennen. Deswegen sind winzige Reste, die von dem Brot irgendwo haften bleiben, kein Zeichen für die Gegenwart Christi mehr. Solange also der gesunde Menschenverstand sagt: 'Hier ist Brot', ist es Zeichen für Jesu Anwesenheit." Man wird darauf sagen müssen, daß man auch Brosamen nicht ehrfurchtslos vom Tisch wischt, weil es immerhin Brosamen sind und nicht etwa lästiger Staub; und daß man gerade bei der Eucharistie mit dem "gesunden Menschenverstand" äußerst vorsichtig sein sollte, weil dieser von diesem "Geheimnis des Glaubens" rein gar nichts versteht, und wäre er noch so gelehrt und im Denken bewandert.

Angesichts manch betrüblicher Vorkommnisse ist es hoch an der Zeit, uns die überlieferte Lehre der Kirche wieder deutlich vor Augen zu stellen. Christus ist im Allerheiligsten Sakrament nicht räumlich, ausgedehnt gegenwärtig, sondern seinem Wesen nach, unausgedehnt, geistig, verklärt, aber wirklich und wahrhaft; er ist daher ganz gegenwärtig im verwandelten Brot und ganz im verwandelten Wein, aber auch ganz in jedem Teil des Brotes und in jedem Teil des Weines. Die alte Kirche hat daher immer zur größten Vorsicht gemahnt, daß nicht ein Teil des Brotes oder des Weines zur Erde falle. Es ist nicht nur der Spender zur größten Sorgfalt verpflichtet, sondern auch der Empfänger. Da durch die Teilung nur die Gestalt, nicht aber das Wesen gebrochen wird und Christus wesentlich in JEDEM Teile ganz zugegen ist, bleibt unerfindlich, wieso Brotteilchen, die beim unachtsamen Austeilen oder Empfangen der heiligen Kommunion zur Erde fallen, nicht mehr der Leib des Herrn sein sollten. (Wir sollen uns lediglich über jene winzigen

Hostienteilchen keine Sorge machen, die mit freiem Auge nicht mehr wahrgenommen werden können, weil uns Christus zwar eine der Heiligkeit der Gabe angemessene, nicht aber eine übertriebene Sorgfalt auferlegen wollte.) Deshalb sieht auch das 1970 erschienene neue Meßbuch beim Kommunionempfang den Gebrauch der Kommunionpatene vor.

Das Konzil von Trient, das nichts Neues über die hl. Eucharistie lehren wollte, sondern nur den überlieferten Glauben zusammenfaßte, betont, daß nach der Konsekration oder Wandlung "der wahre Leib unseres Herrn und sein wahres Blut unter der Gestalt von Brot und Wein zugleich mit seiner Seele und mit der Gottheit da ist": der Leib kraft der Wandlungsworte unter der Gestalt des Brotes und das Blut kraft der Wandlungsworte unter der Gestalt des Weines. Kraft der NATÜRLICHEN Zusammengehörigkeit von Leib und Seele, Fleisch und Blut ist unter der Gestalt des Brotes aber der ganze Christus gegenwärtig und ebenso unter der Gestalt des Weines; die Menschheit Christi aber ist kraft der WUNDERBAREN hypostatischen Vereinigung mit der Gottheit verbunden, so daß Christus nach der Wandlung "als Gott und Mensch, mit Leib und Seele, Fleisch und Blut, wirklich, wahrhaftig und wesentlich" zugegen ist. "Der ganze und unversehrte Christus ist da unter der Gestalt des Brotes und unter JEDEM Teil dieser Gestalt, und ebenso ist er ganz da unter der Gestalt des Weines und ihren (einzelnen) Teilen." Das heißt: Christus ist in jedem einzelnen Partikel der konsekrierten Hostie und in jedem Tropfen des konsekrierten Weines ganz zugegen.

Um keinen Zweifel aufkommen zu lassen, hat das Konzil hinzugefügt: "Wer leugnet, daß in dem verehrungswürdigen Sakrament der Eucharistie unter JEDER Gestalt und unter den EINZELNEN TEILEN einer jeden Gestalt NACH DER TEILUNG (der Gestalten) der ganze Christus enthalten sei, der sei ausgeschlossen."

So hat es die Kirche bis in unsere Tage auch gelehrt. Im 1954 erschienenen und für alle österreichischen Volks- und Hauptschulen vorgeschriebenen "Katechismus der katholischen Religion" hieß es auf die Frage (Nr. 282), wie Jesus im Altarssakrament gegenwärtig sei:

1. ganz unter der Gestalt des Brotes,
2. ganz unter der Gestalt des Weines,
3. ganz auch IM KLEINSTEN TEILE dieser Gestalten.

Nr. 282 lautete: Jesus bleibt im Sakramente des Altars so lange gegenwärtig, als die Gestalten des Brotes und Weines gegenwärtig sind.

Es hat darüber bis in die jüngste Zeit in der katholischen Kirche keinen Zweifel gegeben. Um so mehr erfüllt es mit Sorge, nunmehr im "Neuen Glaubensbuch" - einer 1973 erschienenen Gemeinschaftsarbeit von evangelischen und katholischen Theologen - zu lesen, daß die Liturgiereform in der katholischen Kirche "neue Akzente der 'eucharistischen Frömmigkeit' mit sich brachte", die "eine größere Nähe zur evangelischen Sakramentsfrömmigkeit erleben lassen, als man vor kurzem noch für möglich hielt". P. Josef G. Ebers SAC

Keine "heilige Messe" mehr?

Das Wort "Messe" droht aus unserem deutschen Sprachschatz fast zu verschwinden. Aus unserem "deutschen" Sprachschatz? Wissen wir denn nicht alle, daß "Messe" aus dem lateinischen MISSA kommt? Gewiß, und doch ist das Wort "Messe" ein urdeutsches Wort geworden. Wie viele, viele Jahrhunderte ist es von deutschen Lippen gesprochen worden! Und was klingt nicht alles mit in den Worten "Christmesse, Lichtmesse, Brautmesse"! Wer will sagen, das seien keine urdeutschen Worte? Natürlich ist auch "Eucharistie" ein gutes Wort für das, was "Messe" besagen will. Aber ein deutsches Wort ist Eucharistie doch nicht. "Eucharistie" heißt Danksagung. Sicher ist die Eucharistiefeier die große Danksagung an den Vatergott, für alles, was er uns Gutes getan hat. Aber ist diese Feier nur das?

"Messe" heißt Sendung. Sehen wir nicht glaubend bei der Meßfeier die Sendung des Gottmenschen in unserer Mitte? Wissen wir nicht, daß die Sendung des Gottessohnes in die Welt sich im Kreuzopfer vollendet hat und daß das Kreuzopfer unblutigerweise in der Wandlung vergegenwärtigt wird? Ist nicht "Messe" ein bezeichnendes Wort für das, was sich auf unseren Altären vollzieht? Und dürfen wir vergessen, daß die Sendung des Gottessohnes in die Welt sich in unserer Sendung in die Welt fortsetzt?

"ITE, MISSA EST - Geht, es ist die Sendung!" Ich meine, wir sollten den Mut haben, auch "unmodern" zu sein, und wieder wie unsere Altvordern von der heiligen Messe sprechen. Übrigens wagen auch die Engländer noch zu sagen "MASS" und die Italiener "LA MESSA" und die Franzosen "LA MESSE". Warum bleiben wir Deutschen nicht bei "Messe"?

"Nostalgie" (Heimweh nach Altem) ist heute durchaus "in". Ich habe Heimweh nach dem schönen alten Wort "heilige Messe". Weihbischof F. M. Rintelen

Eucharistischer Kult unverändert!

Wir wollen daran erinnern, daß gegenüber gewissen unvorsichtigen theoretischen und praktischen Neuerungen alle Formen des eucharistischen Kultes ihre unveränderte Gültigkeit, ihre unersetzbare Funktion, ihren pädagogischen und bildenden Wert in der Schule des Glaubens, des Gebetes und der Heiligkeit bewahren.

Die Kirche hat seit ihren Anfängen die eucharistischen Gestalten von Brot und Wein, die "himmlischen Glieder", wie sie die am Grab des heiligen Tarcisius angebrachte Inschrift des Damasus nennt, stets mit größter Ehrfurcht umgeben.

101

Dieses Grabmal erinnert uns an den jungen Blutzeugen für den eucharistischen Glauben, der bereit war, lieber sein Leben zu lassen, als die Glieder des Herrn der Gewalt wütender Feinde preiszugeben. Seit dem 2. Jahrhundert wurde die Eucharistie zu denen hingebracht, die nicht an der liturgischen Feier teilnehmen konnten oder die sich in Lebensgefahr befanden. Zu diesem Zweck wurde sie aufbewahrt.

Pius XII. hat die Zeugnisse der frühen Christenheit, die Definitionen der Konzilien, die Aussagen der Väter aufgezählt und bekräftigt, daß der "Kult der Anbetung einen gültigen und sicheren Beweggrund hat. Die Eucharistie unterscheidet sich in der Tat von den anderen Sakramenten dadurch, daß sie die Gnade nicht nur bewirkt, sondern den Urheber der Gnade selbst ständig enthält. Wenn die Kirche uns daher auffordert, den unter den Schleiern der Eucharistie verborgenen Christus anzubeten und von ihm übernatürliche und irdische Gaben zu erbitten, die wir immer nötig haben, dann bezeugt sie den lebendigen Glauben, mit dem sie ihren göttlichen Bräutigam hinter jenen Schleiern gegenwärtig glaubt, und sie bringt ihm ihren Dank und ihre Freude über seine innige Nähe zum Ausdruck".

Christus ist bei uns "alle Tage bis ans Ende der Welt": Er ist gegenwärtig in den Kleinen und Armen, im Wort der Offenbarung, in der Feier der Eucharistie, vor allem aber immer und überall und in ganz besonderer Weise im Allerheiligsten Sakrament des Altares. Wie wir in unserer Enzyklika MYSTERIUM FIDEI hervorheben wollten, heißt die eucharistische Gegenwart "REAL nicht in einem ausschließenden Sinn, als ob die anderen Weisen der Gegenwart nicht real wären, sondern in einem verstärkenden Sinn, weil sie hier substantiell ist; deshalb wird Christus, der Gott-Mensch als Ganzer voll gegenwärtig".

Die wirkliche Gegenwart Christi ist die Verlängerung der Opferliturgie. In unserer Erwartung der endzeitlichen Begegnung mit Christus ist sie eine Gegenwärtigsetzung der himmlischen Liturgie (Hb 7,25) und vermittelt in reichster Fülle die Früchte der heiligen Kommunion. Über diese dogmatische Grundlegung hinaus hat die eucharistische Gegenwart und deshalb auch die eucharistische Verehrung aber auch außerhalb der Messe eine unvergleichliche Bedeutung:

* in KULTISCHER Hinsicht als Form der Anbetung, der Danksagung, der Sühne und der Bitte, so daß sie die gleichen Ziele wie das Opfer einschließt;

* in ASZETISCHER und MYSTISCHER Hinsicht, weil ohne eine echte eucharistische Frömmigkeit das Apostolat keine wirkliche Nahrung erhält und man der Treue zur kirchlichen Berufung und zum Priesteramt nicht sicher sein kann;

* ferner im Blick auf die KIRCHLICHE GEMEINSCHAFT, denn "die Eucharistie wird in den Kirchen und Kapellen aufbewahrt als dem geistlichen Mittelpunkt der Ordens- und Pfarrgemeinde, ja der Gesamtkirche und der ganzen Menschheit";

* weiter in SOZIALER und MENSCHLICHER Hinsicht, als Ansporn zur Liebe und zum Sinn für die Gemeinschaft;

* und schließlich auch in ÖKUMENISCHER Hinsicht, als Quelle und Förderung der Einheit entsprechend den Grundsätzen, die wir in der erwähnten Enzyklika dargelegt haben.

Wenn die Verehrung der realen Gegenwart Christi wieder lebendig wird, wird auch das hochherzige und heldenhafte Bemühen erstarken können, im Antlitz und in den Nöten der Armen und Bedürftigen, der Heimatlosen, Kranken und Sterbenden Christus selbst zu entdecken und ihm einmütig zu dienen in diesen Menschen, damit sie von jener Kraft gestützt werden, wie sie nur aus der ständigen Vertrautheit des betenden Umgangs mit dem Herrn erwächst.

Papst Paul VI., 1. März 1972

Einladung zum Knien

Während Millionen von säkularisierten Menschen den Gestus des Kniens - als Bundeskanzler Brandt die Toten von Auschwitz ehren wollte - respektvoll verstanden, scheint eine Modeströmung in unserem Bereich selbst den gläubigen Christen das Knien nicht mehr zumuten zu wollen.

Das In-die-Knie-Gehen des Menschen weist auf ein Doppeltes hin: Es ist einmal die Anerkennung unserer Ohnmacht, ein Hinweis auf eine Last, die uns niederdrückt, es ist die Buße des Prometheus. Auf der anderen Seite ist es Zeichen der Hinwendung zu einem Größeren. Anerkennung dieser Größe im schlichten Gestus der Kleinheit und damit schließlich Zeichen der Anbetung.

Das Gestühl in unseren Kirchen muß zu diesem Gestus einladen... Wir haben bei uns seit Jahrhunderten das Gestühl in Form von Bänken, in denen man sitzen, stehen und knien kann. Gewiß waren sie in manchen Kirchen unbequem. Heute sind sie es in der Regel nicht mehr. Man kann sie gewiß besser einordnen, kürzer und beweglicher machen. Aber ich sehe keinen Grund, für den eigentlichen Kirchenraum davon abzugehen. Eine Ausstattung von Kapellen und Kirchen nur mit Sesseln, Stühlen und Hockern, wie es hier und da vorgeschlagen wird, scheint mir unangemessen und unzureichend.

Das Knien ist eine so ausdrucksfähige, dem Menschen in seiner Beziehung zu Gott sehr wohl zukommende Haltung, auf die wir ohne großen Schaden, ohne erhebliche Verarmung unseres geistlichen Lebens nicht verzichten können.

Man kann natürlich auf dem Boden knien, man kann auch ohne Orgel singen, ohne Gebetbuch beten, man kann auch im Stehen anbeten. Eine in Jahrhunderten gewachsene Erfahrung aber weiß, daß eine Gemeinde eine Ordnung, einige hilfreiche Stützen für das gemeinsame Tun braucht. Hier geht es also nicht um eine Glaubensfrage, sondern um eine Frage pastoraler Klugheit.

Weihbischof Ernst Tewes, München

Geschiedene Wiederverheiratete zu den Sakramenten?

Das Anliegen ist klar: auch die geschiedenen Wiederverheirateten haben ihre Seele und Seligkeit zu gewinnen und dürfen von der Heilssorge der Kirche nicht ausgeschlossen werden; außerdem wird ihre Zahl immer größer. So meinen manche offensichtlich allzu eilfertig und ohne die Sache hinreichend bedacht zu haben, man möge allen geschiedenen Wiederverheirateten guten Glaubens den Zutritt zu den Sakramenten erlauben.

Was heißt hier "guten Glaubens"? Nach definitiver, d. h. nach unfehlbarer und daher unabänderlicher Lehre der Kirche ist der Geschlechtsverkehr nur innerhalb der gültigen Ehe erlaubt; die in ungültiger Zweitehe lebenden Geschiedenen müßten, um "guten Glaubens" zu sein, also auf den ehelichen Umgang verzichten und wie Bruder und Schwester miteinander leben, um zu den Sakramenten zugelassen werden zu können. Wo dies glaubhaft versichert wird und Ärgernis ausgeschlossen ist, kann dies auch tatsächlich geschehen. Aber wie viele solche Fälle gibt es?

Im Normalfall werden die ungültig Wiederverheirateten auf den ehelichen Umgang weder verzichten können noch verzichten wollen; sie müssen daher wissen, daß es sich hier um eine schwerwiegende Sache handelt, gegen die sie bewußt und dauernd verstoßen und daß sie deshalb - und nicht erst wegen des Kirchengebotes - weder losgesprochen noch zum Tisch des Herrn zugelassen werden können. Sie haben beim Eheabschluß ja gewußt, daß sie eine kirchlich ungültige Ehe eingehen und sich damit selbst den Zutritt zu den Sakramenten abgeschnitten. Sie mögen später ihren Schritt bereuen, solange sie ihn aber nicht rückgängig machen - was sie meistens gar nicht können -, besteht das von ihrer Seite her freiwillig gesetzte Hindernis für die Teilnahme am sakramentalen Leben der Kirche fort.

Trotzdem nicht verzagen

Die Kirche kann ebenfalls den Ausschluß von den Sakramenten der in ungültiger Ehe Lebenden nicht zurücknehmen. "Wenn man den geschiedenen Wiederverheirateten, die guten Glaubens sind, den Empfang der Sakramente gestattet, dann kann man ihn überzeugten Terroristen, Menschen mit homosexueller Praxis, die sie gutgläubig für sich in Anspruch nehmen, und Leugnern, gutgläubigen, versteht sich, dieser oder jener Dogmen nicht verwehren. Man sieht einfach keine Grenze mehr. Man müßte als Norm hinstellen: Wo immer bona fides (guter Glaube) vorliegt, da besteht ein Anrecht auf den Empfang der Sakramente. Die Kirche würde sich in die reine Subjektivität hinein verflüchtigen. Sie hörte auf, Kirche im katholischen Verständnis zu sein." (H. Schauf).

Die Sache ist also ernst und nicht mit ein bißchen "gutem Willen" zu bereinigen.

Die Kirche kann nicht erlauben, was Christus verboten hat. Was sollen also geschiedene Wiederverheiratete tun, die ihre ungültige Zweitehe weder lösen noch auf den ehelichen Umgang verzichten und wie Bruder und Schwester miteinander leben können?

Erstens nicht mit Gott und der Kirche hadern. Es ist weder die Schuld Gottes noch die Schuld der Kirche, daß sie sich in diese mißliche Lage gebracht haben. Gott ist jedem, der ihn sucht, nahe, und die Kirche hat Verständnis für das Leid und die Fehlentscheidungen des Menschen.

Zweitens: nicht aufhören, zu Gott zu beten und am äußeren Leben der Kirche teilzunehmen. Gott weiß auch dort noch Wege, wo der Mensch keine mehr weiß. Gott - und Gott allein - kann das Böse zum Guten wenden. Er verläßt auch den Sünder nicht - sonst müßte er uns alle verlassen, weil wir alle Sünder sind. Kein Gebet, keine Selbstüberwindung, kein Opfer, das aus einem rechtgesinnten Herzen kommt, ist vergeblich. Gott weiß um die stillen Seufzer, um die heimlich geweinten Tränen, um jede verborgene Guttat.

Drittens: die Sünde des Ehebruchs nicht leugnen oder bagatellisieren, sondern den Herrn immer wieder um dessen Verzeihung bitten, auch für alle in diese Sünde Hineingezogenen. Es gibt keine Schuld, für die wir nicht Verzeihung erlangen können, wenn wir Christus reumütig darum bitten. Die Kraft seines Erlösungsleidens und seines Sühneblutes tilgt auch die schwerste Sünde. Die Liebe zum Gekreuzigten ist der sicherste Weg, die Gnade der Herzensreue zu erlangen.

Viertens: Nichts hindert den äußerlich von den Sakramenten Getrennten, diese "im Geiste" zu empfangen: "im Geiste" zu beichten und die Vergebung zu erbitten, und "im Geiste" die heilige Kommunion zu empfangen. Gewiß setzt dies die innere Loslösung von der Sünde voraus; ist diese gegeben, dann ist dieser "geistige" Empfang der Sakramente aber auch wirksam! Vielleicht bereitet er sogar die spätere äußere Zulassung zu den Sakramenten vor. Bis dahin muß deren Verwehrung freilich als Buße in Demut getragen werden.

Fünftens ist es in jedem Fall geraten, die Sache mit dem zuständigen Priester zu besprechen und seine Absicht zu bekunden, bei einer Änderung der Sachlage die Ehe ordnen und zumindest im Frieden der Kirche sterben zu wollen.

So gesehen ist die Lage der geschiedenen Wiederverheirateten keineswegs hoffnungslos. Im Himmel ist mehr Freude über einen Sünder, der Buße tut, als über neunundneunzig Gerechte, die der Buße (angeblich) nicht bedürfen.

Kann die Ehe sterben?

So fragen sich heute angesichts so vieler Ehen, die vor unseren Augen in Brüche gehen, manche ernsthaft. Sie meinen: könnte die Ehe, die sich äußerlich löst, nicht schon vorher innerlich "gestorben" sein und so gar nicht mehr bestehen? Die Antwort, die sich aus der gesamten christlichen Überlieferung ergibt, lautet eindeutig: Nein, die Ehe kann nicht sterben. Sterben kann die gegenseitige Zuneigung, sterben kann mit der Liebe die Verantwortung füreinander, nicht aber die Ehe. Das heilige Band, das durch den ausdrücklich und feierlich erklärten Ehewillen der Brautleute zustande gekommen ist und sie nun unlösbar umschließt, kann nur der leibliche Tod lösen. — Drum prüfe, wer sich ewig bindet.

*

Hier ist auch die feierliche Entscheidung des Trienter Konzils ins Gedächtnis zurückzurufen, das unter Strafe des Bannes den Satz verwarf: "Wenn jemand behauptet, das Eheband könnte gelöst werden wegen Abfalls vom wahren Glauben, oder weil das Zusammenleben zur Last geworden sei oder wegen böswilligen Verlassens des Gatten, so sei er im Banne", und weiterhin: "Wenn jemand behauptet, die Kirche irre, wenn sie gelehrt hat und noch lehrt, gemäß der Lehre des Evangeliums und der Apostel könne das Eheband wegen Ehebruchs des einen Gatten nicht gelöst werden, und keiner von beiden, auch der Unschuldige nicht, der keine Ursache zum Ehebruch gegeben hat, könne zu Lebzeiten des anderen Gatten eine neue Ehe eingehen, und es begehe Ehebruch sowohl der Mann, der nach Entlassung seiner ehebrecherischen Frau eine andere heiratet, wie auch die Frau, die nach Entlassung ihres Mannes einen andern heiratet: So sei er im Bann". Wenn aber die Kirche nicht geirrt hat und nicht irrt, indem sie dies lehrte und lehrt, und wenn es darum sicher ist, daß das Eheband nicht einmal wegen Ehebruchs gelöst werden kann, dann ist es offenkundig, daß die übrigen schwächeren Gründe, die man zugunsten der Ehescheidung vorzubringen pflegt, noch viel weniger Beweiskraft haben und übergangen werden können.   Papst Pius XI. in "Casti Connûbîi"

Ein verkannter Schatz

Kaum eine Gnadengabe der Kirche ist so in den Hintergrund gedrängt und verkannt worden wie der Ablaß. Man hat vielleicht gehört, daß damit einmal Mißbrauch getrieben worden sei, im übrigen aber weiß man damit nichts Rechtes anzufangen. Es ist Glaubensschwäche, die uns daran hindert, das Gnadengeschenk des Ablasses recht zu erkennen und dankbaren Sinnes zu gebrauchen.

Weil Gott für uns keine lebendige Wirklichkeit ist, mit der wir Aug in Aug leben, erfassen wir auch kaum, daß er ein heiliger und GERECHTER Gott ist, der die Sünde, wo und wie immer sie sich zeigt, verurteilen und strafen muß. Er ist zwar gütig und barmherzig, so daß er uns gerne die Sünden verzeiht, das heißt aber nicht, daß er darüber hinwegsieht und sie für nichts erachtet. Jede, auch die kleinste Sünde, zieht Strafe nach sich und muß gebüßt werden, entweder in dieser Welt oder in der anderen. Wenn uns Gott im Sakrament der Versöhnung die SÜNDENSCHULD vergibt, so schenkt er uns - nach dem Maß unserer Reue und Umkehrbereitschaft - mit der ewigen Strafe auch einen Teil der zeitlichen SÜNDENSTRAFEN. Wohlgemerkt: Er SCHENKT uns auch zeitliche Sündenstrafen, aber nur einen TEIL, nicht alle. Es wäre unpädagogisch und stünde im Widerspruch zur absoluten Heiligkeit Gottes, wenn Gott dem Sünder ohne jede Bußleistung von seiner Seite die GANZE Strafe, die er für seine Sünden verdient hat, schenkte. Wer sich an Gott vergangen hat, muß sein Vergehen gutmachen. Die Barmherzigkeit Gottes zeigt sich ja darin, daß Gott den Sünder erträgt, ihm Zeit zur Umkehr und Buße gibt und diese ihm durch die Gnade Christi ermöglicht. Gott verzeiht uns die Sünden nicht, weil dies "sein Geschäft ist", sondern weil er barmherzig ist und nicht will, daß der Sünder sterbe, sondern lebe; wer deshalb aber glaubt, Gott "einen guten Mann" sein lassen zu können, täuscht sich: "Es ist furchtbar, in die Hand des lebendigen Gottes zu fallen!" (Hb 10,.31).

Im Ablaß erläßt uns die Kirche nun kraft der ihr von Christus verliehenen Schlüsselgewalt zeitliche Strafen für jene Sünden, deren Schuld bereits vergeben ist; entweder einen Teil (im Teilablaß) oder alle (im Vollablaß). Dabei werden die verdienten Sündenstrafen NICHT GESCHENKT, sondern die Kirche LEISTET dafür ERSATZ, und zwar aus den unendlichen Verdiensten Jesu, in die auch die Verdienste Mariens und aller Heiligen eingeflossen sind. Der Sünder, dem diese Ersatzleistung zugute kommen soll, muß aber wenigstens etwas tun: Er muß das für die Gewinnung des Ablasses vorgeschriebene gute Werk verrichten.

Der Ablaß wird also keineswegs, wie fälschlich behauptet wird, "nachgeworfen", man muß sich darum bemühen, muß im Stande der Gnade sein, die Absicht haben, den Ablaß zu gewinnen, und gewissenhaft das vorgeschriebene Werk verrichten. Die Kirche verleiht Ablässe ja "nicht nur, den Christgläubigen beim Abbüßen der Sündenstrafen zu helfen, sondern auch, sie zu Werken der Frömmigkeit, Buße und Liebe anzuspornen, besonders zu solchen, die zum Wachstum im Glauben und zum Allgemeinwohl beitragen".

So macht uns das von der Barmherzigkeit Gottes durch die Kirche bereitgestellte Geschenk des Ablasses klar, daß

1. die Sünde gebüßt werden muß;
2. wir aus eigener Kraft dazu nicht fähig sind;
3. Christus für unsere Sünden gesühnt hat;
4. wir in der Gemeinschaft der Heiligen stehen;
5. uns die Erlösung geschenkt wird, wir aber bei deren Aneignung mitwirken müssen;
6. wir mithelfen sollen, die Erlösungsfrüchte (wie beim Ablaß für Verstorbene) an andere weiterzuschenken.

Zu nichts mehr nütze?

"Alt sollte man nicht werden!" So hat schon mancher geseufzt. Nicht mehr gebraucht werden, nicht mehr arbeiten können, zumindest nicht mehr so, wie man gerne möchte, oder gar anderen noch zur Last fallen, das ist bitter. Und die

Jungen? Die haben ihre Arbeit und ihre Sorgen, und so wenig Zeit...
Aber das ist nur die eine Seite. Die andere ist die: Sind nicht auch wir einmal jung gewesen, haben nicht auch wir unsere Sorgen und Pläne, unsere Arbeit und unser Vergnügen gehabt und nur wenig Zeit und Verständnis für die damals Alten und Kranken gefunden? Und wenn wir nicht mehr arbeiten können - die Arbeit ist nicht das Höchste, so notwendig und wertvoll sie ist. Der Mensch ist mehr. Um den Menschen geht es, der sich sachte von dieser Welt lösen und der Ewigkeit zuwenden soll.

Der alte Mensch hat mehr Zeit, sich auf sich selbst zu besinnen, über sein Leben nachzudenken, zu lesen, Musik oder einen wertvollen Vortrag zu hören, in Ruhe ein bereicherndes Gespräch zu führen und das Geschehen in der kleinen und in der großen Welt mit jener Reife zu beurteilen, welche nur die Erfahrung und Weisheit des Alters schenkt. Mag sein, daß Alterseinsicht heute wenig gefragt ist, sie ist aber auch für den, dem sie selbst zuteil wird, eine kostbare Gabe.

Und hier greifen rührige Hände noch altersflink zu einer Hand- oder Bastelarbeit, die als Geschenk nicht nur Freude, sondern auch Nutzen bringt, dort wachen wenigstens stundenweise Großväter und Großmütter bei kleinen Kindern, schreiben Altgewordene einen Brief, machen im Nachbarhaus oder an einem Krankenbett einen Besuch, um ein Wort des Trostes, der Anteilnahme oder der Ermutigung, gewürzt aus der eigenen Erfahrung, zu sagen. Oder es macht sich einer zum Apostel, wie viele "Groschenblatt"-Leser, die oft unter beträchtlichen Mühen und ohne irdischen Lohn für die Verbreitung und Verteilung unseres kleinen Glaubensblattes sorgen und so einen ausgesprochenen Reichsgottesdienst tun.

Oft warten die Jungen, ohne daß sie es sagen oder selbst recht wissen, auf ein helfendes oder klärendes Wort, und vor allem aufs Gebet. Sie selbst haben keine Zeit dazu, oder meinen es wenigstens, viele haben es auch nie gelernt - lieber arbeiten sie, als daß sie beten. Auch für diese müssen sich Hände falten, auch den Kindern solcher Eltern muß der Glaube erbetet und vielleicht erlitten werden. Alte Leute haben nun einmal mehr Zeit zum Beten als junge. Sie kennen auch die Nichtigkeit hochfliegender Pläne, die zuweilen junge Herzen verzaubern; sie wissen um die Versuchungen und Gefahren, die vom flotten Leben und vom leichtverdienten Geld kommen, aber auch von der Arbeits- und Schaffenswut, die vergessen läßt, daß wir auf Erden nur Gast sind. Sie kennen ihre Kinder und Enkel, ihre Nachbarn und Verwandten, und wissen um deren Leidenschaften und Schwächen, wahrscheinlich auch um deren Sünden - wie können sie da anders, als Tag für Tag die Hände zu falten und aus der Tiefe des Herzens zu Gott zu rufen, daß er sie in der Not beschütze, aus Gefahren errette und nach vollbrachter Lebensaufgabe glücklich heimgelangen lasse ins Reich des himmlischen Vaters? Nicht zu reden von den vielen und großen Anliegen der Welt und der Kirche...
Kann sich da einer noch unnütz dünken?

Das Gesetz,
das dem Menschen
ins Herz
geschrieben
ist

Lau und bequem ist nicht christlich

Ein Zeichen der Zeit ist die Aufweichung der Lehre über das Sittliche. "Wir leben", so stellte Papst Paul VI. in seiner Ansprache vom 6. September 1972 fest, "in einer Zeit der sittlichen Laxheit, der Kontestation (= Anzweiflung und Verneinung) und der Mißachtung des Sittengesetzes, in einer Zeit, in der die Freiheit nicht gefordert wird, um das Gute zu tun, wie es eigentlich in der Natur der Dinge liegt, sondern um das Gute nicht zu tun, um eine Emanzipierung (= Befreiung) von jeder Norm zu genießen, die von außen auferlegt ist, so daß unser Handeln von jeglicher vorgegebenen sittlichen Norm unberührt bleibt, ja dazu vielleicht sogar im Gegensatz stehen kann."

Eine bedrückende Feststellung! Wie ist dieser Zerfall zu erklären? Einmal hält der Mensch die sittlichen Forderungen, welche die Kirche im Namen Christi stellt, für zu schwierig. Dazu kommt: Die Schwierigkeiten, den Weg Christi zu gehen, steigern sich, je mehr der Prozeß der Säkularisierung (= Verweltlichung) fortschreitet; denn das bedeutet: Die Religion darf nichts mehr zu tun haben mit dem autonomen und profanen Leben des modernen Menschen.

Angesichts dieser Schwierigkeiten senkt der moderne Mensch eigenmächtig das Niveau des Sittengesetzes und zieht die Forderungen, ja geradezu die Existenz des sittlichen Gesetzes in Zweifel. Er erweitert die Grenzen des Erlaubten über das sittlich Gute hinaus, setzt an die Stelle der pflichtbewußten Freiheit die permissive (= alles erlaubende) Freiheit, zieht eine Aufweichung der Lehre über das Sittliche vor und legitimiert noch die praktische "Großzügigkeit" im menschlichen Verhalten.

Nun, es stellt sich spontan die Frage: Ist das christliche Leben wirklich so schwer?

Das Evangelium und die Verkündigung der Apostel geben uns die Gewißheit, daß unser Heil leicht zu erlangen ist, wenn wir uns auf Gottes Plan einlassen, wenn wir seine Bedingungen erfüllen und seine Hilfe annehmen, wenn wir an seinem Geist Anteil haben und uns seinem Wort öffnen.

Daher kann ein laues, genußsüchtiges, feiges Leben, das Kampf, Buße und Opfer abschaffen will und statt dessen Bequemlichkeit und Vergnügen sucht, nicht als echt christliches Leben gelten. Den Starken aber, den Mutigen, den Geduldigen, all denen, die vom Glauben und von der Liebe zutiefst erfüllt sind, gelten die Worte Jesu, die uns befreien und trösten: "Denn mein Joch drückt nicht und meine Last ist leicht."   Erzbischof Hermann Schäufele, Freiburg/Breisgau

Wir müssen uns nach dem Evangelium richten

Wir begegnen heute unter Christen Ansichten und Verhaltensweisen, die noch vor wenigen Jahren mit Entschiedenheit zurückgewiesen worden wären, heute aber von vielen bejaht oder doch gern geduldet werden. So z. B. die "Großzügigkeit" und "Permissivität" der modernen Welt im Bereich der Sexual- und Ehemoral. Nicht wenige Christen halten voreheliche Beziehungen für natürlich und daher für erlaubt; viele bewerten Ehescheidungen, Ehebruch, Abtreibung nicht mehr mit jenem Abscheu wie noch vor nicht allzu langer Zeit.

Verfehlungen gab es immer. Das Schlimmere ist aber dies: man sucht diese Ansichten und dieses Verhalten auch auf der Ebene des Glaubens und der christlichen Theologie zu rechtfertigen. Man sagt: Gott fährt fort, sich dem Menschen in der Geschichte zu offenbaren; darum hat alles, was sich auf der Ebene großer historischer Fakten oder auf der Ebene des menschlichen Bewußtseins ereignet, für den Christen einen Wert als "Zeichen". Er ist gerufen, das Evangelium im Lichte dieser Zeichen WIEDER zu lesen und es in Angleichung an diese "Fakten" in einer neuen Weise zu verstehen. Er ist aufgefordert, die "überhebliche" Überzeugung, schon die volle Wahrheit zu besitzen, aufzugeben und auf der Suche nach der Wahrheit zu bleiben - in bescheidener Unterordnung unter das "Faktische", unter die Geschichte, die ihm den wahren Sinn des Evangeliums offenbaren. Diese sogenannte "Theologie der Zeichen der Zeit" will besagen: Was an Bedeutungsvollerem heute in der Welt geschieht, sei es auf der Ebene des rein "Faktischen", sei es auf der Ebene des "Bewußtseins", das der Mensch von sich und seinem Sein in der Welt und in der Geschichte hat, ist für den Christen ein "Zeichen der Zeit". Ein Beispiel: Wenn heute ein Großteil der jungen Menschen voreheliche Beziehungen unterhält und dabei das Bewußtsein hat, nichts Schlechtes zu tun, so sei dies ein "Zeichen der Zeit", das die Kirche veranlassen müßte, ihre Moral in diesem Punkt zu revidieren.

Dasselbe sei zu sagen von der heutigen Auffassung vieler über die Erlaubtheit der Abtreibung; auch sie sei ein "Zeichen der Zeit", das die Kirche zwinge, ihre Haltung, ihre Lehre in dieser Frage zu ändern.

Ohne auf einzelnes einzugehen, dies steht fest: Solches Denken ist dem Grundirrtum verfallen, aus dem christlichen Glauben eine mehr oder weniger gefällige Ideologie der modernen Welt zu machen, das ist eine geistige Haltung, die ganz von der Erfüllung subjektiver Interessen beherrscht wird.

So verlöre das Evangelium seine ihm eigene Aufgabe, über Welt und Geschichte zu richten und dem Menschen den "engen" Weg zu weisen, der zu Gott führt. Aus dem Evangelium eine Ideologie zu machen, welche die Welt rechtfertigen soll, heißt, das Evangelium zu verraten.

Das Evangelium ist nicht dazu da, den Menschen zu Gefallen zu sein, sondern sie in die Entscheidung zu stellen, sie aus einer falschen Sicherheit aufzurütteln, sie der Sünde bewußt werden zu lassen und sie zu wandeln, "weg von den Götzen, um dem lebendigen und wahren Gott zu dienen und seinen Sohn Jesus Christus vom Himmel her zu erwarten" (1 Thess 1,9f).

Christus ist wirklich die "Entscheidung" über Mensch, Welt und Geschichte: er scheidet, er ist "bestimmt zum Falle und zum Auferstehen vieler in Israel und zu einem Zeichen, dem widersprochen wird" (Lk 2,34f). Sein Wort ist ein "Gericht", das rettet, wer an ihn glaubt. "Wer mich ablehnt und meine Worte nicht annimmt, der hat seinen Richter: das Wort, das ich verkündet habe, wird ihn richten am Jüngsten Tage" (Jo 12,48; vgl. 3,16-18; Mk 1,15).

Nicht die Welt, nicht die Geschichte, nicht der Mensch wird über das Evangelium richten, sondern das Evangelium richtet über sie. Nicht muß sich das Evangelium den Fakten, den neuen Bewußtseinslagen unterordnen; es sind vielmehr die Fakten und die neuen Bewußtseinslagen, die dem Evangelium unterstellt werden und in seinem Licht ihr Urteil finden.

Erzbischof Hermann Schäufele, Freiburg/Br.

*

Das Hinken auf beiden Seiten ist in geistiger Beziehung die akute Gefahr der Gegenwart. Nicht der offene Atheismus ist die schwerste Bedrohung, sondern das Hinken auf beiden Seiten - das Christsein und zugleich die Anpassung an den Zeitgeist, so daß alles in einer farblosen Zweideutigkeit untergeht -, das ist die Krankheit der Neuzeit, die Gegensätze zu einer angeblichen Synthese vereinen will, damit aber einer konfusen Verschwommenheit verfällt, die sich verhängnisvoll auswirken muß... Entweder ist man Christ, oder man ist es nicht, aber man kann es nicht nur bis zu einem gewissen Grade sein. Halbheit ist stets verwerflich, ist so untauglich wie schale Lauheit, die weder kalt noch warm ist und deswegen ausgespien wird.

Walter Nigg

Das Elend der vierten Welt

Die vierte Welt läßt sich nicht geographisch umschreiben. Man stößt auf sie in allen Erdteilen und Kulturkreisen. "Vierte Welt" ist der Inbegriff eines Elends, das sich verhängnisvoller auszuwirken droht als der physische Hunger. Es ist das Elend der "moralischen Unterentwicklung", um ein Wort Papst Pauls VI. aufzugreifen. Wirtschaftlicher Fortschritt und sittlicher Fortschritt laufen häufig nicht parallel. In der vierten Welt werden Moral und Religion positivistisch aufgelöst.

Zerfall der Moral

Zu allen Zeiten haben sich die Menschen gegen die sittlichen Normen verfehlt. Ideal und Wirklichkeit klaffen stets auseinander. Heute jedoch werden die sittlichen Werte als solche grundsätzlich in Frage gestellt und als Bewußtseinszwänge, als Tabus, als ideologischer Überbau abgelehnt. Moral sei als Produkt von Psychologie und Soziologie entlarvt. Gültiges wird durch Gängiges ersetzt.

In besonders auffallender Weise sind die sittlichen Normen im Bereich des Geschlechtlichen ins Wanken geraten. Frivole Parolen: "Sex macht Spaß", "Sex ist gesund", fordern dazu auf, die geschlechtlichen Anlagen zum Lustgewinn, zum Spiel und zum Zeitvertreib zu mißbrauchen und damit zum Konsumgut zu machen. Dahinter steht ein biologistisches Menschenbild, für das nur die Triebhaftigkeit normative Kraft besitzt. Schon bei den Grundschulkindern wird nicht selten eine rein biologistische Aufklärung betrieben, ohne zu bedenken, daß der Sinn des Geschlechtlichen vom bloß Biologischen her nicht erschlossen werden kann; denn es geht um den ganzen Menschen.

Die Folgen sind: das Umsichgreifen der Unzucht, die Zerrüttung vieler Ehen, das gestörte Verhältnis zum Leben, das zu mehr Särgen als Wiegen führt, sowie die Manipulierung der Sexualität durch Pornographie. Es gibt nicht nur eine chemische Luftverpestung, sondern auch eine Umweltverschmutzung im sittlichen Bereich, die viel verheerender ist. Pansexualismus und Hedonismus sind keineswegs Zeichen von Kraft und Vitalität eines Volkes, sondern sie gleichen eher einem seichten, faulenden Gewässer, das weite Gebiete überschwemmt hat. Das alles wird von wenigen Ideologen und Geschäftemachern gesteuert. "Noch nie waren so wenige in der Lage, so viele zu verdummen" (Aldous Huxley).

Verwirrte Gewissen

Kardinal Clemens August von Galen hat zur Zeit des Nationalsozialismus sehr darunter gelitten, daß damals die sittlichen Maßstäbe in den Herzen vieler Menschen durcheinandergebracht wurden. Das sittliche Bewußtsein wurde planmäßig vernebelt, betäubt, verhetzt. Die Grenzen zwischen Gut und Böse wurden verwischt. Was in den Konzentrationslagern und in den Anstalten zur Ermordung der Geisteskranken geschehen ist, wäre ohne die jahrelang betriebene Verwirrung der Gewissen nicht möglich gewesen. Das Durcheinanderbringen der Gewissen ist teuflisch (diabállein - diabolos- Teufel).

Geschieht heute nicht ähnliches? Werden nicht wiederum die das menschliche Leben schützenden Wertvorstellungen durcheinandergebracht? Die Abtreibung wird verharmlost, und es wird offen darüber diskutiert, ob unheilbar kranken oder siechen Menschen eine Todesspritze gegeben werden dürfe. Wer meint, durch Gesetz festlegen zu können, wann der Schutz des menschlichen Lebens zu beginnen hat, kann ebenso kühn durch Gesetz bestimmen, wann dieser Schutz enden soll. Eine Gesellschaft, die den Menschen zu manipulieren sucht, befindet sich auf verhängnisvoller Bahn: Abtreibung - Sterilisation - Ermordung "unproduktiver" alter Menschen - Ermordung der Geisteskranken. Bedenklich ist auch, daß Gewalttat und Grausamkeit immer mehr um sich greifen, was in manchen Ländern zu kriegsähnlichen Zuständen führt. Auch in unserem Volk werden die Auseinandersetzungen härter. Es scheinen neue Freund-Feind-Haltungen zu entstehen. Wenn man fragt, wer daran schuld sei, lautet die übliche Antwort: "Die anderen." Auch hier ist ein Zerfall der Moral unverkennbar.

Gesellschaftskritik statt Moral

Die Meinung, daß die Moral zum ideologischen Überbau gehöre, verleitet dazu, an die Stelle der Moral die Gesellschaftskritik zu setzen. Mit ungeheurer Entrüstung wendet man sich gegen die geltende Gesellschaftsordnung und gegen die Institutionen der Familie, des Staates, des Eigentums, der Kirche. Das Böse wird vom einzelnen auf die gesellschaftlichen Institutionen verlagert, etwa im Sinne der Verse Bert Brechts:

"Wir wären gut - anstatt so roh, doch die Verhältnisse, die sind nicht so."

Es ist durchaus folgerichtig, wenn Karl Marx schreibt, man dürfe den einzelnen Kapitalisten moralisch nicht "verantwortlich machen für Verhältnisse, deren Geschöpf er sozial bleibt".

Zugleich offenbart sich hier der naive Glaube an die Macht der Verhältnisse, die Ideologie der sozialen Heilserwartung. Man brauche nur der Gesellschaft die richtige Ordnung zu geben, so werde der bisher selbstsüchtige Mensch in ein freies und glücklich-unschuldiges Wesen verwandelt sein. Dann werde die Gesellschaft, so prophezeite Karl Marx, ein "Verein freier Menschen" sein, und sie könne "auf ihre Fahnen schreiben: Jeder nach seinen Fähigkeiten, jedem nach seinen Bedürfnissen".

In noch rosigeren Farben hat August Bebel, der Gründer der deutschen Sozialdemokratie, die neue Gesellschaftsordnung ausgemalt: "Zehntausende von Gesetzen, Erlassen und Verordnungen werden Makulatur... Die Diebe sind verschwunden, weil das Privateigentum verschwunden ist... Auch Stromer und Vagabunden existieren nicht mehr... Mord? Weshalb? Keiner kann am anderen sich bereichern."

Der schwärmerische deutsche Kommunist Wilhelm Weitling verkündete: "Heil denen, welche diesen Tag erleben! In den Annalen der Weltgeschichte wird sich kein zweiter solcher finden... Der Mensch wird den alten Menschen ausgezogen haben und die Gesellschaft wie von neuem geboren sein."

Das Rührende und Erschütternde liegt in dem einfältigen Glauben an den Trick, daß nach der Änderung der gesellschaftlichen Verhältnisse der Mensch ein Vorbild von Edelmut und Selbstlosigkeit sein werde, der keiner moralischen Normen mehr bedürfe. Es reizt, frei nach Wilhelm Busch zu zitieren:

"Die Strukturen sind anders, die Formen sind neu, der alte Adam ist auch dabei."

Joseph Kardinal Höffner

Das Schlimmste

Das Schlimmste in unseren Tagen ist nicht der Verfall der Sitten. Es ist die Tatsache, daß Sittenlosigkeit zur Lebensregel wird. Das Aufregendste ist nicht, daß man sich täuscht. Es liegt darin, daß Irrtum zur Lebensnorm verbogen wird und daß man stolz darauf ist. Das ist eingetreten bei den Entscheidungen, die in jüngster Zeit in vielen Ländern über Empfängnisverhütung und Abtreibung getroffen wurden.

Gesetzliche Maßnahmen, die Empfängnisverhütung bei Minderjährigen begünstigen und faktisch dazu auffordern, banalisieren die sexuellen Beziehungen zwischen Jungen und Mädchen, indem sie diese Beziehungen auf einen bloßen Akt der Hygiene reduzieren. Unter dem Vorwand, der Entfremdung der Gebote zu entfliehen, verfällt man der Entfremdung der Instinkte. Rein ökonomische Maßnahmen genügen nicht, um "die Familie zu retten", wenn einmal die meisten Jugendlichen gewohnheitsmäßig eine Trennung zwischen Sexualität und Liebe vorgenommen haben und sich einer wirklichen Liebe verschließen, die über sich hinausgeht.

Der Gipfel der Verstümmelung des Menschlichsten in uns ist die Behauptung: von jetzt an sei an erster Stelle das triebhafte Verlangen zu respektieren, das man fühlt. Was wird man sagen, wenn diesem triebhaften Verlangen danach ist, Gewaltakte zu begehen, zu stehlen oder den Mitmenschen fertigzumachen? Soll man es dann auch "laufen lassen" mit der Begründung, man habe tolerant zu sein gegenüber dem, was einem anderen vielleicht Spaß macht? Wenn wir das Prinzip akzeptieren, daß die Freiheit in einer fortgeschrittenen Gesellschaft fordere, seinen Instinkten möglichst ungezwungen zu folgen, was für eine Art von Menschen bereiten wir dann für morgen vor?

Bischof Léon Arthur Elchinger in: Der Mut, heute Kirche zu sein, Herder 1976.

Den Trieb beschneiden

In all unseren Überlegungen gehen wir davon aus, daß die Geschlechtlichkeit nicht eine böse oder auch nur minderwertige oder nebensächliche Lebenskraft ist, sondern von hohem Wert für unser Leben. Freilich muß um der ganzen Wahrheit willen auch dieses gesagt werden: Es gibt die Macht der Sünde. Es gibt zerstörerischen Egoismus. Es gibt die Gefährdung des einen Menschen durch den anderen, ja sogar den Mißbrauch des Menschen durch den Menschen. Gerade in der Begegnung von Mann und Frau kann ein Mensch den anderen lieblos behandeln und erniedrigen. Das gilt auch vom Intimbereich der sexuellen Begegnung. Daher benötigen wir für die menschenwürdige Ausformung unserer Geschlechtlichkeit nicht bloß die Bejahung, sondern auch die Gabe der Unterscheidung von Gut und Böse (Hb 5,14), die Wachheit des Geistes (Lk 12,35-38) und eine tiefe Gottesliebe, die sich in der Beobachtung der Weisung des Herrn bewährt (Jo 15,9f).

Diese hohen Anforderungen stellen sich mit jedem Lebensalter und jeder Lebenssituation neu. Grundlegend sind Ehrfurcht und Liebe. Sie erweisen sich in Zärtlichkeit, Rücksicht und Sorge umeinander, die zunehmen sollen, je inniger die

Begegnung zweier Menschen ist. Ehrfurcht und Liebe fordern auch Askese und Verzicht, nicht aus Ablehnung der Geschlechtlichkeit, sondern zugunsten der Freiheit gegenüber ungeordneten Triebforderungen und Zumutungen einer sexuell aufgeheizten Umwelt. Wir erkennen heute ja auch in anderen Lebensfragen, daß wir nur weiterexistieren können, wenn wir das Besitz-, Macht- und Luststreben auf sein rechtes Maß bringen. Es darf nicht unser Leben beherrschen. Triebverzicht, geleistet aus begründeter Erkenntnis und bewußter Zustimmung, ist Zeichen menschlicher Reife und das Gegenteil von schädlicher Verdrängung. Auch gegen den Trend der sogenannten öffentlichen Meinung muß die Kirche mit Nachdruck an Ehrfurcht und Liebe, Askese und Verzicht erinnern.

Die Heilige Schrift enthält keine ausgeführte Lehre über geschlechtliches Verhalten, macht aber wichtige Aussagen zu unseren Fragen. Sie warnt eindringlich vor jeder Schamlosigkeit (Eph 5,3; Kol 3,5), kennt aber keine Prüderie, sondern redet offen und unbefangen von geschlechtlichen Vorgängen. Die erotische Liebe und die Gemeinschaft der Ehe werden zu einprägsamen und aussagestarken Bildern für die Liebe Gottes zum Menschen, für den Bund Gottes mit Israel und für die Verbindung Christi mit seiner Kirche. Hier zeigt sich, zu welch tiefen Einsichten der Glaube führt und daß nur im Glauben die tiefsten Erkenntnisse über den Menschen einsichtig sind. Der hl. Paulus schreibt der Gemeinde in Korinth: "Wißt ihr nicht, daß euer Leib ein Tempel des Heiligen Geistes ist, der in euch wohnt und den ihr vom Herrn habt?" (1 Kor 6,19).

Gerade deshalb aber verschweigt die Schrift auch die Fehlformen im geschlechtlichen Verhalten nicht. Nachdrücklich warnt sie vor der Unzucht. Wo im Neuen Testament die menschlichen Laster aufgezählt werden (zum Beispiel Gal 5,19-21; 1 Kor 9,9f; Kol 3,5), erscheint sie wie der Ehebruch als eine Verfehlung, die vom Reiche Gottes ausschließt. Unzucht ist im Kern die eigensüchtige Ausnützung der Geschlechtskraft und die lieblose Ausnützung des Geschlechtspartners zum egoistischen Genuß.

Was den Grad und die Tiefe der Versündigung im Bereich der Sexualität betrifft, so hat die Moraltheologie schon seit langem völlig zu Recht zwischen den bewußt und grundsätzlich ordnungslosen Menschen unterschieden, die sich von niemand eine sittliche Weisung geben lassen, sondern nach eigenem Gutdünken handeln und solchen, die eine sittliche Ordnung anerkennen, jedoch immer wieder einmal versagen. Nach der Aussage der Schrift kommt es auf das "Herz" des Menschen, auf seinen Personkern und seine Gesinnung an, wenn über die jeweilige Schwere der Sünde zu entscheiden ist (Mt 15,19f). Nicht bloß das, was äußerlich feststellbar geschieht, bestimmt die sittliche Qualität des menschlichen Handelns. Bedeutsamer ist die Gesinnung, aus der es geschieht, ob in zielbewußter Überlegung, schwächlichem Sichgehenlassen oder in der Überrumpelung durch den Augenblick; ob aus einer verdorbenen Einstellung zur Geschlechtlichkeit, aus mangelndem Bemühen oder aus einer Nichtbewältigung der triebhaften oder gefühlsmäßigen Kräfte. Die deutschen Bischöfe

Sexualaufklärung im Klassenzimmer?

Das Unterrichtsministerium hat mit dem laufenden Schuljahr die "Sexualerziehung" verpflichtend eingeführt, ohne die Eltern, die es doch in erster Linie angeht, auch nur anzuhören oder um ihre Meinung zu fragen. Das ist ein übereiltes und wenig demokratisches Vorgehen, vor allem aber ein SCHWERER EINGRIFF INS ELTERNRECHT.

So wenig ein demokratischer Staat das Recht hat, den Schülern eine bestimmte Religion beziehungsweise den Unterricht in einer bestimmten Religion aufzuzwingen, so wenig kann er das Recht einer allgemeinen Sexualaufklärung für sich in Anspruch nehmen. Eine schulische "Sexualerziehung" kann nur so weit TOLERIERT werden, als sie die SITTLICHEN ANSCHAUUNGEN des ELTERN-HAUSES nicht verletzt.

Gerade das wird heute aber schwer möglich sein, weil die Moralbegriffe in einer pluralistischen Gesellschaft sehr verschieden sind. Der Lehrer wird gewollt oder ungewollt die moralischen Grundsätze wenigstens eines Teiles der Schüler beziehungsweise ihres Elternhauses durch seine eigene Einstellung beeinflussen; es wäre denn, daß sich der Unterricht auf das biologische Grundwissen beschränkte, was aber gar nicht beabsichtigt ist. Der Schüler soll vielmehr bei seinem Schulaustritt über alle sexuellen Fragen, auch über die Perversitäten, genauestens unterrichtet sein.

Wird die Ehrfurcht geweckt?

Die Haltung zur Sexualität ist entscheidend für die Persönlichkeit eines Menschen, erreicht die sexuelle Ekstase doch nicht nur die letzte Tiefe unserer körperlichen Existenz, sie strahlt auch auf das Seelenleben aus. Im Gebrauch der Geschlechtskraft kann man nicht unterweisen wie im Essen oder Trinken, Rechnen oder Schreiben. Dietrich von Hildebrand weist ausdrücklich darauf hin, daß allein das Wort "Sexualerziehung" schon ein unsinniges Wort ist, nicht nur, weil das Lehren in der Schule, der Unterricht, mit Erziehung verwechselt wird, sondern auch, weil die Sexualität, außer für den Psychiater und Gynäkologen, weder ein Gegenstand des Unterrichts noch des Studiums ist.

Entscheidend für die Einführung in das Geheimnis des Lebens ist die EHR-FURCHT.

Der Tiefe der Sexualität entspricht ihre einzigartige Intimität. Sie braucht einfach den SCHLEIER, nicht, weil sie sich ihrer selbst schämen müßte, sondern weil sie zum Intimsten der Person gehört und diese naturhaft bestrebt ist, diesen hohen Wert zu schützen. Der Schleier darf nur dort fallen, wo er dieses Schutzes nicht bedarf - in der Unwiderruflichkeit der Ehe, wo der Schleier durch die Liebe aufgehoben ist.

Das Leben und alles, was mit seiner Weitergabe zusammenhängt, ist ein Geheimnis, daher muß die Aufklärung schrittweise, im jeweils günstigen Zeitpunkt, im persönlichen Gespräch, am besten von Vater und/oder Mutter, immer aber mit großer Ehrfurcht erfolgen. Sie darf nicht nur mit den biologischen Gegebenheiten bekannt machen, sie muß auch auf die seelische Verfassung des Kindes Rücksicht nehmen und die Ehrfurcht vor dem Geheimnis des Lebens und der Geschlechtskraft WECKEN.

Bloße Wissensvermittlung genügt nicht; diese bietet auch keine Gewähr, daß ein Mensch seine Sexualität in menschlich einwandfreier, das heißt in gottgewollter, Weise bewältigt. Wir wissen um die traurigen Folgen einer bloß wissensmäßigen Sexualaufklärung in Schweden, dem Land mit den meisten Sexualdelikten, venerischen Krankheiten, Rauschgiftsüchtigen, Abtreibungen und schwangeren Schulmädchen. In diesem seit Generationen praktisch glaubenslosen Land hatten zwar bereits 1922 40 Prozent der Jugendlichen und Kinder verfrüht mit sexuellen Praktiken begonnen, nun ist, 15 Jahre nach Einführung des obligatorischen Sexualkundeunterrichtes in der Schule, dieser Prozentsatz aber auf 75 Prozent gestiegen! Man leugnet zwar hartnäckig, daß dies mit eine Folge des schulischen Sexualunterrichtes ist, nicht leugnen kann man jedoch, daß diese Schulaufklärung den weiteren Anstieg der verfrühten Sexualpraxis zumindest nicht verhindern konnte, diese also auf jeden Fall eine höchst fragliche Sache ist.

Bleibt die Scham gewahrt?

Der Wissenschaftsfetischismus hat nun auch bei uns die Grundschule erobert und macht vor der Kinderseele nicht halt. ES IST EINFACH NICHT WAHR, daß man dem Wesen der Sexualität gerecht wird, indem man sie so zu beschreiben versucht wie etwa die Verdauung. Die Sexualität hat auch eine geistige Komponente, die wesentlich, nicht nur am Rande, mit Liebe zu tun hat. Wer nur ihre physiologischen Abläufe aufzeigt, verfälscht ihr wahres Wesen und zerstört mit der Scham auch ihren Intimcharakter. Die Reifung der personalen Liebe wird beeinträchtigt und zugunsten des sexuellen Konsums zurückgedrängt. Wenn man nun gar noch meint, in der Sexualerziehung mit allen Tabus brechen zu müssen, so zerstört man bewußt die Intimsphäre und tut gerade das, was man der Pornographie zu Recht vorwirft.

Es muß auf die Kinder niederschmetternd wirken, wenn der Lehrer vor sechs- bis achtjährigen Buben und Mädchen steht, einen nackten Buben und einen nackten Mann, ein nacktes Mädchen und eine nackte Frau an die Tafel zeichnet und die Geschlechtsorgane der beiden im Wechselgespräch mit den Schülern "erarbeitet". So will es jedenfalls der in Zusammenarbeit mit dem Unterrichtsministerium herausgegebene "Sonderteil Österreich" der Zeitschrift "Eltern" (Heft 1).

Es wird zwar zugegeben, daß die Kinder dadurch neugierig werden und dann zu Hause einschlägige Fragen stellen, doch wären sie dann später nicht so begierig, "endlich einmal eine unbekleidete Frau oder einen unbekleideten Mann zu Gesicht zu bekommen". Man übersieht dabei geflissentlich, "daß die Grenze zwischen sexueller Aufklärung und sexueller BEDARFSERWECKUNG beim Jugendlichen (und Kind) hauchdünn ist" (Dr. S. Ernst) und die Enthüllung der Sexualität immer die Preisgabe eines persönlichen Geheimnisses bedeutet.

Wie man über "Zeugung und Lust" mit Neun- bis Zehnjährigen spricht, darüber gibt Heft 2 derselben Zeitschrift dem Lehrer detaillierte Anweisungen an Hand entsprechender Zeichnungen. Gehört der Zeugungsakt, seit Jahrhunderten auch bei primitiven Völkern in heiliger Scheu verhüllt, wirklich vor neun- und zehnjährigen Buben und Mädchen in der Schule ausgebreitet? Die Schulzimmeröffentlichkeit ist absolut ungeeignet für das Intimerlebnis zweier Menschen. Das Schamgefühl wird abgestumpft, das Geschlechtliche, das die Liebe verklären sollte, entzaubert. Was Wunder, wenn wir weiterlesen: "In einigen Fällen ist es tatsächlich nach Aufklärungsgesprächen zu Koitusversuchen gekommen." Da soll man aber schön ruhig bleiben, "und kein großes Trara machen". Gewiß, wenn man die Kinder vorher selbst auf die Idee gebracht hat...

Wer im Kind und Jugendlichen systematisch die Scham abbaut und die geschlechtliche Begegnung von Mann und Frau mit dem Trinken eines Glas Wassers gleichsetzt, versündigt sich schwer an der Jugend, weil er ihr den Zugang zum Glück des persönlichen LIEBESerlebnisses verbaut. Die Veräußerlichung und Sozialisierung der Intimsphäre steht im Programm eines Lenin und Marcuse und macht ein Volk reif für den Untergang. Selbst ein Sigmund Freud gesteht: "Der Verlust der Scham ist ein Zeichen beginnenden Schwachsinns."

Das Schlagwort von der "Enttabuisierung" des Geschlechtlichen und die hemmungslose Enthüllung aller sexuellen Details, auch der perversen, zumal in der Öffentlichkeit des Klassenzimmers und durch die Autorität des Lehrers, fordert ERNSTE VORBEHALTE, nicht betretenes Schweigen. Und zwar, bevor es zu spät ist.   Dina Boer

Nein zur sexuellen Ausbeutung

Sexuelle Intimität, die ohne jede personale Beziehung zum Partner gesucht wird, ist unmenschlich und darum entschieden abzulehnen. Hier geschieht eine verantwortungslose sexuelle Ausbeutung des Mitmenschen. Er wird zum Ding, zur Sache erniedrigt, die man gebraucht. Man versucht heute auch solche Formen sexueller Betätigung zu rechtfertigen. Man sagt, der Mensch müsse seinem Trieb folgen, Sexualität sei allein schon durch den Lustgewinn gerechtfertigt oder bindungslose und wahllose Sexualbeziehungen stellten eine notwendige Einübung in antiautoritäres Verhalten dar. Alle diese sehr modern und freiheitlich klingenden Losungen erniedrigen die Sexualität zu einer Konsumware. Ihre Folge ist nur zu oft ein zerstörtes Lebensglück.

Aber auch dort, wo Zuneigung und Sympathie zwei Menschen außerhalb der Ehe verbinden, ist nicht jedes Zeichen der Liebe zu rechtfertigen. Sexuelles Spielen mit dem Partner sowie sexuelle Kontakte mit Gleichgeschlechtlichen gefährden die Selbstfindung und führen zu immer neuen und weitergehenden sexuellen Ansprüchen an den Partner. Auch die Selbstbefriedigung kann nicht als selbstverständliche Betätigung der Sexualität gutgeheißen werden. Der Jugendliche, der damit zu ringen hat, muß erkennen, daß er über dieses Stadium hinauswachsen muß, wenn seine Sexualität nicht infantil bleiben soll.

Wir können sodann die großen Bedenken gegen verfrühte Dauerbindungen zwischen Jungen und Mädchen schon in der Pubertätszeit, zwischen dem 12. und 16. Lebensjahr, nicht verschweigen. Diese Beziehungen weisen zwar oft eine beachtenswerte Ausschließlichkeit auf. Aber die jungen Menschen sind in diesem Lebensabschnitt noch nicht fähig, eine Liebesbindung in bleibender Zuwendung und Verantwortung einzugehen. Außerdem wird die Chance einer wirklichen Partnerwahl erschwert, wenn nicht verhindert. Gar nicht selten führen solche Verbindungen zu übereilter und verfrühter Eheschließung wegen einer bestehenden Schwangerschaft. Wir bitten die Eltern, früh genug mit ihren heranwachsenden Söhnen und Töchtern offen zu sprechen, ihnen zu helfen und vor allem nicht zu einer Frühehe zu drängen, wenn die beiden jungen Menschen sich dazu nicht entschließen können. Besser eine uneheliche Mutterschaft als eine halb erzwungene Ehe mit der Abneigung der beiden jungen Menschen gegen das Kind und dem voraussehbaren Scheitern ihrer Ehe nach wenigen Jahren!

Die deutschen Bischöfe

Nein zu Homosexualität und Ehestörung

Homosexualität an sich ist sittenwidrig. In gewissem Umfang bedroht sie auch die vorgegebene Ordnung in der staatlichen Gemeinschaft. Die Bischöfe sehen mit großer Besorgnis einem Zustand entgegen, in dem gerade durch die Änderung der Strafbestimmungen homosexuelles Verhalten zur Mode werden kann.

Jede Störung einer Ehe ist im eigentlichen Sinn rechtswidrig. Wer in eine intakte Ehe eindringt, wer sein Glück mit dem Unglück anderer erkaufen will, bringt mehr Leid über die Einzelmenschen und begeht auch an der Gesellschaft ein größeres Unrecht als der vor den Richter zitierte Dieb, der einen ersetzbaren materiellen Schaden verursacht hat. Die gänzliche Streichung eines rechtlichen Schutzes der Ehe gegenüber einem Eindringling in die innigste Gemeinschaft zwischen zwei Menschen richtet sich somit zweifellos gegen das allgemeine Wohl unserer staatlichen Gemeinschaft.

Wir nehmen also gegen die Straffreiheit der Ehestörung wie gegen die weitgehende Straffreiheit der Homosexualität Stellung, wie wir dies schon wiederholt getan haben.

Die Erzbischöfe und Bischöfe Österreichs

Nein zur Pornoflut

Der Öffentlichkeit wird vielfach die Meinung aufgedrängt, daß Pornographie ein legitimer Ausdruck menschlicher Sexualität sei. Wer sich ihrer ungehinderten Verbreitung widersetzt, gerät in den Verdacht, prüde zu sein und die Freiheit des Bürgers einschränken zu wollen. Das Gegenteil ist der Fall. Pornographie ist nicht nur eine Verletzung der echten Werte menschlicher Geschlechtlichkeit. Sie stört die Einordnung der Geschlechtlichkeit in die Ganzheit der menschlichen Person. Sie hindert die Entwicklung zu menschlicher Partnerschaft in Liebe und Ehe. Sie widerspricht dem Dienst am Leben des einzelnen und der Gesellschaft. Dabei wissen wir wohl, daß die Pornographie nicht nur ein strafrechtliches Problem ist, sondern vor allem auch Rückfragen an die Gesamtsituation der heutigen Gesellschaft erfordert. Pornographie ist nicht die Krankheit selbst, sondern Symptom einer tiefen Unordnung im Verhältnis des Menschen zu sich selbst, zum Mitmenschen und zu Gott.

Die Aufdringlichkeit, mit der die Pornographie in Filmen, Büchern, Zeitschriften, in manchen Wochen- und Tageszeitungen, in der Kinoreklame und auf andere Weise in die Öffentlichkeit getragen wird, ist ein unverantwortlicher Angriff auf die Freiheit und Würde des Menschen. Der Staat ist gerade um der Freiheit und Würde seiner Bürger willen verpflichtet, dem Einhalt zu gebieten.

Erklärung deutscher Bischöfe

Pille, Papst und Plappermäuler

Ich bin kein katholischer Theologe, sondern nur ein evangelischer Arzt. Aber ich glaube so viel auch von katholischer Theologie zu verstehen, daß kein Papst die Möglichkeit hat, die Zehn Gebote oder die Forderung Christi in der Bergpredigt offiziell umzufunktionieren, weil einige materialistische Psychologen dies für zeitgemäß halten. Trotz aller Flugzeuge und Raketen kann kein Physiker das Gesetz der Schwerkraft beseitigen. Und die Maßstäbe und Gesetzmäßigkeiten, die für die zwischenmenschlichen Beziehungen und die Gemeinschaft des Menschen mit Gott gültig sind, kann auch kein Konzil beseitigen.

Isolierung führt zur Entartung...

Die Isolation der sexuellen Lust von der schöpferischen und gemeinschaftsbildenden Bestimmung menschlicher Geschlechtlichkeit läßt den Sexus zur Lustproduktion und Sucht entarten. Darum ist dieses Problem im geschlechtlichen Verhalten nicht nur eine individualistisch psychologische Frage, die mit Hilfe der zoologischen Verhaltensforschung gelöst werden kann. Es ist nicht nur ein Problem persönlicher "Heiligkeit" oder Unheiligkeit. Der schon in unserer Ulmer Ärztedenkschrift klar vorausgesagte Zusammenbruch der vorehelichen Sexualerziehung zur Integration und Kontrolle der Sexualität durch das Gewissen und die

Vernunft ist als Folge der Pillenfreigabe auf breiter Front bereits erfolgt. Darüber hinaus kam es durch die Isolation der sexuellen Lust, als eines Wertes in sich selbst, logisch und konsequent zur Gleichbewertung aller perversen Formen sexueller Lustproduktion als das demokratische Grundrecht jedes "mündigen" Bürgers auf ein "glückliches Sexualleben". Homosexualität, Gruppensex, Pornographie, Sodomie, Onanie usw. wurden in der Öffentlichkeit seither als selbstverständliche Folgen davon salonfähig gemacht und gesellschaftlich und gesetzlich gleichgewertet. Die Gleichbewertung durch die Massenmedien führt dann an vielen Stellen bereits zur Diktatur manipulierter sexueller vielfach perverser Verhaltensmuster.

... und zum Glaubensverlust

Die Konsequenz einer solchen Entwicklung ist bei vielen Menschen die Zerstörung des christlichen Glaubens. Denn der Mißbrauch der geheimnisvollsten und wunderbarsten Potenz des Menschen, die Schaffung neuen menschlichen Lebens, "zur reinen egoistischen Lustproduktion" führt zu einer totalen inneren Verunreinigung und damit auch zum Verlust des Gewissens und der Antenne für die Existenz Gottes und Seinen Plan und Willen. "Wer ein reines Herz hat, wird Gott schauen!" Umgekehrt: Wer eine unreine innere Scheibe hat, sieht nichts mehr! Daraus aber entwickelt sich die Auflösung der bestehenden Ordnungen für die richtige Beziehung der Geschlechter in Ehe und Familie. Es kommt zwangsläufig zum Niedergang einer Gesellschaft und Kultur.

Es geht um die Menschheit...

Es handelt sich also nicht um ein bißchen mehr oder weniger Sexgenuß für ein paar unterentwickelte Frauen oder Männer ohne Selbstkontrolle. Für einen Papst, der bewußt Jesus Christus der modernen Menschheit gegenüber vertreten will, wie Papst Paul VI., geht es nicht darum, die Sexualität mit Hilfe der Pille beziehungsweise der Theologie aus dem Gesamtzusammenhang herauszulösen und sie nur noch als privates individualistisches Problem zu behandeln. Für ihn geht es primär darum, den Menschen zur Versöhnung mit Gott zu führen und Menschen und Völker zu "Jüngern" Christi zu machen, die all das halten, was Er sie gelehrt hat und es lernen, unter Gottes Herrschaft zu leben.

Es geht deshalb nicht um ein "glückliches Sexualleben", sondern um den letzten Sinn des menschlichen Lebens, um das Schicksal von Völkern und Kulturen, insbesondere auch um unseren abendländischen, vom christlichen Glauben geprägten und erhaltenen Kulturraum. Es geht um die richtige Ordnung der ganzen menschlichen Gesellschaft und um die Zukunft der Menschheit, die weniger durch die Bevölkerungsexplosion bedroht ist, als durch die Selbstsucht, den Haß, die Ausbeutung - auch die sexuelle - und den Materialismus in jeder Form. Sergej Bondartschuk, der bekannteste sowjetische Filmregisseur, sagte im

Süddeutschen Rundfunk, daß den westdeutschen Filmproduzenten "nichts heilig" sei, daß sie alles Feine und Edle zerstören, daß sie so das Böse in der Welt vermehren und daß das Böse immer zum Krieg führe.

... und die Zähmung des Sexualtriebes

Diese öffentliche Entwicklung begann mit der psychologischen Verteufelung der Selbstbeherrschung, der Vergötzung der sexuellen Lust, die erst durch die Ovulationshemmer sozusagen ohne das lästige Beiprodukt "Kind" möglich wurde. Allerdings kann die Behauptung, "der Papst sei schuld an vielen Abtreibungen", nur jemand aufstellen, der anderseits völlig ahnungslos ist über die religiösen, psychologischen, soziologischen, politischen, wirtschaftlichen und erst recht medizinisch-biologischen Folgen der derzeitigen, auch von Uta Ranke-Heinemann geforderten Pillenfreigabepraxis. Allein die bereits heute schon bekannten medizinischen Folgen einer längeren "Massenabfütterung" der Frauen mit "Antibabypillen" müßten einen halbwegs intelligenten Menschen schon verstehen lassen, daß der Papst niemals hier einfach "Ja" sagen konnte. die Zahl der Thrombose- und Embolietodesfälle als Folge der Pilleneinnahme wächst. Die Leberschäden, Gefäßveränderungen, Hautschäden, Augenschäden, Eierstockveränderungen und auch die große Häufigkeit von Krebs, die bereits sieben Firmen veranlaßte, ihre Präparate wieder aus dem Handel zu ziehen, müßte eigentlich schon genügen. Auch die psychischen Veränderungen bis hin zu schwersten Depressionen werden allmählich bekannt.

Das zeigt doch die ganze Fragwürdigkeit eines Mittels, das zwar die Gesundheitsministerin im Sexatlas warm empfohlen hat, und das der chemischen Industrie Milliardenumsätze bringt mit den entsprechenden Einnahmen für die dafür werbenden Ärzte, Journalisten, Fernsehleute, Apotheker usw. Man stelle sich vor, wenn sich im Laufe der Jahre trotz aller Gegenpropaganda die volle Wahrheit herausstellen wird, wo dann die Autorität des kirchlichen Lehramtes geblieben wäre, wenn man bei einer neuen "Contergan"-Katastrophe den Papst mit Recht für die Toten, Kranken und Siechen als Folge der "Pillenschluckerei" verantwortlich machen würde. Ganz abgesehen, wie gesagt, von den religiösen und charakterlichen Folgen und der zerstörten Jugend von Millionen enthemmter junger Menschen, bei denen dann die sexuelle Enthemmung letzten Endes im Rauschgift endet, oder umgekehrt.   Dr. Siegfried Ernst, Ulm

Den "Pillen"-Horizont durchbrechen!

Schon rein natürlich ist die eheliche Begegnung ein vollmenschlicher Höhepunkt; ein Zeichen der Hingabe und des Einswerdens. Jeder medizinisch-technische Eingriff - egal, ob vorher oder nachher, ob mechanisch oder hormonal

- macht das Liebestun zu einem "Tun-als-ob", zur Täuschung des Partners, zur Lüge, zum menschenunwürdigen Mißbrauch des Vertrauens.

Liebe kann man auf vielfältige Weise bezeugen, nicht nur mit seinen Genitalien. Sind die Liebenden von heute denn so phantasielos? Es muß nicht jeden Tag ein Fest geben; ja, es soll gar nicht so sein. Man müßte bloß daran denken, daß alles Leben in Rhythmen abläuft. Alles ist geordnet nach Tag und Nacht, Arbeit und Ruhe, Anspannung und Entspannung. Hunger und Sättigung - und eben auch nach fruchtbaren und unfruchtbaren Tagen, nach Hingabe und Enthaltung. Rhythmisch geordnetes Leben ist natürlich und gesund, und der echten Liebe förderlich. In einem solcherart geordneten Leben genügt die Zeitwahl-Temperaturmethode zur Empfängnisregelung (nicht: -verhütung!) vollauf. Wer sich damit nicht auskennt, sei auf die einschlägige Literatur verwiesen (Rötzer, Nissel). Warum wird diese Methode totgeschwiegen und auch in christlichen Kreisen immer nur von der "Pille" geredet und geschrieben?

Übernatürlich gesehen lautet der Missionsauftrag für christliche Eheleute doch zu allererst, Christen in die Welt zu setzen!

"Das Haupt kann nicht zu den Füßen sprechen: ich bedarf eurer nicht" (1 Kor 12,21). Ehesakrament, Geschlechtlichkeit und Fruchtbarkeit sind ein untrennbares, Natur und Übernatur umgreifendes Ganzes. Es sei unverantwortlich, viele Kinder in diese böse Welt zu setzen? Wir zeugen und gebären unsere Kinder nicht für diese Welt, sondern für das ewige Leben in Gott, für die Gemeinschaft aller Heiligen!

Wenn wir aber Gott an der Erschaffung einer unsterblichen Seele, einer menschlichen Person, hindern, wenn ein Paar sich Macht über Leben und Tod, also "Sein wie Gott" anmaßt, so ist das nichts anderes als eine persönliche Wiederholung der Ursünde; dann stört der Mensch die gottgewollte Harmonie und zerstört sein eigenes "Paradies", seine Ehe und Familie!

Gerade die christliche Ehe und Familie könnte und sollte ein Stück wiedergewonnenes Paradies auf Erden sein; nicht umsonst liegt beim Menschen die erste Liebesverständigung auf geistiger Ebene. Die voreheliche Keuschheit soll diese geistige Grundlage schützen und bewahren, wenn sich die leibliche Komponente des Menschen ungebührlich in den Vordergrund drängen will. Dann erst birgt das volle Einswerden in der Ehe die Chance in sich, paradiesische Harmonie zu finden, indem das "Sein wie Gott" ersetzt wird durch das "Dein Wille geschehe!".

Dann aber kann Gott als Dritter, für uns bewußt erlebbar, in die Freude der Vereinigung hineinwirken. Dadurch erfährt die Einswerdung mit dem Partner eine Heiligung, die es uns unmöglich macht, sie zu mißbrauchen oder zu verstümmeln. Hier erleben wir auch jenen wunderbaren Übergang zur Ewigwertigkeit der Liebe. Dann muß später die direkte körperliche Vereinigung das innere Einswerden auch nicht immer wieder vor-exerzieren!

Im geistigen Bereich steht uns die liebende Vereinigung ja immer offen. Die Eheleute sollten das gemeinsame Gebet als das Einswerden der Seelen mit Gott üben und pflegen. Diesen geistigen Bereich sollten sie im Lauf der Ehe erweitern und verfeinern, weil die Kraft der Leiber ja unweigerlich abnimmt und verfällt. Auch bei leiblicher Trennung (Abwesenheit) sollten sich die Ehepaare zu bestimmten Zeiten im Gebete finden (bei der hl. Messe, beim Engel des Herrn usw.). So wird letzten Endes sogar der Tod durch die eheliche Liebe überwunden. Denn "die Welt vergeht und ihre Lust; wer aber den Willen Gottes tut, bleibt in Ewigkeit" (1 Jo 2,17).

Diese entscheidenden Dimensionen bleiben der bloß materialistischen Eheauffassung völlig verschlossen. Die Ehe nur vom Horizont der "Pille" aus zu sehen, ist für den Christen wirklich zu niedrig - und zu erniedrigend.

Dr. Peter und Elfriede Kraus

Fünf, nicht eine!

Bei der ganzen Abtreibungsdiskussion ist etwas grundsätzlich falsch, nämlich die Parole: "Mein Bauch gehört mir!" Die Hauptirreführung der Öffentlichkeit besteht darin, daß man so tut, als ob die Frage der Abtreibung ganz allein Sache der schwangeren Frau sei, die selbst entscheiden müsse, ob sie das empfangene Kind austragen wolle oder nicht. In Wirklichkeit sind fünf Instanzen mitspracheberechtigt.

Sicherlich geht es die Frau am unmittelbarsten an, weil sie das Kind gebären soll und eventuell auch großziehen muß. Aber es geht genauso den VATER des Kindes an. Denn die Mutter, die sich ihm freiwillig hingegeben hat, weiß ja schließlich als moderner, aufgeklärter, mündiger Mensch, daß der primäre Sinn und die natürliche Zielsetzung dieses vollzogenen Sexualaktes die Schaffung eines Kindes ist. Denn wenn die Natur lediglich im Lustgefühl oder Orgasmus den Sinn der Sexualität sehen würde, hätte sie wahrhaftig kein so ungeheuer kompliziertes und sinnvolles Zusammenspiel biologischer, hormonaler und psychischer Faktoren benötigt, um entsprechende Gefühle zu produzieren. Der Vater ist also voll mitverantwortlich, und durch die freiwillige Hingabe ist das Kind eine Zeugung beider Elternteile und steht damit vom ersten Augenblick an auch unter der vollen Verantwortung und dem Mitspracherecht des Vaters.

Aber das Kind ist auch eine EIGENE PERSON, von der ersten Stunde seiner Existenz an. Es hat keine Fisch- oder Froschchromosomen und ist darum niemals in der Entwicklung Fisch oder Kaulquappe oder gar ein Zellklumpen, wie Herr Sebastian Haffner im "stern" verkündete. Es ist diesen Herrn natürlich unbenommen, für die erste Phase ihrer eigenen Existenz sich genetisch als Qualle oder als Kaulquappe zu verstehen. Sie müßten dann allerdings auch hinnehmen, wenn man ihre Reden als Froschgequake und ihren Horizont als Froschperspektive bezeichnen würde.

Da das ungeborene Kind sich in seiner Hilflosigkeit und Wehrlosigkeit höchstens durch Abwehrbewegungen, Zuckungen und sein Stöhnen im Todeskampf wehren kann, ist der ARZT sein privater und öffentlicher Anwalt. Der Staat hat ihm die Aufgabe des Schutzes des biologischen Lebens und der Gesundheit übertragen. Er hat darum ein klares Mitspracherecht.

Die beiden weiteren Instanzen, die ebenfalls "gefragt" werden müssen, weil sie ein Anrecht auf das ungeborene Kind haben, darf man zwar im Zeitalter des hemmungslosen Liberalismus und Konsumegoismus nicht nennen, wenn man "modern" sein will. Es sind das **Volk** und der **Staat** als Repräsentanten der übergeordneten Lebensgemeinschaft, die sowohl für die richtige Ordnung der zwischenmenschlichen Beziehungen die Verantwortung tragen, als auch für die Fortexistenz des Volksganzen in Gegenwart und Zukunft. (Ich verwende hier bewußt den wertfreien Begriff der "Gesellschaft" nicht, weil es kein wertfreies menschliches Leben gibt und deshalb auch kein wertfreies Volk oder einen wertfreien Staat, wie uns manche Leute heute suggerieren möchten.)

Schließlich ist nicht nur das ungeborene und geborene Kind allein nicht existenzfähig, sondern jeder einzelne von uns verdankt der Gemeinschaft dieses Volkes, das längst vor ihm existierte, fast alles, was es an kulturellen, wirtschaftlichen, religiösen und menschlichen Gütern gibt. Es gilt darum voll jener Satz aus der von vierhundert Ärzten, darunter 45 Universitätsprofessoren und 90 Prozent der damaligen Frauenklinikchefs von Baden-Württemberg, unterzeichneten Ulmer Ärztedenkschrift an das Bundesgesundheitsministerium:

"Die Vorstellung, daß der Sinn des menschlichen Lebens in Wohlstand und Lebensgenuß liege, ist zum Leitbild für den größten Teil unseres Volkes geworden. Diese Meinung ist so selbstverständlich, daß die Politiker auf die von der Zeitschrift 'Constanze' gestellte Frage nach dem demokratischen 'Recht auf ein glückliches Sexualleben' gar nicht mehr auf die Idee kamen, daß auch auf diesem Sektor alle 'Rechte' sich nur aus den damit verbundenen Pflichten begründen lassen. Denn der Dienst der Erschaffung, Entwicklung und Erziehung, der jedem einzelnen von uns durch Eltern und die Gemeinschaft des Volkes geleistet wurde, bedeutet zuallererst für jeden die unausweichliche Verpflichtung, ebenfalls die Verantwortung für das Leben der kommenden Generation zu übernehmen, ehe vom 'Recht auf Glück' oder vom 'Recht auf den eigenen Körper' gesprochen werden kann."   Dr. Siegfried Ernst

Mordpropaganda

Die Werbetrommel für die straffreie Tötung von Ungeborenen klingt von Land zu Land und springt von einem Kontinent auf den anderen über. Nach dem Beispiel ihrer französischen Kolleginnen haben nun auch eine Reihe deutscher Schauspielerinnen, Sängerinnen, Mannequins und Journalistinnen öffentlich bekannt:

"Wir haben abgetrieben." Sie fordern, ohne zu erröten, Gesetzgeber und Richter heraus, ihr Schützeramt über das wehrlose Leben der Ungeborenen aufzugeben und vor der Ichsucht unmenschlicher "Mütter" zu kapitulieren (die im gegenständlichen Fall nur zu gut um ihre Rolle als Leitbilder wissen und aus ihrer verwerflichen Gesinnung auch noch schamlos Kapital schlagen).

Das Leben ist nicht mehr heilig. In Los Angeles liegen abgetriebene menschliche Föten auf dem Müllhaufen - "pathologische Proben der Chirurgie", wie man entschuldigend sagt. Wenn der "Fortschritt" der menschlichen Gesellschaft aber so aussieht, daß er mit dem Leben von Ungeborenen erkauft werden muß, dann ist es kein Wunder, daß vielen vor dem Fort-Schritt (von Recht und Gerechtigkeit) in eine solche Zukunft graut.

Man täusche sich nicht: wirkliches Glück und wahrer Friede können niemals durch eine Ungerechtigkeit erkauft werden, auch dann nicht, wenn die Staatsgewalt in Verkennung ihrer Aufgabe an der menschlichen Gesellschaft oder in bewußter Ignorierung Gottes und seiner ewigen Ordnung davor die Augen schließen sollte.

Abgesehen davon, daß auch sittliche Fehlentwicklungen ihre innere Folgerichtigkeit haben und nicht willkürlich gestoppt werden können, oder, wie der New Yorker Senator Buckley sagte, daß diejenigen, die sich heute zu Fürsprechern der Abtreibung machen, "morgen die Duldung von Kindermord und Euthanasie" verlangen werden.

*

Ein abscheuliches Verbrechen

Jedes Kind, das im Mutterschoß Gestalt annimmt, nahe dem Herzen seiner Mutter, ist ein wirkliches menschliches Wesen und besitzt das gleiche Recht auf Leben wie wir. Es ist nicht wahr, daß es, weil es im Mutterschoß so klein ist, weniger Rechte hätte als geborene Kinder, oder daß es auf Grund der Tatsache, daß es noch im Mutterschoß ist, geringer einzuschätzen wäre als jene, die sich auf der Erde bewegen.

Die Tötung ungeborener Kinder ist kein geringeres Verbrechen als der an einem Erwachsenen verübte Mord. Ganz im Gegenteil, dieses Verbrechen ist um so abscheulicher, weil diese Kleinen sich nicht verteidigen können. Unser menschliches Empfinden möge sich nicht durch medizinische Phrasen einschläfern lassen. Die "gynäkologische Maßnahme" ist kein Eingriff in den Organismus der Mutter zur Wiederherstellung ihrer Gesundheit, sie besteht vielmehr darin, ein gesundes Wesen, das leben möchte, zu töten.

Stefan Kardinal Wyszynski, Warschau

Mord bleibt Mord

Den einmaligen Wert des Lebens eines jeden Menschen, auch des ungeborenen, gilt es heute zu verkünden, heute, wo offene Propaganda, politische Mandatare, politische Parteien und ihre Exponenten in den Regierungen mittels einer sogenannten Fristenlösung das ungeborene Menschenleben der Tötung preiszugeben versuchen. Da die moderne Wissenschaft unwiderlegliche Beweise dafür erbringt, daß der menschliche Embryo von seinem Anfang an auf einen Menschen hin programmiert, das heißt gesteuert ist, muß jede Vernichtung eines begonnenen Menschenlebens, wie klein es auch sein mag, als die Tötung eines Menschen angesehen werden. Jede Gesetzgebung, die dem menschlichen Leben erst ab einem gewissen Alter Schutz geben will, ist eine Gesetzgebung, die nicht mit den heutigen Erkenntnissen der Wissenschaft übereinstimmt. Sie muß sich den Vorwurf der Rückständigkeit gefallen lassen.

Solche wissenschaftliche Rückständigkeit wird nicht dadurch weggewaschen, daß man der Kirche Frauenfeindlichkeit und andere Unsachlichkeiten vorwirft. Das im Körper einer Frau geweckte und sich dort entwickelte Leben gehört sich selbst, und nicht dieser Frau! Und wenn sie dieses menschliche Leben direkt und bewußt tötet, begeht sie eben Mord - auch wenn ein kommendes Gesetz dafür einen milderen Ausdruck einsetzen sollte.

Die Fristenlösung wäre nichts anderes, als die Legalisierung der Todesstrafe in der Hand der Eltern. Wozu haben wir die Todesstrafe für Schwerverbrecher abgeschafft, wenn wir sie für schuldlose Kinder wieder einführen? Wenn unsere Gesellschaft die Fristenlösung zum Gesetz erhebt, dokumentiert sie sich selbst als eine verlogene Gesellschaft, nämlich als eine, die sich nach außen der Humanität rühmt und gleichzeitig das Töten Wehrloser hinter verschlossenen Türen legalisiert.

Wenn die Fristenlösung als Gesetz durchgedrückt werden sollte, dann müssen wir auf geistigem Gebiet eine Klarstellung treffen:

Der Staat deklariert sich mit diesem Gesetz offen als nicht christlich, sondern als wertneutral. Was ein staatliches Gesetz als straflos erlaubt, das kann vor dem eigenen Gewissen und vor Gott durchaus noch schwere Schuld und Sünde sein. Wenn der Staat das Töten in gewissen Fällen erlaubt, dann bleibt das vor Gott trotzdem ein Mord. Das muß einem jeden klar werden, das haben wir unseren Kindern klar auseinanderzusetzen, das haben wir künftig auch in Betrieb und Büro, in der Diskussion und im Privatgespräch als christliche Auffassung zu vertreten. Bischof Franz Žak, St. Pölten

Nicht bloß reden - handeln!

• Ein gläubiger Katholik wird Abgeordnete nicht wählen, die einem Gesetz zustimmen, das sich als Preisgabe des Schutzes des ungeborenen Lebens auswirkt.

• Ein gläubiger Katholik wird als Abgeordneter - gleich, zu welcher Partei er gehört- einem Gesetz nicht zustimmen, das sich als Preisgabe des Schutzes des ungeborenen Lebens auswirkt.

- Gläubige Katholiken werden es als Ärzte oder Krankenschwestern ablehnen, bei der Durchführung eines solchen Gesetzes mitzuwirken.
- Gläubige Katholiken werden tatkräftig dafür eintreten, daß in Not geratenen Frauen während der Schwangerschaft und nach der Geburt des Kindes wirksame Hilfe gewährt wird.   Joseph Kardinal Höffner, Köln

Das Leben schützen, nicht preisgeben!

Menschliches Leben beginnt mit der Keimzellenverschmelzung, also im Augenblick der Empfängnis. Von diesem Tag an ist das Leben unantastbar. Die Mutter hat kein Verfügungsrecht über das ungeborene Leben; denn das Kind im Mutterleibe ist nicht ein Teil des Körpers der Mutter, sondern es ist eigenes und selbständiges Leben. Der Staat darf dieses Leben nicht der freien Verfügung überlassen; er ist vielmehr verpflichtet, das ungeborene Leben durch sein Strafrecht vor der Vernichtung zu schützen und durch soziale Maßnahmen zu fördern.

             Die Deutsche Bischofskonferenz

Es ist Mord...

Die Frage nach der Erlaubtheit des Schwangerschaftsabbruches läuft konkret auf die Frage hinaus: Wann beginnt individuelles menschliches Leben? Ist das Leben, das mit dem Abbruch der Schwangerschaft zerstört wird, eigenständiges, persongebundenes Leben?

Heilige Scheu hat die Menschen seit eh und je davon abgehalten, an das wachsende Leben Hand anzulegen. Dieses nicht näher begründbare Urwissen um die Heiligkeit und Unverletzlichkeit des einmal erweckten Lebens ist durch die Forschungsergebnisse der modernen Wissenschaften glänzend gerechtfertigt worden. Sie haben das keimende Leben im Mutterschoß eindeutig als eigenständiges menschliches Leben erwiesen. Wer heute noch leugnet, daß es sich beim Schwangerschaftsabbruch um die Vernichtung individuellen menschlichen Lebens handelt, ist entweder nicht auf der wissenschaftlichen Höhe der Zeit oder er verschweigt absichtlich deren Ergebnisse.

Weder Zellklumpen noch Kaulquappe

Journalisten, die im Illustriertenjargon immer noch leichtfertig von einem "Zellklumpen", einer "Qualle" oder "Kaulquappe" faseln und so ein nicht vorhandenes vormenschliches Entwicklungsstadium vortäuschen, sind Schwätzer. "Die immer aufgeworfene Frage, warum denn aus einem menschlichen Ei ein Mensch werde, ist... im Ansatz verfehlt", schreibt der weltbekannte Anatom und Humanembryologe Blechschmidt.

"Ein Mensch wird nicht ein Mensch, sondern ist Mensch, und zwar in jeder Phase seiner Entwicklung... Auch der junge Keim entwickelt sich als menschlicher

Keim und nicht als irgendein Etwas, aus dem später - vielleicht sogar nur zufällig - ein Mensch werden kann."

Der Grund für diese Tatsache ist ebenso einfach wie einleuchtend: "Ein menschliches Ei enthält in seinem Innern als Erbträger keine Hühner- oder Fischchromosomen! Dieser heute erwiesene Sachverhalt erlaubt es nicht mehr, darüber zu diskutieren, ob und wann, also in welchem Monat, im Laufe der Ontogenese (= Einzelentwicklung), gleichsam nachträglich ein Mensch entstehe... Schon der einzellige menschliche Keim ist ein individueller Organismus[1]."

Programmiert fürs Leben

Wir wissen heute, daß jede menschliche Samen- oder Eizelle in ihrem Kern 46 paarweise angeordnete Chromosomen ("Kernschleifen", Träger der Erbanlagen) hat, die sie im Laufe der Reifung durch Teilung auf den halben Satz reduziert. Kommt es zur Vereinigung einer Eizelle mit einer Samenzelle, also zu einer Empfängnis oder Befruchtung, so verschmelzen die beiden Zellkerne zu einer neuen Zelle, wobei der ursprüngliche Satz von 46 Chromosomen wieder hergestellt wird. Diese neue Zelle unterscheidet sich grundlegend von den beiden Ursprungszellen: Sie enthält im Ansatz einen neuen Menschen, dessen unauswechselbare Merkmale durch den neuen Chromosomensatz unabänderlich festgelegt sind.

Es gibt keinen Zeitpunkt in den Entwicklungsphasen des menschlichen Keimlings, in dem neue Anlagen hinzukämen; es gibt auch keinen wie immer gearteten Anhaltspunkt, der vermuten ließe, daß ihm in irgendeinem Augenblick der Entwicklung eine wesentliche menschliche Eigenschaft fehlte, so daß man in ihm nicht ein eigenständiges Menschenwesen sehen müßte. Auch Fachleute, die - rein spekulativ, weil jeder erkennbare Hinweis fehlt - annehmen, daß der menschliche Embryo erst eine gewisse Zeit nach der Empfängnis als eigener Mensch anzusehen sei, wagen nicht zu behaupten, daß es zu irgendeinem Zeitpunkt ein Teil oder Organ der Mutter wäre.

Das Wunder der Entfaltung

Es ist einfach ein Schöpfungswunder, daß aus einer einzigen Zelle ein ganzer Mensch entsteht, und zwar genau nach dem im Augenblick der Empfängnis festgelegten Bauplan. Das kleine Lebewesen bildet seine Organe selbst aus; es entnimmt dem mütterlichen Nährboden nur die Baustoffe. Die beiden Kreislaufsysteme von Mutter und Kind bleiben vollständig getrennt.

"Schon 14 Tage nach der Befruchtung treten innerhalb des embryonalen Körpers Blutzellen auf. Eine Woche später beginnt das Blut zu kreisen. 21 Tage sind seit der Befruchtung vergangen. Seit einer Woche vermutet die Frau, daß sie

---

1) Prof. Dr. Erich Blechschmidt, Göttingen: Vom Ei zum Embryo, Deutsche Verlagsanstalt 1968, Seite 38, bzw. rororo-Sachbuch 6730-32, S. 35f.

vielleicht Mutter ist. Kein Arzt kann bis jetzt die Schwangerschaft sicher feststellen; es gibt keinen Test, der uns die Schwangerschaft erkennen läßt. Aber in diesem kleinen Körper schlägt schon ein Herz.
Der ganz kleine Körper wird nun gut mit Nerven versorgt. Die Organe beginnen sich nach einem genau festgelegten Zeitplan zu entwickeln. Am 26. Tag beginnen die Arme zu sprießen, 24 Stunden später sehen wir die ersten Beinanlagen. Auch das Gehirn und die Nerven, die Leber, die Nieren und die Keimdrüsen sind bereits angelegt. Am Ende dieses Monats hat der Embryo schon eine erstaunliche Entwicklung hinter sich. Er ist schon 10.000mal größer als am Beginn seines Lebens [1]."

Und das soll man töten dürfen?

Es ist also jeder Zweifel ausgeschlossen, daß es sich beim Embryo um ein eigenständiges Menschenleben handelt, abgesehen davon, daß man im Zweifelsfall immer FÜR das menschliche Leben und seinen Schutz eintreten muß. Sonst gliche einer einem Jäger, der auf jeden Fall in ein Gebüsch schießt, obwohl er nicht sicher weiß, daß das, was sich darin bewegt, kein Mensch ist.

Der Schwangerschaftsabbruch bedeutet immer die vorsätzliche und direkte Vernichtung individuellen menschlichen Lebens, das außerdem unschuldig und wehrlos ist; die vorsätzliche Tötung unschuldigen und wehrlosen Menschenlebens wird in der ganzen Kulturwelt aber Mord genannt. Abtreibung ist Mord. Hier wird nicht einem Menschen der Eintritt ins Leben verwehrt, hier wird ein bereits ins Leben eingetretener, wenn auch noch unfertiger Mensch, absichtlich und gewaltsam vernichtet [2].

Gilt nicht nur für Christen!

Die Ergebnisse der modernen Biologie, insbesondere der Zellkernforschung, sind so eindeutig, daß sich ihnen kein Mensch mit gutem Gewissen entziehen kann. Darum präzisiert das Ärzte-Memorandum: "Das menschliche Leben ist eine Ganzheit, die von der Sekunde der Entstehung bis zum Augenblick des Todes währt, ein dynamischer Verwirklichungsprozeß, eine ununterbrochene Entwicklung des immer gleichen Strukturbildes. Es ist einerlei, ob man diesen speziellen Menschen im zweiten Monat oder nach der Geburt, mit 14 Jahren oder als alten Menschen tötet. Es ist immer derselbe Mensch, der umgebracht wird."

Der immer wieder gehörte Einwand: Wenn die Kirche ihren Gläubigen die Abtreibung verbiete, so sei das ihre Sache, es werde zur Abtreibung ja niemand

---

1) Univ.-Prof. Dr. Alfred Kratochwill, Wien: Was weiß die moderne Medizin über das vorgeburtliche Menschenleben? In: Das Kind im Mutterleib, Veritas-Verlag, 1973, S. 6.

2) Nachbemerkung: Papst Johannes Paul II. schreibt in der Enzyklika EVANGELIUM VITAE - "Das Evangelium vom Leben" vom 25. März 1995, Nr. 58: "Die sittliche Schwere der vorsätzlichen Abtreibung wird in ihrer ganzen Wahrheit deutlich, wenn man erkennt, daß es sich um einen Mord handelt..."

gezwungen; wer aber nicht auf die Kirche höre, dem könne die Kirche die Abtreibung auch nicht verbieten, ist ein grobes Mißverständnis. Es stimmt zwar, daß die Kirche die Abtreibung nicht verhindern kann, nicht einmal bei ihren Gläubigen. Das heißt aber noch lange nicht, daß jemand, der nicht zur Kirche gehört, abtreiben dürfte. Darf denn nur der Christ nicht töten, während es der Nichtchrist dürfte? "Du sollst nicht morden!" ist ein vorchristliches Gebot, das für alle Menschen gilt. Es ist eine ausdrückliche Artikulierung jenes allgemeinen Sittengesetzes, das jedem Menschen von Natur aus ins Herz geschrieben ist und ihm im Gewissen kund wird. Nur wer auf sein Gewissen nicht hört oder es schuldbarerweise verkümmern ließ, kann in Zweifel kommen, ob er unschuldiges Menschenleben vorsätzlich vernichten darf oder nicht.

Die Kirche erhebt ihre Stimme nicht nur im Namen Gottes, sie spricht auch im Namen der Menschlichkeit; sie verbietet den Mord an den Ungeborenen nicht nur als einen unerlaubten Eingriff in die alleinigen Rechte Gottes, sondern auch als ein himmelschreiendes Unrecht an den Menschen! Das Recht auf Leben ist ein allgemeines Grundrecht, das kein Arzt, keine "Mutter", kein Staat und kein Gesetz dem Menschen absprechen und streitig machen darf. Wer den Ungeborenen das Lebensrecht verweigert, verstößt nicht nur gegen Artikel 3 der "Deklaration der Menschenrechte" ("Jeder Mensch hat das Recht auf Leben, Freiheit und Sicherheit der Person"), er zeigt auch eine Gesinnung, die weit hinter jener der alten Römer zurückbleibt, die den Rechtssatz prägten: NASCITURUS PRO IAM NATO HABETUR, der Ungeborene gilt als schon geboren.

In der Respektierung menschlicher Grundwerte kann es keine doppelte Moral geben, eine für die Christen und eine für die Nichtchristen. Wenn der Christ nicht töten darf, darf auch der Nichtchrist nicht töten! Ein Staat aber, der das Leben einer ganzen Menschengruppe preisgeben und nicht mehr schützen will, handelt nicht amoralisch, sondern unmoralisch.

Der Staat muß die Ungeborenen Schützen

Es kann nicht übersehen werden, daß die heute entfachte Abtreibungskampagne nicht in materieller Not, sondern im unbewältigten Wohlstand ihre Wurzeln hat; sie wird erleichtert durch einen weitgehenden Glaubensverlust, der konsequenterweise zu einem fortschreitenden Sittenverfall führt. Wenn es keine Tabus mehr gibt - Sigmund Freud war noch überzeugt, daß alte Kulturen auf Tabus beruhen -, warum sollte dann das keimende Leben tabu sein? Außerdem sind die Ungeborenen eine Minderheit, die nicht nur stumm, sondern auch wehrlos ist.

"Es ist für den Soziologen eine bekannte Tatsache", schreibt Professor Wigand Siebel, "daß sozial schwache Minderheiten: Waisenkinder, Alte, körperlich und geistig Behinderte usw., in unserer Gesellschaft häufig unterdrückt und

ausgebeutet werden und sie sich aus Mangel an Macht und fähigen Interessens-
vertretern nicht zur Wehr zu setzen vermögen.

Keine Minderheit ist jedoch wehrloser als die Ungeborenen. Dies gilt besonders deshalb, weil ihre Unterdrückung und Tötung eine Tat ist, die keiner der
darüber Entscheidenden für sich zu befürchten braucht. Ich bin bereits geboren
und kann daher nicht mehr abgetrieben werden. Folglich kann die Einschränkung
der Lebensrechte der Ungeborenen mich nicht mehr betreffen."

Das Recht auf Leben gehört zu den menschlichen Grundrechten und darf
niemandem verweigert werden, am wenigsten von einer Gesellschaft, die sich
human, also "menschlich" nennt, und von einem Staat, der sich zur Wahrung der
Menschenrechte verpflichtet hat.

Es muß auch festgehalten werden, daß überall dort, wo eine gesetzliche
Duldung der Abtreibung erfolgte, sich sofort die Einstellung der Bevölkerung zum
keimenden Leben änderte.

Solange die Schwangerschaft gesetzlich geschützt ist, weiß jeder, daß es sich
hier um etwas Unantastbares handelt, das der menschlichen Verfügungsgewalt
entzogen ist. Duldet das Gesetz jedoch die Tötung des Kindes im Mutterleib, d. h.
entzieht es den Ungeborenen den Rechtsschutz, dann verschwindet alsbald, und
zwar verhältnismäßig rasch, das Bewußtsein, daß es sich bei dem Leben der
Ungeborenen um ein höchstes Rechtsgut handelt, das unter allen Umständen
geschützt werden muß. Beweis dafür sind die Abtreibungsziffern, die mit der
Freigabe der Abtreibung überall sprunghaft in die Höhe schnellen.

Medizinisch gefährlich, soziologisch unvertretbar

Auf den oft gehörten Einwand, daß durch die Legalisierung der Abtreibung die
Gefahren für die "Mutter" vermindert würden, antwortet Professor Hugo Husslein,
Vorstand der Zweiten Universitätsfrauenklinik in Wien: "Die Sofortgefahren sind
beim legalen und beim illegalen Abortus nahezu gleich, denn auch die illegalen
Abtreibungen werden zum überwiegenden Teil von geschultem Personal, vor
allem Ärzten, durchgeführt. Die Abtreibung am Küchentisch, mit der heute so gern
manipuliert wird, ist die große Ausnahme. Die Spätkomplikationen jedoch haben
sich in den Ländern mit legalem Abort durchwegs verdoppelt."

Die Konsequenz ist klar: "Kein Staat, dem die Sorge um die Volksgesundheit
ein ernstes Anliegen ist, kann daher mit Berechtigung eine medizinische Maßnahme empfehlen (= die gesetzlich erlaubte Abtreibung), die ebenso gefährlich, ja
vielleicht gefährlicher ist als der gegenwärtige Status (= die illegale Abtreibung)."

Zu einem ähnlichen Schluß kommt Professor Siebel als Soziologe. Einzelne
gesetzliche Regelungen müßten nämlich, wenn sie zentrale strategische Funktio-
nen für die Erhaltung sozialer Systeme erfüllen, auch gegen den Willen einer
Mehrheit erhalten werden, zumindest, soweit diese die Konsequenzen ihrer
Einstellung nicht absehen kann. Dazu gehört sicher der Schutz der Menschenwür-

de, auch wenn eine Mehrheit bereit wäre, diese einigen Bevölkerungsgruppen abzuerkennen. "Die Strafandrohung gegenüber der Vernichtung des menschlichen Lebens wirkt zweifellos in Richtung auf Stabilisierung der entsprechenden moralischen Orientierung." Das Argument, die häufige Übertretung der Strafvorschrift rechtfertige oder fordere sogar deren Abschaffung, sei nicht stichhältig, weil man dann auch den Diebstahlsparagraphen, der noch häufiger übertreten werde, abschaffen müßte. Der Leiter des Soziologischen Instituts der Universität Saarbrücken zieht daraus den Schluß:

"Der Staat - das möchte ich gegen alle juristischen Behauptungen als Soziologe entschieden verteidigen - ist und bleibt eine moralische Instanz. Ausdruck dafür ist auch das Strafrecht. Glaubt der Staat aber darauf verzichten zu können, moralische Instanz zu sein, so kommt er in die Lage dessen, der, obwohl vom Sachverhalt eine moralische Stellungnahme erforderlich ist, diese verweigert. Ein solches Verhalten ist unmoralisch. Folglich ist ein sich amoralisch dünkender Staat auch ein unmoralischer Staat."

Offener Brief

an einen Abgeordneten zum österreichischen Nationalrat

Sehr geehrter Herr Abgeordneter!

Sie haben am 29. November 1973 im Parlament für die sogenannte Fristenlösung gestimmt. Sie haben das getan, obwohl Sie wußten, daß an die 90 Prozent der österreichischen Frauenärzte gegen eine solche "Lösung" sind und nur drei oder vier der 40 Vorstände von gynäkologischen Krankenhausabteilungen bereit sind, an ihren Kliniken Abtreibungen zuzulassen; daß die Kirche, der die überwiegende Mehrzahl der Österreicher angehört, ein unüberhörbares "Nein" gesagt hat; daß sich nur 7 Prozent der Österreicher für die Straffreiheit der Abtreibung überhaupt und nur 23 Prozent für Ihre schamhaft so genannte "Fristenlösung" ausgesprochen haben. Das alles wußten Sie, und trotzdem haben Sie mit Ja gestimmt. Sie haben der Demokratie einen schlechten Dienst erwiesen.

Die Diskussion um die Abtreibung hat den weltanschaulichen harten Kern Ihrer Partei bloßgelegt: Er ist rein diesseitsorientiert, materialistisch und gottlos. Nur ein Materialist, für den es weder Gott noch eine menschliche Geistseele, weder eine überweltliche Verantwortung noch ein persönliches Gericht gibt, kann für die bewußte und vorsätzliche Tötung menschlichen Lebens eintreten. Anstatt die Anhänger dieses gott- und geistlosen Materialismus in ihrer relativen Unbedeutendheit zu belassen oder sie dahin zu verweisen, haben Sie sich mit ihnen solidarisiert und ihnen so zu einer über ihre zahlenmäßige Stärke weit hinausgehenden und die ganze Partei engagierenden Relevanz verholfen. Sie haben damit auch Ihrer Partei einen schlechten Dienst erwiesen.

Die Diskussion um die Abtreibung hat auch jenen, die dies ursprünglich partout nicht wahrhaben wollten, unwiderlegbar gezeigt, daß es bei der Abtreibung in JEDEM Stadium um die Tötung wirklichen menschlichen, und zwar MENSCH-LICH-PERSONALEN Lebens geht. Die Abtreibung ist ein brutaler Gewaltakt gegen gewordenes menschliches Leben, der von Anfang an dessen völlige Vernichtung zum Ziele hat und der nur mit der Erreichung dieses durch und durch unmenschlichen Zieles endet. Hier ist der Mensch wirklich des Menschen Feind, hier triumphiert der Stärkere in schamloser Ausnützung seiner Position über den Schwächeren, hier wird der Hilf- und Wehrlose - in dessen Lage auch Sie einmal waren, Herr Abgeordneter! - erbarmungslos ausgetreten, ausgekratzt, abgesaugt, einfach "beseitigt". Sie haben dazu ja gesagt und damit dem Humanismus, der Menschlichkeit und der Menschheit den schlechtesten Dienst erwiesen, den Sie ihr erweisen konnten.

Uns Christen aber haben Sie mit Ihrer Entscheidung ins Gesicht geschlagen. Sie haben uns unwiderleglich gezeigt, daß Sie nicht im entferntesten daran denken, unseren Gewissensbedenken Rechnung zu tragen, wenn Parteiräson und gesellschaftspolitische Überlegungen es anders fordern. Solange diese Barriere steht, die Sie mit Ihrem Ja am 29. Oktober 1973 mutwillig aufrichten halfen, ist eine EHRLICHE Annäherung zwischen Sozialismus und Christentum undenkbar. Sie haben den Christen, die aufrechte Sozialisten sein wollten, den denkbar schlechtesten Dienst erwiesen.

Wie sich Ihre Entscheidung auf den biologischen Bestand unseres Volkes und auf seine ethische Integrität auswirken wird, das können Sie heute schon den Statistiken und den Erfahrungsberichten jener Länder entnehmen, in denen dieses dem Menschen und seiner Würde Hohn sprechende Gesetz bereits praktiziert wird. Soviel steht jedenfalls fest: Sie haben mit Ihrem Ja auch unserem Volk keinen guten Dienst erwiesen.

Schließlich muß ich Sie als katholischer Christ und Priester auch an GOTT erinnern: Er hat gesagt: "Du sollst nicht töten", Sie aber haben souverän erklärt: O ja, in den ersten drei Monaten darf man töten. Haben Sie bedacht, daß mit jedem Kind, das man tötet, ein Bild Gottes ausgelöscht wird, daß Ihr Tötungsgesetz sich letztlich gegen Gott selbst, den einzigen Herrn über Leben und Tod richtet? Das Blut der im Mutterleib gemordeten unschuldigen Kinder schreit zum Himmel. Die gerechte Strafe für eine solche Freveltat wird nicht ausbleiben, Sie aber werden im Gericht den Tod eines jeden dieser Kleinen mitverantworten müssen.

In der Hoffnung, daß Sie Mittel und Wege suchen, das begangene Unrecht so rasch als möglich wieder gutzumachen, grüßt Sie

Freundorf, im Advent 1973   Franz Burger

Mögen sie Gesetze beschließen...

Fassungslos stehen viele Ärzte unter dem Eindruck der Leichtfertigkeit, mit der in letzter Zeit über "Töten" oder "Nicht-Töten" in der breiten Öffentlichkeit diskutiert wird. Ohne im geringsten leugnen zu wollen, daß es größter Anstrengungen wert ist, den sogenannten "Abtreibungssumpf" mit allen (?) Mitteln trocken zu legen, scheint es doch ebenso demagogisch wie frivol, wenn man das Problem dadurch zu lösen versucht, indem man den Embryo nicht als "keimendes Leben", sondern einfach als "Konglomerat von Zellen" bezeichnet, über das die Mutter genauso Verfügungsgewalt besitze wie über den "eigenen Bauch". Und während man "die Gesellschaft" als verlogen apostrophiert, womit man offensichtlich alle jene meint, die es (noch!) wagen, "veraltete Ansichten" zu vertreten, argumentiert man selbst "wahrheitsliebend" mit der sozialen Not der Massen und schämt sich nicht, im gleichen Atemzug jene 300 Filmschauspielerinnen zu nennen, die sich "selbstbezichtigt" haben. Wahrhaftig, gerade diese Exhibitionistinnen der flimmernden Leinwand haben sich aus "sozialer Not" ihrer Kinder entledigt!

Wir Ärzte kennen die wirkliche Not, die Angst und die Verzweiflung aus unserem täglichen Kampf gegen den Tod! Doch nicht Ärzte werden gefragt, sondern Journalisten, Politiker und Möchtegernphilosophen. Meinungsbefragungen werden zitiert, obwohl jeder Einsichtige weiß, daß die Meinungsbefragung heute das einfachste Mittel der Meinungsbeeinflussung geworden ist. Unser ganzes Rechtsempfinden schützt den Schwächeren vor dem Stärkeren. IN DUBIO PRO REO - im Zweifelsfall für den Angeklagten. Solange auch nur der Schein eines Argumentes dafür vorhanden ist, daß das "Kind im Mutterleib" ein lebendes, personales Wesen ist, muß es vor der Willkür - selbst der eigenen Mutter - geschützt werden.

Dabei sprechen die meisten über etwas, das sie weder kennen noch zu beurteilen imstande sind. Haben jene, die das große Wort führen, schon einmal einer medizinisch indizierten Interruption beigewohnt; oder selbst eine solche durchgeführt? Haben sie schon tage- und nächtelang um das Leben eines Menschen gekämpft, um am Schluß dann doch zu unterliegen, oder die Freude gekannt, wenn diesem Kampf Erfolg beschieden war? Wissen alle, die Verantwortung tragen oder solche freiwillig durch öffentliches Argumentieren auf ihre Schultern nehmen, wirklich, welche Lawine sie lostreten?

Die Politiker können sich das Leben leicht machen und beschließen, was ihnen recht erscheint oder was "das Volk" verlangt. Für uns Ärzte ist das Problem damit keineswegs gelöst. Auch wenn die Interruption für Mutter und Arzt straffrei werden sollte - das Gewissen des einzelnen kann durch parlamentarische Mehrheitsbeschlüsse ebensowenig ersetzt werden wie durch die Befehle einer Diktatur. Denn wo sind die Grenzen zwischen "lebensunwertem Leben" und "Leben im Mutterleib" - zwischen "befohlenen" Operationen an Menschen "minderwertiger

Rasse" und freigestellter Tötung keimenden Lebens - zwischen Abtreibung und Euthanasie? Fragen über Fragen, mit denen sich jeder sittlich verantwortungsbewußte Mensch ernst und gewissenhaft auseinandersetzen muß. Fragen, auf die es für jeden einzelnen Fall vielleicht keine allgemein gültige Antwort geben kann, doch uns Ärzte bindet der hippokratische Eid: "... auch werde ich nie einem Weibe ein Mittel zur Vernichtung der Leibesfrucht reichen." Oder, wenn uns dies zu altmodisch erscheint, die Deklaration von Genf, die die Weltärzteorganisation im September 1948 beschlossen hat: "... ich werde die höchste Achtung vor dem menschlichen Leben bewahren, vom Beginn der Empfängnis an..." So mögen sie Gesetze beschließen oder nicht, für den Arzt gilt einzig und allein das Gesetz, das ihm sein Gewissen vorschreibt. Gleichgültig, ob im Osten oder im Westen, ob 1942 oder 1972...

Dr. Hermann Neugebauer, Vizepräsident der Österreichischen Ärztekammer, in der "Österreichischen Ärztezeitung"

Kindesnot

Schon immer ein Gedanke Gottes,
Nun ruhend in der Mutter Schoß,
Schmieg' ich mich eng ans Herz der Mutter
Und liege hier ganz nackt, ganz bloß.

Noch dunkel ist es in dem Schreine,
Den Gott so liebend für mich schuf.
Und ich muß lange, lange warten,
Bis mich ans Licht bringt dann sein Ruf.

Doch jetzt sind wir noch fest verbunden,
So tief und innig, Mutter - Kind,
Und nichts, so glaub' ich, kann dich trennen
Von mir, o Mutter, deinem Kind.

Doch - höre ich nicht lautes Knistern?
O Gott, steh' mir, dem Menschlein, bei!
Man greift zu Zangen und zu Messern
Und stückelt mich bewußt entzwei!

Was hab' ich, frag' ich, denn verbrochen,
Daß man an mir begeht den Mord?
Zum Leben hat mich Gott erschaffen
Und ihr werft dieses von euch fort!

Ihr werft es in den Abfalleimer,
In Unrat und in andern Mist;
Da liegt es jetzt, das kleine Wesen,
Das doch ein Mensch gewesen ist!

Man sieht es an den Ärmchen, Füßchen,
Das Herz, so klein, liegt auch dabei;
Von Seele ist gar nicht die Rede,
Dem Geiste, der entflohen sei.

Und Gott, was wird er dazu sagen?
Kann er sie loben diese Tat?
Wird er nicht bitter den anklagen,
Der solchen Mord verschuldet hat?

Beim kleinen, schutzbedürft'gen Kinde,
Das arglos in dem Schoße lag,
Das grausam und mit kaltem Herzen
Man einfach in den Ofen warf?

Doch — wer ist Gott?
DER MENSCH IST GOTT,
so glaubt er stolz -
Und weiß nicht, WESSEN Gottes Werk er tut...

O Gott, heiß' doch die Jungfrau-Mutter
Des Menschenmörders Haupt zertreten! *B. K.*

Gesellschaft

Den Wohlstand verantworten

Dem technischen Fortschritt und der wirtschaftlichen Entwicklung verdanken wir zwar den Wohlstand; zugleich aber werden immer mehr Menschen von deren Sog ergriffen. Viele sind überfordert, gehetzt, von Medikamenten abhängig. Immer mehr wird produziert, immer mehr konsumiert. Kaum sind noch Raum und Zeit zur wirklichen Entspannung, zum Atemholen, zur Selbstbesinnung - und das, obwohl die Freizeit in unserer Gesellschaft größer geworden ist und weiter wächst. Der Preis für den Wohlstand ist weithin Ruhelosigkeit, Verunsicherung und Einsamkeit. Fremd lebt der Mensch neben dem Menschen, der Nachbar kennt den Nachbarn kaum, mancher stirbt unbemerkt nebenan. Jahr für Jahr nehmen sich in der Bundesrepublik fast 13.000 Menschen das Leben; die Zahl der Selbstmordversuche ist bedeutend höher. Die Ziffer der Neurotiker, der Alkohol- und Suchtkranken steigt ständig. Zunehmend flüchten Menschen aus der für sie unerträglichen Wirklichkeit in eine Scheinwirklichkeit, wie sie Hasch oder Alkohol bieten. Jugend, Gesundheit und Schönheit sind Trumpf; nur wer Erfolg hat, gilt etwas in dieser Gesellschaft. Die gehobenen Konsumgüter und die Auslandsreisen werden zum Ausdruck der gesellschaftlichen Geltung und des errungenen Erfolges. Wer nicht mithalten kann, wer alt geworden, gesundheitlich erschöpft oder verbraucht ist, wird beiseite geschoben.

Jeder beruft sich auf sein Recht auf Freiheit; doch inwieweit achtet er das Recht des anderen? Unter Berufung auf Freiheit werden unsittliche Scheußlichkeiten angepriesen und die Brutalität des Stärkeren verherrlicht - und die Masse unseres Volkes schweigt. Die Freiheit ist ein empfindliches Gut, der Mensch verliert sie nicht erst im Gefängnis.

Über die soziale Wirklichkeit wird im Wohlstand zuwenig gesprochen. Wir wollen mit unseren wirklichen Problemen offensichtlich nicht konfrontiert werden, weil wir um unsere Ruhe und Behaglichkeit fürchten. Wir übersehen - bewußt oder unbewußt - offenkundige und verborgene Notstände, ungelöste Schwierigkeiten und krasse Ungerechtigkeit. Wir sehen jene Menschen nur ungern, denen es versagt ist, am Wohlstand teilzunehmen. Es stören uns die Randgruppen und Minderheiten. Der Anblick der Belasteten verdirbt uns die Ruhe. Sie sind die lebende Mahnung, damit zu rechnen, daß uns über kurz oder lang ein Gleiches widerfahren kann.

Da der einzelne von uns nicht den Mut und nicht die Kraft hat, sich dem allgemeinen Verhalten zu widersetzen, müssen wir uns solidarisieren. Wenn in dieser Solidarität jeder an seinem Platz anfängt und die Kranken und die Pflegebedürftigen, die Alten, die Ausländer, die körperlich, geistig oder rechtlich Benachteiligten annimmt wie die Wohlansehnlichen, die Erfolgreichen, die Geehrten und die Mächtigen, dann geht es bald menschlicher zu.

Die deutschen Bischöfe

Gleich und doch nicht gleich

Gott hat Mann und Frau, weil aus gleicher Liebe, auch zu gleicher Würde erschaffen. "Mann und Frau sind also völlig gleich vor Gott, gleich als Personen, gleich als seine Kinder, gleich an Würde, gleich auch an Rechten" (Paul VI.). Mann und Frau sind gleichWERTIG, nicht aber gleichARTIG. Die zwar sehr eingängige, nicht aber sehr saubere Parole von der "Gleichheit" aller Menschen übersieht geflissentlich die Verschiedenheit zwischen den Geschlechtern wie zwischen den einzelnen Menschen desselben Geschlechts. Davon leben die extremen Frauenbewegungen. "Die Emanzipation der Frau ist zu einer Imitation des Mannes geworden und beruht auf einem marxistischen Gleichheitsprinzip", stellte kürzlich eine deutsche Diözesanfrauenreferentin fest. Hier beginnt aber nicht nur der Irrtum, hier beginnt auch das Unrecht. Wem ist schon mit einer vermännlichten Frau oder mit einem verweiblichten Mann gedient?

Gegen eine falsche Gleichberechtigung hat sich auch Papst Paul VI. zum Abschluß ihrer Arbeiten vor den Mitgliedern der Kommission zum Studium über die Rolle der Frau in Gesellschaft und Kirche ausgesprochen: "Die Gleichberechtigung darf nicht zu einer auf Gleichheit zielenden und unpersönlichen Einebnung führen. Die Gleichmacherei, wie sie unsere materialistische Gesellschaft auf verblendete Weise empfiehlt, kümmert sich kaum um das, was den Personen je und je wirklich frommt; so sorgt sie sich auch, allem Anschein zum Trotz, in keiner Weise darum, was der Frau gemäß oder nicht gemäß ist. Das Ergebnis wäre unangebrachte Vermännlichung oder aber Persönlichkeitsverlust. In beiden Fällen würden der Frau in ihrem tiefsten Inneren Gewalt angetan. Die Gleichmacherei kann sogar gewisse Formen des Lustgenusses fördern, welche die geistig-moralische Unversehrtheit der Frau und sogar ihre menschliche Würde gefährden."

Das Musterbeispiel für eine solche verkehrte Haltung ist der Dirnenschrei: "Mein Bauch gehört mir." Oder der verbissene Trotz jener Mannweiber, die am 17. Jänner den Dom von Mailand besetzten, bzw. am 7. Februar in Brescia, der Geburtsstadt des Heiligen Vaters, in die Pauls-Buchhandlung eindrangen, eine geistliche Schwester krumm und lahm schlugen und in einer Puppe symbolisch den Papst verbrannten, weil ihnen dessen feste Haltung gegen Abtreibung, Ehebruch und sexuelle Ausbeutung zuwider ist.

Die Frau hat ihre unersetzliche Aufgabe in Ehe und Familie, und nach Maßgabe ihrer Fähigkeiten und der gesellschaftlichen Bedürfnisse auch im Beruf, besonders in den Sozial-, Lehr- und Pflegeberufen. Nicht befürwortet werden kann indes der wahllose Einsatz von Frauen in der Produktion und Wirtschaft. Was ist wichtiger, die Heranbildung menschlicher Persönlichkeiten in einer sorgfältigen häuslichen Erziehung oder die Fertigung und der Verkauf lebloser Dinge? Mit Recht sagt der Papst: "Die Gesellschaft von morgen wird die Familie von heute zur

Rechenschaft ziehen, auf welche Weise sie an Kindern und jungen Menschen die Pflicht der Liebe und der Erziehung geübt haben."

Erst recht unersetzlich ist die Aufgabe der Frau und Mutter in der religiösen Erziehung, nicht bloß für die Kinder und den Gatten, auch in den Gemeinden. Die Welt hat kaum Aussicht auf ein menschlicheres Gesicht, wenn man Frauen in höchste politische Positionen hievt (das hat man in Indien und jetzt wieder in Argentinien gesehen), sondern indem man die nachwachsende Generation von der Wiege auf zu größerer Menschlichkeit anleitet und ihr unveränderlich gültige Wertmaßstäbe mitgibt.

Abbitte für den Frevel

Es war eine Wahnsinnstat, ein Angriff auf Kunst und Kultur - wem aber galten die Hammerschläge wirklich, die den jungen Geologen und Sektenprediger Laszlo Toth am Pfingstsonntag 1972 zum Hammer greifen und aus Leibeskräften auf die weltberühmte Pietà einschlagen ließen: der Kunst, dem Abendland, dem Christentum oder der Madonna? Wohl allen miteinander, ausdrücklich und gezielt aber der Madonna, die, ganz Mutterliebe, in jungfräulicher Anmut den im Tod sanft gelösten Leib ihres und unseres Erlösers umfängt. Die ersten Worte des Attentäters beim Verhör durch den italienischen Staatsanwalt waren: "Ich habe das getan, weil Maria nicht die Mutter Gottes war."

So ganz geistesgestört und irr, daß er nicht mehr gewußt hätte, was er tat, war er also durchaus nicht. Er machte auch sonst den Eindruck eines ruhigen und seriösen Mannes, der zu keinerlei Klagen Anlaß gab. Wenn sein Geist an einer Stelle gestört ist - und das ist er, so oder so, daran kann kein Zweifel sein -, dann hätte er dem Haß, der ihn zur wohlüberlegten Untat trieb, doch nicht freien Lauf lassen dürfen.

Was soll man dann aber von dem runden Dutzend "Künstlern" sagen, die in Venedig den glorreichen Antrag stellten, den Preis der Biennale dem irrsinnigen Madonnendemolierer zu verleihen - nicht für die Schaffung, sondern für die Zerstörung eines Kunstwerkes?! Der Attentäter in Rom kann unmöglich geistesgestörter sein als seine venezianischen Claqueure. Ihr Platz ist entweder bei Laszlo Toth in der Psychiatrischen Klinik, oder sie sind gemeingefährliche Kulturverbrecher, vor denen die Menschheit doppelt auf der Hut sein muß, weil sie kein Gesetz vor ihnen schützt.

Doch Kultur hin, Kultur her, der Schlag ins religiöse Angesicht der Menschheit, der so gezielt und wuchtig auf das von gläubiger Liebe verklärte Antlitz der jungfräulichen Schmerzensmutter niedersauste, wiegt schwerer als aller Klamauk nicht voll zu nehmender Kunstritter. Der Papst ist, sichtlich bewegt und den Tränen nahe, vor dem geschändeten Bild der schmerzhaften Mutter aller Menschen zum Gebet ins Knie gesunken und hat ihr, gewissermaßen zur Abbitte und Sühne, ein

herrliches Blumengebinde zu Füßen gestellt.
Haben wir ihr schon Abbitte geleistet?

Maurerei im Aufwind

In letzter Zeit kann man immer wieder lesen, daß die Freimaurer eine Annäherung an die katholische Kirche suchen. So meinte beispielsweise der Großmeister der Loge Kehlenbeck auf dem kürzlich in Wiesbaden abgehaltenen Freimaurerkonvent: "Dem Frieden mit der Kirche steht nichts mehr im Wege." Kann das stimmen?

Die Freimaurerei ist ein Geheimbund, der am 24. Juni 1717 in London als Vereinigung der anständigen und vernünftigen Menschen jenseits aller religiösen und politischen Streitigkeiten gegründet wurde, um das allgemeine Kulturniveau der Menschheit zu heben. Gott wird grundsätzlich als "Baumeister" anerkannt, jede kirchlich-dogmatische Glaubensbindung jedoch strikte abgelehnt. Es darf kein Kandidat nach seiner religiösen Überzeugung gefragt noch dürfen religiöse Fragen in den Logenversammlungen erörtert werden.

Die englische Richtung hat diesen (deistischen) Glauben an Gott als den "großen Architekten" stets beibehalten, während die französische (der Groß-Orient, die Loge von Frankreich) 1877 sich formell vom Bekenntnis zum "Allmächtigen Baumeister Aller Welten" losgesagt und diese Ablehnung des Gottes- und Unsterblichkeitsglaubens am 15. September 1952 offiziell erneuert hat.

Nun ist es interessant festzustellen, daß sich die Wirksamkeit der französischen Logen heute vor allem auf das Gebiet der Familienplanung, der Sexualerziehung und der sexuellen Revolution erstreckt. "L'Express" schrieb am 25. Februar 1970, daß die treibende Rolle der Loge bei der Familienplanung in Frankreich in die Augen springe. So ist zum Beispiel die Leiterin der Familienplanung (Mouvement français du planning familial, kurz MFPF genannt) die Witwe eines kommunistischen Medizinprofessors, die gleichzeitig an leitender Stelle mit dem Filmgeschäft der Sexaufklärungsfilme zu tun hat.

Die französische Bewegung für Familienplanung setzt sich außerdem vehement für die Freigabe der Empfängnisverhütungsmittel und für die Sexualaufklärung in der Schule ein, die ein alter Programmpunkt der Freimaurer ist.

Durch die Bemühungen der Freimaurer in der Familienplanung (MFPF) kam es 1967 zur Abfassung der "Loi Neuwirth", wodurch der Verkauf von Verhütungsmitteln seitens des Staates freigegeben wurde. Mit der Einführung der obligatorischen Sexualerziehung in den Schulen konnte das MFPF zwar noch nicht durchdringen, weil dieser ein altes Gesetz im Wege steht, das die Schulsexualerziehung ausdrücklich vom Willen der Eltern abhängig macht, doch gelang es den Freimaurern, die staatliche Förderung von Aufklärungszentren durchzusetzen.

Auffallend sind in Frankreich auch die vielen jüdischen Namen in den Gremien der Familienplanung, die zumeist noch durch Personalunion mit der Gesellschaft zum Studium der Abtreibung (Association nationale pour l'Etude de l'Avortement) verbunden sind. Ein Beispiel: Pierre Simon, Großmeister der Grande Loge de France, ist Vizepräsident der Bewegung für Familienplanung und zugleich Mitglied der Studiengesellschaft für Abtreibung.

Eben dieser Großmeister der Loge empfing in einem seiner "Tempel" vor kurzem den Pariser Weihbischof Daniel Pézeril. Daß die Herren der Loge an solchen Gesprächen interessiert sind, daran ist nicht zu zweifeln. Wohl aber, ob die Trennungsmauern zwischen Freimaurerei und katholischer Kirche fallen können.   L. B.

Offen gesagt

In Brasilien sind die Freimaurer schon früh in die kirchlichen Ämter und Vereine eingedrungen. Das mag die Tatsache begreiflicher machen, daß der Erzbischof von Salvador, Kardinal Avelar Brancao Vilela, bei der Feier des 30. Jahrestages der Gründung der Freimaurerloge "Liberdade" eine Messe las und kurz darauf in der Loge die höchste Auszeichnung der dortigen Freimaurerei, den Verdienstorden "Dom Pedro Primeiro", entgegennahm. Von Gustavo Corcao, einem führenden Katholiken, daraufhin in der Zeitung "O Globo" scharf angegriffen, entgegnete der Kardinal, daß er bei seinen Kontakten mit den Freimaurern festgestellt habe, daß sie sich keineswegs mehr im Gegensatz zur Kirche fühlten.

Haben sich die Freimaurer gewandelt? Es ist bisher nichts, was zu einer solchen Feststellung berechtigte, bekanntgeworden. Fest steht nur, daß die Maurerei in der letzten Zeit das Licht der Öffentlichkeit weniger scheut. Sie tritt, was sie bisher peinlichst vermieden hat, sogar durch öffentliche Stellungnahmen in Erscheinung. Läßt sie einen Zipfel ihres Schleiers fallen? Nichts deutet darauf hin. Wohl aber scheint ihr Selbstbewußtsein deutlich gestärkt zu sein.

In diesem Sinn ist wohl die aufsehenerregende Stellungnahme des "Großorient von Frankreich", der antiklerikalen Mutterloge der französischen Freimaurer, zu sehen. Er schreibt in seinem Bulletin Nr. 43:

"Die Freimaurerei, wie wir sie verstehen, transzendiert (= übergreift) gleichzeitig die katholische Kirche und den Kommunismus. Die katholische Kirche deshalb, weil wir feststellen, daß sich diese nur durch die Verneinung ihrer ganzen Vergangenheit am Leben erhält. Wenn die Päpste den Kurs des Schiffes Petri auf den Fortschritt, die Ehrfurcht vor den Religionen, auf die dankbare Anerkennung menschlicher Werte ausrichten, so führen sie nicht einfach das Werk ihrer Vorgänger weiter; nein, sie machen einen entscheidenden Schritt auf uns zu. Ganz allmählich über einen Papst des Fortschritts zum nächsten Papst des Fortschritts richtet sich die römische Kirche auf unsere Ideale aus. Den Kommunismus deshalb, weil wir der Ansicht sind, daß dieser in der Evolution (= Entwicklung) der Menschheit seinen berechtigten Platz hat. Ihm haben wir es zu verdanken, daß die menschliche Gesellschaft auf verschiedenen Ebenen größerer sozialer Gerechtigkeit und wirtschaftlicher Gleichheit teilhaftig wird."

Freimaurer sind keine Schwätzer, sie fackeln nicht. Man wird sich ihr offenes Wort nicht nur merken, man wird es gründlich auf seinen Wahrheitsgehalt abklopfen müssen.

Falsches Theater aus Olympia

Ist der Sport und sind die Olympischen Spiele Theater? Dann hätte man das sagen sollen. Damit jeder weiß, wie er dran ist. Dann, und nur dann, hätte nämlich die theatralische Szene, zur Entzündung des olympischen Feuers eine Schauspielerin aufzubieten, sie in das Gewand einer antiken Hohepriesterin zu stecken und pathetisch zu Zeus beten zu lassen, einen Sinn.

Wenn aber nicht - wie wir mit der überwiegenden Mehrheit aller Sport- und Olympiafreunde meinen -, dann war es nicht nur ein FALSCHES Theater, sondern, wie der Arbeitskreis "Kirche und Sport" der Evangelischen Kirche in Deutschland feststellte, ein "Skandal" und eine "kaum zu überbietende geschmacklose Nachahmung einer antiken Kulthandlung".

Man könnte die Episode als peinlichen Ausrutscher betrachten und darüber hinwegsehen, wenn nicht System und die völlig verfehlte Absicht dahinterstünde, den Sport tatsächlich zur Religion und die Olympischen Spiele zu einer quasi religiösen Kulthandlung zu machen.

Die alten Olympischen Spiele waren ursprünglich ECHTE heilige Wettkämpfe; sie hatten ihre Blütezeit etwa ein halbes Jahrhundert nach den Persischen Kriegen (490 bis 448 v. Chr.), verloren dann aber ihren ursprünglich religiösen Sinn und nahmen den einfachen Charakter sportlicher Wettkämpfe an.

Das ist auch heute ihr einziger - und vollauf genügender - Sinn. Ihnen darüber hinaus ein religiöses Mäntelchen, wenn auch ein antikes, umhängen zu wollen, ist anachronistisch und völlig fehl am Platze.

Schon Pierre de Coubertin, der Wiedererwecker des olympischen Gedankens, hatte die unglückliche Idee, aus dem Sport eine Religion zu machen. Für ihn war Sport "eine Religion mit Kirche, Dogma und Kult, vor allem aber mit einem religiösen Gefühl". Aus diesem Grunde schuf er mit seinen Gesinnungsgenossen das quasi-religiöse Ritual am Anfang und am Ende der olympischen Kämpfe.

Carl Diem, der langjährige Präsident des Deutschen Olympischen Komitees, suchte dem sportreligiösen Gedanken eine Wendung zum Humanitären zu geben und ihn "mit einem gemeinsamen Begriff der Menschlichkeit zu überhöhen".

Dessenungeachtet hieb Avery Brundage, der gegenwärtige Präsident des Internationalen Olympischen Komitees, 1964 ebenso pathetisch wie unbescheiden wieder in die alte Kerbe: "Die olympische Bewegung ist eine Religion des 20.

Jahrhunderts, eine Religion mit universalem Anspruch, die in sich alle Grundwerte anderer Religionen vereinigt. Eine moderne, erregende, lebendige, dynamische Religion, attraktiv für die Jugend - und wir vom Internationalen Olympischen Komitee sind ihre Jünger!"

Wenn man den Sport und die Olympischen Spiele so sieht, dann wirkt die Feuerentfachungszeremonie in Olympia im August 1972 zwar nicht weniger abgeschmackt, aber sie hat wenigstens einen - freilich nur pseudo-religiösen - Sinn.

Dann tat Papst Johannes XXIII. aber auch gut, daß er 1960 während der Olympischen Spiele in Rom die Sportler vor einem "Kult der Leibesübungen" warnte.

Ganz auf der Linie des verfehlten Eröffnungsrituals und in direktem Gegensatz zur wirklichen Religion und ihrer freien Ausübung steht dagegen die Tatsache, daß die von den Religionsgemeinschaften eigens bestellten Seelsorger für die Olympiateilnehmer nicht im olympischen Dorf wohnen dürfen und auch keinen Zutritt zu den Trainings- und Kampfstätten haben (was praktisch bedeutet, daß die Seelsorger tagsüber, wenn die Sportler beim Training und bei den Wettkämpfen sind, im leeren kirchlichen Zentrum sitzen und abends, wenn die Sportler heimkommen, ihr Quartier in der Stadt aufsuchen müssen).

Den Sport, der wirklich Sport ist, in Ehren; aber den Sport in unserem zunehmend religionslosen Zeitalter zur Religion machen zu wollen, da sei Gott vor - und, wie wir hoffen, auch der gesunde Sinn derer, denen am Sport und an den Olympischen Spielen wirklich gelegen ist!

Da werden sie nervös

Ort der Handlung: Neues Wiener Universitätsgebäude.

Am Katheder neben dem Psychiater und dem evangelischen Theologen die Professoren Haag, Heer und Holl; im überfüllten Saal überwiegend junge Leute.

Thema: Holls neues Buch: "Tod und Teufel."

Es bleibt beim Tod.

Was die Herren darüber zu sagen wissen, ist wenig. Sie lassen es zwar an ironischen Bemerkungen nicht fehlen, doch Ironie ist kein Ersatz für fehlende Antworten auf todernste Fragen.

Fazit des einstündigen Gesprächs: An Sterbebetten sind wir rat- und machtlos. (Was übrigens nicht neu ist: die Atheisten haben das, soweit sie ehrlich waren, immer schon gesagt.)

Doch eine Frau, jahrzehntelang Krankenschwester an einer Wiener Universitätsklinik, will den Vorwurf nicht gelten lassen, daß man die Sterbenden früher mit Gebeten und frommen Sprüchen auf die "ewige Seligkeit" und den "Himmel" vertröstet habe, während man heute auf der Straße sterbe, und in den Spitälern die Todeskandidaten auf Gänge und in Wäschekammern abschiebe und ihrem Schicksal überlasse. Sie meint, es gebe auch heute im Krankenhaus die Ehrfurcht vor dem Tod, und wie die Sterbenden früher bis zuletzt ärztlich, schwesterlich und priesterlich betreut wurden, so geschähe es immer noch. Neben der Angst des Gewissens gebe es auch das Wissen um die Barmherzigkeit Gottes. Es gelte nach wie vor: "Selig die Toten, die im Herrn sterben, denn sie werden ausruhen von ihren Mühen, UND IHRE WERKE FOLGEN IHNEN NACH" - und, sich mit einer Geste an die ratlos wirkenden Herren am Katheder wendend -, "auch Ihnen, meine Herren! Denken Sie an das auch heute noch moderne Bild im 'Jedermann'!"

Das ist dem Autor des "Abschied('s) von Höllen und Himmeln" zuviel. Sein Hohn schlägt in Wut um. Zornentbrannt steigt er vom Podium, kommt auf die Sprecherin zu und ist, seine akademische Würde vergessend, drauf und dran, handgreiflich zu werden. Erst die Drohrufe aus dem Publikum bringen ihn zur Besinnung.

Seltsam, wie so gescheite Herren, die weder an einen Himmel noch an eine Hölle und erst recht nicht an einen Teufel glauben, plötzlich nervös werden können...

Das SANCTUS

Wir kennen dieses Gebet, beten wir es doch bei jedem hl. Meßopfer. Es ist das Gebet der Engel, ganz auf GOTT hingeordnet, zu seinem Lob. Es hat eine solche Kraft, daß es zu einem Schrecken der Dämonen geworden ist. Wir können ruhig sagen: Dieses Gebet ist unser Laien-Exorzismus, die schnellste und sicherste Waffe bei jeder Versuchung, bei jeder Bedrängnis. Es macht sofort die Luft um uns sauber und klar. Freude, Zuversicht, Starkmut und eine große GOTTESliebe kommen in unser Herz. Der ganze Wust des Alltages, der uns zermürben möchte, fällt von uns ab, wenn wir diesen Lobpreis GOTTES langsam und andächtig beten.

Das SANCTUS steht wie eine leuchtende Fackel vor uns, wie ein Pfahl, den wir direkt in die Erde rammen können: hier ist Boden GOTTES! Wo das SANCTUS steht, stellt sich kein Dämon mehr hin, da ist ihm der Boden wie glühend. Wir aber stehen, SANCTUS-betend, im Bannkreis der heiligen Engel.

Bischöfe
Journalisten
und
Leser
am Wort

Was die Bischöfe sagen

Nicht Wochenende - Sonntag!

"Es ist nicht zu übersehen: der Sonntag ist in Gefahr, auch bei uns Christen mehr und mehr von seiner ureigenen Bedeutung als Tag des Herrn und Tag der Gemeinde des Herrn abgeschrieben zu werden." Man spreche heute von dem Tag der Erholung, dem Tag des Sportes, dem Tag der Familie. Auch allzu viele katholische Christen setzten sich oft ohne hinreichenden Grund hinweg über das Kirchengebot: "Du sollst an allen Sonn- und Feiertagen die heilige Messe andächtig mitfeiern." Der Sonntag sei DURCH DIE AUFERSTEHUNG DES HERRN JEDER IRDISCHEN ZEITRECHNUNG ENTZOGEN. Man solle darum auch nicht vom "Wochenende" sprechen. "Wenn wir am Sonntag bewußt um den Altar des Herrn uns versammeln und Gedächtnis mit Ihm halten, wird dieser österliche Glaube in uns erstarken." Dann werde es im Lauf der Woche auch leicht sein, in Familie und Beruf den Tod des Herrn zu verkünden und Zeuge Seiner Auferstehung zu sein.   Heinrich M. Janssen, Hildesheim

Ja zum Kreuz

"Sie waren fleißig, haben gegründet und gebaut, aber sie haben das Kreuz in die Ecke gestellt." So könnte die Geschichte einmal über unsere Zeit urteilen, wenn wir uns nicht zum Leiden und zum Kreuz bekennen. Konkret sei die jetzige Situation der Kirche Kreuz, aber auch die heutige Welt und die Menschen darin seien oft Kreuz. Es gelte, ihre Fragen, Leiden und Hoffnungen immer neu kennenzulernen und zu verstehen. Aber auch der Priester müsse das Brandmal des Kreuzes tragen. Jeder könne im Beruf nur dann bestehen, wenn er sich bemühe, ein Mensch der Übernatur, ein Beter und Büßer zu sein. Wer nicht bete und büße, wer nicht bereit ist, täglich das Kreuz auf sich zu nehmen, sei ein Ausstrahlungspunkt der Trostlosigkeit. Und wer Einfluß hat, müsse ermutigt werden, nicht aus Feigheit zu allem ja und amen zu sagen. "Das Kreuz Christi hat uns freigemacht; wenn wir dazu stehen, werden wir es erleben, wie die Kirche frei wird und wie wir die innere Kraft und Berechtigung bekommen. Ungewohntes zu sagen. Auch heute sind die Menschen hungrig und abgehetzt und erwarten das Brot der guten Botschaft vom Leben und von der Auferstehung. Seien wir Menschen des Kreuzes, dann sind wir Menschen Christi und Menschen der Zukunft!"

Johann Weber, Graz/Seckau

Kein falscher Ökumenismus!

Wir wehren uns gegen eine nervöse Ungeduld, die ohne Rücksicht auf Dogma und Glaubensgut eine äußere Einheit durchsetzen will. Eine ungesunde und eigenwillige religiöse Praxis schafft, auch wenn sie gut gemeint ist, keine Einheit. Sie baut Spannungen auf, die das Miteinander gefährden. Die Kirche ist und bleibt, wie Paulus bekennt, "Säule und Grundfeste der Wahrheit" (1 Tim 3,15). Wir wehren uns gegen jede Verwischung der Glaubenswahrheit. Jesus Christus ist und bleibt die Mitte der Kirche. Nicht wenige meinen, sie könnten mit der Botschaft Christi willkürlich verfahren und sie nach eigenem Geschmack umgießen und umformen. "Niemand kann ein anderes Fundament legen, als das gelegt ist, und das ist Jesus Christus" (1 Kor 3,11). Eine Verkürzung der Glaubenswahrheit schafft eine Verarmung.

Wir wehren uns gegen jede Simplifizierung, jede unsachgemäße Vereinfachung. Wir sind der göttlichen Offenbarung verpflichtet. Sie kann nicht durch imaginäre Vorstellungen von Wissenschaft oder die sich ständig wandelnden gesellschaftlichen Ideologien laufend ummanipuliert werden. Wir können nicht zulassen, daß man im Gegensatz zur Kirche in Gottesdienst und Leben Dinge erzwingen will, die dem Evangelium, der göttlichen Wahrheit widersprechen.

Josef Stangl, Würzburg

Ohne Buße geht es nicht

Wenn man heute das Rundschreiben "Poenitentiam agere", das Papst Johannes XXIII. vor zehn Jahren, mit dem Datum vom 1. Juli 1962, "dem Fest des Kostbaren Blutes unseres Herrn Jesus Christus", zur Vorbereitung des Zweiten Vatikanischen Konzils erlassen hat, mit seiner exegetischen Begründung der Buße und den praktischen Anregungen liest, dann ergibt sich die schmerzliche Frage: Ist die Krisis der Kirche nicht auch von da her verursacht, daß man diese Enzyklika weithin unbeachtet gelassen hat?

Die Gedanken, die der gute Papst Johannes hier niedergelegt hat über die innere Bußgesinnung, über die äußere Buße, über den Geist der Ergebung, alle Schmerzen und Leiden, aber auch die alltäglichen Mühen und Lasten anzunehmen, und über die freiwillige Abtötung, um nach Kol 1,24 das Werk der Erlösung fortzusetzen, kann man nicht als veraltet und vorkonziliar abtun. Es gehört zum Wesen der Kirche als des fortlebenden Christus; und wer wirklich einen neuen "Frühling christlichen Lebens", ein neues Pfingsten und eine "glücklichere Ära für die katholische Kirche" ersehnt, dem bleibt nichts anderes übrig, als die Passion Christi durchzustehen, sein Kreuz auf sich zu nehmen (Mt 10,37; Lk 14,27), um so der Herrlichkeit seiner Auferstehung teilhaft zu werden.

Rudolf Graber, Regensburg

Attentat auf die Menschenwürde

Eine Form von verhängnisvoller Wertumkehr erleben wir in der sogenannten Sexwelle. Was heute aus schamloser Gewinnsucht in Filmen, Illustrierten, Magazinen usw. angeboten wird, ist ein Attentat auf die Menschenwürde und zerstört die Fundamente von Anstand, Sitte und Ordnung. Im Appell der österreichischen Bischöfe vom Vorjahr heißt es: "... weil die Geschlechtlichkeit eine der stärksten

Triebkräfte des Menschen darstellt, weil sie zutiefst in das Gesamtleben des Menschen eingreift, bedeutet die Verschleuderung, die Banalisierung, die lieblose Technisierung, die öffentliche Zurschaustellung des Sexuellen eine Verarmung, eine Verödung, eine Entleerung des menschlichen Lebens... Liebe ist immer auch Verantwortung."

Wie sollen in einem Klima hemmungslosen Genusses charaktervolle Menschen heranwachsen? Warnend erheben angesehene Fachleute ihre Stimme. Gläubige Christen dürfen nicht dem Trend der Zeit verfallen, sondern sind dem Worte Jesu Christi verpflichtet. Unsere Zeit beweist es handgreiflich, wie sehr der Mensch der Wahrheit Jesu bedarf, um in der Verwirrung der Geister den echten Weg zu finden. So sind Vertiefung unseres Glaubens und Gebet um die Gnade des Glaubens heute notwendiger denn je.   Josef Köstner, Klagenfurt

Schluß mit der Verunsicherung

Wie einfach war das früher! Man hielt sich an das Apostelwort: "So halte man uns für Diener Christi und Verwalter der Mysterien Gottes" (1 Kor 4,1). Das war klar und eindeutig. Und heute? Da spricht man im Zuge der Entsakralisierung von Gemeindebeauftragung, vom Priester auf Zeit, vom Funktionär der Diözese, vom neuen Humanismus; man gibt Hochwürden den Abschied und träumt von der Priesterin und der Frau Pfarrer.

Ein Stand, der nicht mehr weiß, was er ist, wirkt nicht mehr attraktiv für junge Menschen. Man kann heute von der Jugend sagen, was man will, eines muß man ihr zubilligen: sie will wissen, woran sie ist! Und darum wird es höchste Zeit, daß wir dieser Verunsicherung ein Ende bereiten und uns an das halten, was das Zweite Vatikanische Konzil vom Priester gesagt hat: "Durch die vom Bischof empfangene Weihe und Sendung werden die Priester zum Dienst für Christus den Lehrer, Priester und König bestellt. Sie nehmen teil an dessen Amt, durch das die Kirche hier auf Erden ununterbrochen zum Volke Gottes, zum Leib Christi und zum Tempel des Heiligen Geistes auferbaut wird."   Rudolf Graber, Regensburg

Nicht Willkür, sondern Ordnung

Die Feier der Eucharistie ist ein Tun, in dem Christus, die Kirche und der einzelne zusammenwirken. Bereits in den Schriften des Neuen Testaments finden wir erste Ansätze einer Ordnung der Eucharistiefeier. Seit den ältesten Zeiten der Kirche ist es ein besonderes Anliegen von Synoden und Konzilien gewesen, für eine Ordnung der Eucharistiefeier Sorge zu tragen. Diese Sorge um die Verbindlichkeit der liturgischen Ordnung ist auch uns aufgegeben.

Wir freuen uns über die großen Möglichkeiten, die die Liturgiereform uns bietet. Aber wir dürfen auch die Gefahr der Willkür nicht übersehen, die das andere Extrem darstellt. Sinn einer liturgischen Ordnung ist es auch, die Gemeinden vor der Willkür des Zelebranten oder eines Liturgieausschusses und somit vor

Einfällen des Augenblicks oder nur einzelner Personen zu bewahren. Professor Dr. Lengeling schreibt in einer Studie: "Wer aber heute private Texte für die Liturgie kritisch prüft, findet auch dort nur allzuhäufig Subjektives und Modisches. Texte, die einseitig bestimmte Einzelaspekte des Glaubens und des christlichen Lebens herausstellen, die nicht Gebet sind, sondern Belehrung, ja manchmal penetrante Propaganda. Das Recht der Laien in der Kirche besteht nicht zuletzt darin, daß sie ein unveräußerliches Recht auf die Liturgie der Kirche haben und auf Schutz vor jedem, auch liturgischen Klerofaschismus." Heinrich Tenhumberg, Münster

Wir brauchen Kirchen

Die Kirche ist ein sakraler Raum. Das heißt, dieser Raum steht in unmittelbarer Beziehung zu Gott und zu göttlichen Dingen. Über den sakralen Raum hinaus gibt es auch ein sakrales Geschehen. Das ist in erster Linie der Vollzug des Meßopfers, aber auch die Spendung eines jeden Sakramentes.

Daraus ergibt sich schon, daß man nicht einfachhin entsakralisieren kann, denn das würde bedeuten, daß man das Meßopfer und die Sakramente in ihrer Bedeutung aushöhlt. Der Vollzug des sakralen Geschehens aber legt es nahe, diesem auch einen sakralen Raum zu widmen. "Ich möchte geradezu sagen, der Mensch hat ein Recht auf diesen sakralen Raum, in dem ihn Stille umfängt, in dem ihm die Erhebung des Herzens leichter gelingt als in den alltäglichen Räumen, in dem ihm Besinnung und meditative Versenkung ermöglicht wird." In einer Zeit, die so viele Menschenrechte anerkennt, wird man dieses Recht des Menschen nicht beschneiden dürfen.

Übrigens besagt der Weiheritus, daß hier ein Raum in Gottes Eigentum übertragen wird, einmal durch die Kennzeichnung des Kircheninneren mit dem lateinischen und griechischen Alphabet, und zum anderen Mal durch den Ritus der Umschreitung des Kirchenraumes. Die Kirche hält also eindeutig daran fest, "daß der geweihte Kirchenraum Gottes Eigentum ist. Dementsprechend gehen in den kirchlichen Räumen nur Handlungen vor sich, die unmittelbaren Bezug zu Gott und göttlichen Dingen haben. Das Profane ist davon ausgeschlossen. Die in der heiligen Liturgie sich selbst vollziehende Kirche ist also nach wie vor der Überzeugung, daß es heilige Stätten gibt, daß es ein heiliges Haus auch weiterhin geben soll, das Gott ausschließlich vorbehalten ist."

Wenn von den Anwälten der Mehrzweckräume eingewendet wird, daß es eine gewisse Verschwendung sei, teure Kirchen zu bauen, die meist nur am Sonntag gefüllt sind, so muß man mit Recht fragen, wozu man dann in vielen Orten Musikpavillons baut, die vielfach nur sechsmal im Jahr benützt werden, während sich die Kirchen immerhin sechzigmal im Jahr füllen. Und warum will eine Zeit, die soviel Luxusbauten erstellt, gerade Gott gegenüber den Sparsamen spielen?

Paul Rusch, Innsbruck

An den Christen liegt's

Hinter der Priesterkrise gibt es eine Krise des Christen überhaupt. Wie soll ein Priester nicht an seiner Identität zu zweifeln beginnen, wenn der Christ seiner Identität nicht sicher ist? Priester und Ordensberufe können auf einem vom Zweifel heimgesuchten Boden weder entstehen noch sich entfalten. Um Zufriedenheit zu finden, braucht man die Unterstützung und Zuneigung einer christlichen Gemeinde, die glaubensfroh und stolz auf ihren Auftrag ist und auf den Beistand des Heiligen Geistes vertraut.

Das Wissen um ihre eigene Identität seitens der christlichen Gemeinde bildet die erste Bedingung dafür, daß die Priester über ihre eigene Identität keine Zweifel hegen. Wenn die christliche Gemeinde treu dem Anruf Gottes folgte, treu zur Lehre des Konzils und der Synode stünde und sich bemühte, allen Menschen gegenüber Zeugnis von der Liebe Gottes zu geben, dann würden die Priester für dieses Zeugnis mit ihrer eigenen Glaubwürdigkeit bürgen! Vor allem wenn die christliche Gemeinde eine Gemeinde der ANBETUNG ist, dann werden sich aus ihrem Schoß zahlreiche Diener der Eucharistie erheben! Wenn die Jungfrau MARIA, die Mutter Christi und das Bild der Kirche, einen Ehrenplatz in der christlichen Gemeinde behält, dann wird der Opfergeist Wunder an Heiligkeit und apostolischem Einsatz in der Kirche vollbringen. Wenn die christliche Gemeinde eng mit ihren Hirten, dem PAPST und den Bischöfen verbunden ist, dann wird der universale Auftrag der Priester in seinem ganzen Glanz erscheinen, dann werden sich die Priester über den Papst und die Bischöfe wieder an die Apostel binden, die von Christus zum Dienst für die ganze Menschheit ausgesandt wurden.

Kardinal Léon-Etienne Duval, Algier

Lesesplitter

Abtreibungs-Millionäre...

Im Schatten der "Fristenlösung" wächst eine neue Art von Kapitalisten heran: die Abtreibungs-Millionäre! Da gibt es Ärzte, die im Monat bis zu einer Million Schilling durch Eingriffe - gleichsam am laufenden Band - einnehmen.

In der jüngsten "Horizonte"-Sendung präsentierte sich ein junger Gynäkologe, der sich ganz auf "Notsituationen der Frauen" spezialisiert hat. Er kassiert 9000 S für eine Abtreibung. Pro Tag macht er fünf bis sechs Eingriffe. Im Urlaub - so meinte er - werde er sich in einer Geburtenstation etwas erholen.

Ein Zyniker? Ein Abtreibungs-Kapitalist, der in einem Jahr so viel verdient, wie ein Arbeiter in seinem ganzen Leben.

Da haben sich viele sozialistische Funktionäre über die Honorare der Primarärzte aufgeregt. Im Vergleich zu den Abtreibungs-Kapitalisten sind sie geradezu arme Schlucker.

Wenn die "Fristenlösung" - so wie ihre Schöpfer behaupten - dazu geschaffen wurde, um echte Notsituationen der Frauen zu beseitigen, warum dann nicht zumindest eine Lösung wie in Frankreich: Dort ist der Eingriff nur in Spitälern erlaubt. außerdem muß dort vorher eine echte Beratung stattfinden, wobei man die Frauen auch auf die Folgen eines Eingriffes aufmerksam macht.

Bei uns werden weithin nur Termine vermittelt. Dazu werden in Wien bereits private Institute gegründet. Auch sie wollen Geschäfte mit der Abtreibung machen. So wie andere mit der Wohnungsvermittlung oder mit dem Viehhandel. Solange ein schlechtes Gesetz das Geschäft mit der Abtreibung erlaubt.   NöN

Auf dem Weg in die marxistische Gesellschaft

Die Weichen sind auch in Österreich bereits auf ein Bildungsprogramm nach rein marxistisch-sozialistischen "Wertvorstellungen" ausgerichtet. Ganztagsschulen sollen den Einfluß der Familie auf die Erziehung auslöschen, Gesamtschulen die nivellierende Gleichschaltung nach schwedischem Vorbild verwirklichen. Und meinte nicht doch vor kurzem ein prominenter Jurist aus dem SP-Justizministerium: "Die finanzielle Betreuung der Alten hat die Gesellschaft übernommen. Der Schluß liegt also nahe, auch die Erziehung der Kinder der Gesellschaft in die Hand zu geben." Mit anderen Worten: Die Erziehung vom Kleinkindesalter an, spätestens ab dem 3. Lebensjahr, soll nur noch den generellen staatlichen Zielvorstellungen entsprechen.

Österreichische Bildungspolitik wird jedoch nicht nur in unserem Land vorprogrammiert. Viele neue Modelle wurden mit geringem zeitlichen Abstand in etlichen europäischen Ländern verwirklicht oder sind zumindest in ein Versuchsstadium getreten. In den europäischen Einrichtungen, vor allem EG und Europarat, sehen sich die Vertreter einer christlichen Politik, auch auf dem Bildungssektor, einer starren und gut organisierten Front der Sozialistischen Internationale gegenüber. "Der Zusammenhalt und die politische Einheit ist bei den europäischen Sozialisten viel stärker ausgeprägt als bei den christlichen Politikern..." (Dr. Karasek).

Mit anderen Worten bedeutet das, die bildungspolitischen Modelle werden in gemeinsamen sozialistisch-marxistischen Beratungen geformt und mit geringen Anpassungen in den europäischen Ländern verwirklicht. Meinungspluralität zählt dabei im Lager der Sozialistischen Internationale offensichtlich wenig. Das bedeutet aber auch, daß uns der Weg, wie er etwa in Frankreich und in der BRD vorgezeichnet ist, auf die Dauer nicht erspart bleiben kann - zumindest dann nicht, wenn die innenpolitische Landschaft die gleiche bleiben sollte...

Das Frappierende bei all den Reformen im europäischen Bildungswesen ist aber, daß bei allen Plänen die inhaltliche Darstellung von Normen, Werten und Idealen fehlt. Der Mensch wird reduziert auf den Lerner, lebenslanges Lernen wird als höchstes Ziel angesetzt... Die marxistischen Lehrmeister aber sind sehr bestrebt, diese inhaltlichen Leerstellen mit ihrem Gedankengut in der Theorie und in der Praxis auszufüllen. Die theoretischen Ziele bestehen darin, den Marxismus und seine Interpretation von Geschichte und Gegenwart als Lehrinhalte verbindlich zu machen. Ebenso genau geklärt sind die praktischen Ziele in der Schule: Erziehung nach dem etablierten Kommunismus, die des total kritischen und anarchistischen Schülers oder der Versuch, durch Sexualerziehung und Gruppendynamik und ähnliches die ganzen Triebbedürfnisse der Schüler zu ändern.

Weltbild

Auto-Religion

Die Religion des gedankenlosen Österreichers, die Religion der Autopferdestärken ist in Gefahr. Ein paar Tage Krieg genügen, um das Krachen unseres modernen Österreich zu hören. Hysterie, Hamstern und Horten sind die Reaktion eines aufgescheuchten Volkes. Für manchen würde eine Welt einstürzen, könnte er sich nicht ins Auto setzen, um mit dem Fuß auf dem Gaspedal das nachzuholen, was er im Leben an Leistung und Tat verschläft.

Ein Volk, dessen Gottesdienst am Sonntag die Autopflege ist, muß hysterisch verzweifeln, wenn ein Scheich den Hahn an der Erdölleitung zudreht. Man ist doch niemand mehr, wenn man dem Mitbürger nicht mehr zeigen kann, daß man noch mehr Pferdestärken hat. Wir könnten auf den Straßen nicht mehr jene brutalen Kriege des Schnellerfahrens austragen. Wir könnten uns nicht mehr zu Tode darüber ärgern, daß ein kleineres Auto unser großes Auto überholt...

Man braucht ein sattes und schlafendes Volk, um behaupten zu dürfen, die Tötung ungeborenen Lebens sei eine menschenfreundliche Tat. Nur eine schlafende Generation sieht zu, wenn unserer Jugend in Pornographie, Rauschgift und Aggressivität die Lebensentfaltung und die Zukunft eingeschnürt wird. Der Lärm der unwichtigen Wichtigtuer wird in nächster Zeit vielleicht etwas verstummen. Unser Land wartet auf die Stimme jener, die bisher zu lange geschwiegen haben, Schweigen kann zur Schuld werden, reden, bekennen und sich zusammenschließen ist der erste Schritt zur Veränderung.   "Niederösterreichisches Volksblatt"

Am Verstummen

In einer Zeit, in der - von der Sportreportage bis zum Kinderfunk - gewisse Fremdsprachenkenntnisse überall vorausgesetzt wurden, würde die Kirche einen wichtigen Ausdruck ihrer internationalen Gemeinschaft verlieren, wenn es in ein paar Jahren nicht mehr möglich wäre, auf dem Petersplatz bedenkenlos das Choralcredo im fünften Ton anzustimmen oder in Lourdes das "Salve Regina", und Hunderttausende singen mit. Wer aber bei Schulkindern der Oberklassen versucht, Antwort etwa auf "Dominus vobiscum" oder gar "Sursum corda" zu erhalten, der wird mit Schrecken feststellen, daß wir nicht mehr weit davon entfernt sind, als übernationale Gebetsgemeinschaft zu verstummen.

Um dem entgegenzusteuern, müssen sich unsere Pfarreien des Lateinischen wieder in einer vernünftigen Form annehmen. Es wäre doch denkbar, einmal im Monat einen "Lateinischen Sonntag" zu halten, an dem alle Gottesdienste, nicht nur ein Hochamt, lateinisch zelebriert würden. Wenn man es den Kindern in geeigneter Weise nahebringt und nicht zuviel auf einmal fordert, dann werden sie mit Begeisterung die lateinischen Meßtexte mitbeten. Hier könnte auch für die Gastarbeiter eine kirchliche Beheimatung wachsen.

Für internationale Begegnungen ist die lateinische Meßfeier genauso unerläßlich wie für den weltweiten Tourismus. Ist es nicht ein Unding, wenn die Sonntagabendmesse im Markusdom von Venedig, die zu 90 Prozent von Touristen besucht ist, auf italienisch gefeiert wird? Der Vatikan ist bei Fernsehübertragungen von Papstmessen ohnehin schon von der früher italienischen wieder zur lateinischen Sprache zurückgekehrt.

Zumindest eine "eiserne Ration", die etwa die Spannweite von "Et com spiritu tuo" bis zum "Tantum ergo" umfaßt, wäre auch bei uns wünschenswert.

"Münchener Katholische Kirchenzeitung"

Redner und Propheten

Jeder Mensch ist zeitweilig ein Kamel - aber das wollen viele, die im Kirchenraum das Sagen haben (oder in Anspruch nehmen), nicht zugeben. Wahrscheinlich sind Priester, die eine Kirchengemeinde betreuen, noch am ehesten gegen Selbstüberschätzung immunisiert, vermutlich, weil sie in jeder Predigt, in jeder Unterrichtsstunde, in jedem Beicht- und Taufgespräch belastend genug erfahren, wie alles eigene Mühen einfach nicht ausreicht, um mit Menschenwitz Wunder der Bekehrung, der Neuorientierung, des Wiederaufrichtens zu tun. Aber mancher, dem solche Alltagskontakte fehlen - ob Priester oder nicht -, hält sich im Handumdrehen für einen Retter und seinen Entwurf für den Stein der Weisen und stürzt kopfüber in eine Intoleranz, die nicht nur unfruchtbar macht, sondern der Kirche und den Mitchristen schadet.

Daß es Heilige gab, die Bischöfen und Päpsten ins Gewissen redeten, ist historisch. Diese Frauen und Männer standen dann in besonderer Weise unter dem Wirken des Gottesgeistes. Und wenn man ihre Lebensbeschreibungen nachliest, ahnt man, daß sie über ihre Mission nicht nur keine Genugtuung empfunden, sondern wie alttestamentliche Propheten unter dem Gottesauftrag gelitten haben, unter einem Auftrag, den sie in ihrem Gewissen und unter Beten prüften. Heute macht man so etwas auf die schnelle Tour: Da fängt jemand eine Idee auf - und schon beklagt er sich nach allen Seiten, weil sein Vorschlag nicht spontan gelobt wird; da registriert jemand eine Fehlleistung im Gesamtumlauf kirchlichen Tuns - und schon macht er lautstark den oder die Bischöfe verantwortlich.

"Deutsche Tagespost"

Umfunktioniert

Der Weltkirchenrat, eine früher sehr achtbare Organisation, hat in letzter Zeit praktisch aufgehört, die religiöse Stimme der evangelischen Kirchen in der Welt zu sein. Schrittweise wurde er in den letzten Jahren umfunktioniert und ist heute nichts anderes als eine politische Organisation. Das ist insbesondere der Fall, seitdem Herr Philip Potter zu seinem Generalsekretär gewählt wurde. Letzterer spricht in öffentlichen Erklärungen kaum mehr von Religion, rührt dafür aber desto eifriger die marxistische Werbetrommel.

Der Weltkirchenrat beschränkt sich nicht auf Propaganda. Er verwendet die Gelder der Gläubigen, um terroristische Organisationen in Afrika zu finanzieren. Heute ist es ein offenes Geheimnis, daß die sogenannten Befreiungsarmeen, deren Oberkommando sich in Lusaka befindet, vornehmlich von den Subventionen des Weltkirchenrates leben und mit diesen, anstatt Lebensmittel und Arzneien, meist Sprengstoffe und Waffen kaufen. Deutsche Tagespost

Wohin damit?

Die Krise des Gebets, die wir heute allgemein beklagen, hatte ihr Vorauskrise in der Demontage des Rosenkranzes. Den Kindern wurde er nicht mehr in die Hand gegeben; den Alten hätte man ihn am liebsten aus der Hand geschlagen. Der emanzipierte, der aufgeklärte, der mündige Katholik war ein Katholik ohne Rosenkranz.

Inzwischen beginnen sich einige die Augen zu reiben. Wir sind aktiv wie nie, wir Christen, nach Aktivitäten gerechnet sind wir Millionäre, aber in puncto Innerlichkeit sind die Kassen leer.

Leid, Schmerz, Tod - wohin damit? Frühere Generationen sind damit in den Rosenkranz gegangen und kamen an die richtige Adresse. Dahin, wo Trost ist, wo Zuflucht gewährt wird, wo der Mensch weinen darf und gleichzeitig weiß, daß die Tränen nicht verloren sind. Trauer und Freude, Verzweiflung und Zuversicht - dies alles ist durch die Jahrhunderte in den Rosenkranz hineingebetet worden. Verlorene Söhne und Töchter, Unglück in der Familie und Verwandtschaft, Untreue, Ungerechtigkeit, Verrat, Enttäuschung. Und Liebe natürlich.

... Im Rosenkranz ist uns die gleiche Aussicht geboten wie den Menschen früher. Die Aussicht, erhört zu werden, getröstet zu werden, gestärkt zu werden. Dafür bürgt Christus, auf den die Geheimnisse des Rosenkranzes hinführen. Die Kraft dieses Gebetes ist ungebrochen, seine Aktualität um nichts gemindert. Das Zeichen

Modesüchtig

In bezug auf verschiedene Punkte des Ordenslebens ist mancherorts eine fast schrankenlose Willkür eingerissen. Wurde zum Beispiel das Ordenskleid reformiert, so gingen manche Ordensmitglieder dazu über, sich ganz nach ihrem

Belieben zu kleiden oder überhaupt das Ordenskleid abzulegen. Wurde die Klausur gelockert, so bedeutete das für manche schrankenlose Freiheit des Ausgangs und so fort. - So kam es zu Verhaltensweisen der Ordensleute in Männer- und Frauenklöstern, die das Ordensleben der Lächerlichkeit preisgeben. Ein Beispiel: Eine Frauenkongregation hat das Ordenskleid geändert und den modernen hygienischen Bedürfnissen angepaßt. Aber einzelne Nonnen gehen dazu über, nach Belieben weitere Änderungen durchzuführen. Die Schleier werden immer kürzer und manche legen sie überhaupt ab, ebenso werden die Röcke kürzer, anstatt dunkler Strümpfe werden helle getragen, die Schuhe müssen dann auch nach neuester Mode sein; schließlich wechselt man auch die Farbe und den Schnitt des Kleides beliebig, nicht nur um der Arbeit willen, sondern weil es so nach eigenem Geschmack ist. Man begegnet dann bisweilen auf der Straße solchen Nonnen, die an Eleganz und modischer Wahl der Kleidung und auch des Gehabens wenig einer Weltdame nachstehen. Da diese Art sich zu kleiden eine Vielzahl der Kleidungsstücke und einen oftmaligen Wechsel notwendig macht, fragt sich der Laie, wie dies mit der Armut zu vereinbaren ist. Bei Männern ist es im übrigen nicht viel besser. Wenn eine größere Anpassung auch in der Entwicklung der Gesellschaft liegt und berechtigt ist, so fragt man sich doch, ob es notwendig ist, daß jeder nach eigenem Geschmack und Belieben sich kleidet und bei verschiedenen Anlässen in völlig unpassendem Aufzug erscheint. Man kann vielfach lächelnd feststellen, daß Ordensmänner und Ordensfrauen richtig modesüchtig werden. Ob passend oder unpassend, müssen es die grellsten Farben der Pullover, Hemden und Jäckchen sein, und bei Frauen darf wohl der Schmuck nicht ganz fehlen. Und leider fehlt es oft auch an Geschmack, bei den Krawatten der Priester ist dies besonders deutlich zu sehen.   Die Furche

Inflation der Wörter

Die nachkonziliare Reform des katholischen Gottesdienstes hat fast explosionsartig zu einer Inflation der Wörter geführt. Ob damit dem Wort wirklich gedient ist, wird jetzt zunehmend in Frage gestellt... Jedenfalls ist gegenwärtig eine rückläufige Bewegung erkennbar. Umfrageergebnisse zeigen das wachsende Verlangen nach mehr Stille im Gottesdienst, auch nach mehr Feierlichkeit und nach Wiederbelebung der klassischen musikalischen Gestaltung bis hin zur Gregorianik.

Die Stimmen mehren sich, die auf die negativen Erfahrungen der Protestanten hinweisen und davor warnen, noch mehr des alten liturgischen Gutes zu verschleudern. Wer ins Gotteshaus kommt, um gesammelt vor Gott zu treten, möchte nicht mit andauernden Ermahnungen und Erklärungen bedacht werden. Auf die freie Begrüßung, die das liturgische Schema meiden will, verzichtet er gern, zumal, wenn die oberflächlichen freien Formen auf die Dauer erst recht stereotyp und schematisch wirken. Wenn in der Einführung schon eine regelrechte geistliche Ansprache gehalten wird, mindert das die Kraft und Bereitschaft, auch noch eine ausführliche Predigt zu hören. Wenn selbst die Fürbitten dazu benutzt werden, statt bloßer Gebetsanstöße gängelnde Predigtgedanken an den Mann zu bringen, noch dazu mit Fremdworten und Klischeeformulierungen, dann ist es kein Wunder, daß das Aufbegehren allmählich wächst und mancher geneigt ist, eine altmodische lateinische Messe vorzuziehen, und sei es nur um der Stille des Kanons willen.

Dabei stellt eine trotzige Rückwärtsentwicklung keine wirkliche Lösung dar. Der erreichte Stand der liturgischen Entwicklung bietet durchaus Möglichkeiten der helfenden Korrektur. Der ökumenische Erfahrungsaustausch und das gemeinsame Suchen nach besseren Formen wären auf diesem Gebiet besonders angebracht. Der Dialog der Christen hat seinen Wurzelgrund im gemeinsamen Hören, Beten und Feiern. Das ewige Wort, das im Mittelpunkt des christlichen Gottesdienstes steht, ist nicht zu Wörtern geworden, sondern ist "Fleisch geworden". Zwar können auch Wörter dem Wort dienen. Aber nur mit Wörtern ist es nicht getan. Die Menschwerdung des Wortes zielt auf das Menschliche, das tiefer reicht und mehr umfaßt. Die Stille im Gottesdienst erfüllt dabei eine wichtige Funktion, die nicht durch eine pausenlose Häufung von Texten verdrängt werden darf. "Musik und Stille - wie ich sie hasse!" heißt es in der "Dienstanweisung an einen Unterteufel" von Clive Staples Lewis. Ambrosius von Mailand sagt es so: "Der Teufel sucht Lärm - Christus die Stille." Es ist eine dringende Aufgabe für Christen aller Kirchen, heute einschneidende Maßnahmen gegen die Inflation der Wörter in den Gottesdiensten zu treffen.

Das Gebet ohne pädagogische Nebenabsichten, auch das Gebet ohne Worte ist neu zu entdecken. Dazu die kultische Musik und das Schweigen. Und all dies, damit in der Stille der Mensch vor Gott zu sich selbst kommen und das Wort vernehmen kann, das Heil bringt.   St.-Hedwigs-Blatt

Wir sprechen miteinander

Nur ein Zufall?

Wie manche wissen, hat die Europäische Ärzteaktion dem Botschafter der Niederlande in der Schweiz einen Brief an die holländische Königin überreicht, in dem die Schließung der holländischen Abtreibungsfabriken gefordert wird. Leider war die Antwort des holländischen sozialistischen Justizministers - ohne Anrede und ohne Gruß - ein dummes Bla-bla. Statt einer klaren Antwort und der Widerlegung unserer Feststellung, daß die Massenliquidationen ungeborener Kinder wesensgleich sind mit den Massenliquidationen an Geisteskranken im Dritten Reich, behauptete er, "der Abortus provocatus (= die absichtlich herbeigeführte Fehlgeburt, Red.) sei etwas völlig anderes und er weise den Vergleich auf das schärfste zurück". Wir meinen allerdings, daß man so im besten Falle mit kleinen Kindern "argumentieren" kann, nicht aber unter Menschen, die logisch denken gelernt haben. Aber diese Art "Argumentation" ist typisch für das schlechte Gewissen und die Unfähigkeit ideologisch vorprogrammierter Gehirne zu normalem Denken und Antworten.

Man mag es als Zufall ansehen, daß nach der Abtreibungsfreigabe in den USA die Watergatebombe Nixon vernichtete, nach dem "Bekenntnis" zur Fristenlösung im Bundestag Brandt stürzte, an dem Tag, an dem zuerst die Abtreibungsfrage im französischen Parlament beschlossen werden sollte, Pompidou überraschend starb, wo der Beschluß vertagt werden mußte, und nun nach der brüsken Ablehnung unserer Intervention Prinz Bernhard der Niederlande und das holländische Königshaus in die bisher schwerste Krise gerieten. Es sind zumindest merkwürdige Zufälle. Jedenfalls ist die Abtreibung eine wirkliche Drachensaat, und der "Ring der Nibelungen" bringt denen, die sich ihn an den Finger stecken, kein Glück. Die Frage ist dann nur, ob für Westeuropa und die freie Welt die Endkonsequenz nicht auch "das Ende der Nibelungen" bedeutet.

Dr. Siegfried Ernst, Ulm

Die trennende Schranke

Die katholische Lehre, daß vom Augenblick der Wandlung an Christus im eucharistischen Brot "wahrhaft, wirklich und wesentlich" gegenwärtig ist und bleibt, schrumpft bei Martin Luther auf die Aussage zusammen, nur auf Grund des Glaubens der Gemeindemitglieder sei der Herr "in, mit und unter dem unverwandelten Brot zugegen und nur im Augenblick des Empfanges". Das hieße doch, daß jeder durch einen Glaubensakt im entsprechenden Augenblick Christus in die Hostie "hineinkommandieren" könnte. Solches Brot hat aber der Völkerapostel bestimmt nicht gemeint, als er (1 Kor 11,27) schrieb: "Wer daher unwürdig dieses Brot ißt oder den Kelch des Herrn trinkt, der wird schuldig am Leibe und Blute des Herrn."

Hier ist die Verwandlung der Gaben vorausgesetzt, an die wir Katholiken glauben müssen, wenn wir Christus würdig empfangen wollen. Darum fährt Paulus fort: "Es prüfe ein jeder sich selbst... Denn wer unwürdig (nämlich: ungläubig oder mit anderer schwerer Schuld belastet) ißt und trinkt, der ißt und trinkt sich das Gericht." Diesen Glauben - der uns Katholiken nicht etwa bedrückt, sondern der uns froh und dankbar macht für die Gabe Gottes - muß die Kirche als die von Gott bestellte Verwalterin der göttlichen Geheimnisse auch denen abverlangen, die aus anderen Konfessionen an ihrer Eucharistiefeier teilzunehmen wünschen; andernfalls machte sie sich ja selbst nach den Worten des Apostels schuldig. Sie kann aber auch ihren eigenen Mitgliedern nicht gestatten, am evangelischen Abendmahl teilzunehmen, weil diese dadurch ihren Glauben verleugnen würden. Hier die konsekrierte Hostie, dort das unverwandelte Brot -

das sind Gegensätze, die eine Interkommunion verbieten, mag eine liberale Praxis auch noch so sehr darum bemüht sein. Dränger meinen zwar, aus Bruderliebe so handeln zu müssen, sie vergessen aber, daß die Liebe falsch ist, sobald sie mit Heuchelei verbunden ist und Gott übergangen wird, der den ersten Anspruch auf unsere Liebe hat.   Irma Gall, Regensburg

Glaubt ans Petrusamt

Bei einer ökumenischen Tagung in Deutschland mit einigen evangelischen Pfarrern und Theologieprofessoren aus Stuttgart, Erlangen, Tübingen und Berlin erhielten wir aufschlußreiche Informationen über die Lage der evangelischen Kirche in Mittel- und Norddeutschland. Ein Professor aus Tübingen schilderte den Zersetzungsprozeß, der mit Bultmann seinen Anfang genommen hat und heute in manchen Gebieten zur Auflösung des christlichen Glaubens führt. Das Amt hat keine Bedeutung mehr, die Linke hat alles in die Hand genommen. Zentren der Auflösung sind evangelische Akademien, das Jugendwerk, eigens geschulte Sozialpfarrer und Gemeindeleiter. Für diese gibt es keine Ordination mehr und das Evangelium hat nur noch innerweltliche Bedeutung.

Zuletzt erklärte der tiefgläubige Professor, er habe gar keine persönliche Beziehung zur katholischen Kirche, aber seitdem der Papst aller äußeren Macht entkleidet sei und ihn seine eigenen Leute mißachten, glaube er an die prophetische Sendung des Petrusamtes.   Kan. Franz Wesenauer, Salzburg

Man soll ihn erkennen

Das gläubige Volk wünscht sehr, daß sich die Priester, wenn sie Zivilkleidung tragen, wenigstens durch das Aufsteckkreuz als Priester zu erkennen geben. Ich frage jeden, den ich in Zivil und ohne Kreuz treffe, ohne Scheu nach dem Warum. Die Frage ist den meisten unangenehm, und die Antworten sind nicht stichhältig. "Man kennt mich doch und weiß, daß ich Priester bin." Im nächsten Ort auch? - "So kann ich seelsorglich im Gespräch besser wirken." Ja, vielleicht als Arbeiterpriester, gewöhnlich aber läßt man sich kaum mit jedermann in ein Gespräch ein, das "seelisch" fruchtbar wird. Vielleicht sucht gerade jemand einen Priester, bei dem er sich aussprechen wollte, er kann es aber nicht, wenn der Priester als Zivilist an ihm vorbeigeht. Müßte er nicht wenigstens ein Kreuz am Jackett tragen, und das mit ebenso großem Siegesbewußtsein, wie andere die Olympianadel tragen? Leonardo da Vinci sagt: "Kleinigkeiten sind Kleinigkeiten, also keine große Sache, aber jede große Sache besteht aus Kleinigkeiten." Der Priester soll sich auch äußerlich als solcher zu erkennen geben.

Martha Perwanger, Solbad Hall, im Namen mehrerer Leser

Himmlische Versicherung

Gläubige Christen vertrauen auf die göttliche Vorsehung. Wir haben aber auch mächtige Fürbitter am Throne Gottes. Ein solcher ist nach der Muttergottes der heilige Josef. Das haben wir bei unserem Kirchenbau in Neußerling erfahren. Neußerling ist acht Kilometer von der Pfarrkirche Grammastetten entfernt. Um den Kindern und den älteren Leuten den weiten Weg zu ersparen, entschloß sich Pfarrer Just, den Gottesdienst in der Schule zu feiern, das erstemal am Josefitag 1946. Da sich die Räume aber als zu klein erwiesen, entschloß man sich zum Kirchenbau. Obwohl dieser 1947 schon gut vorangeschritten war, stand noch nicht fest, wem sie geweiht werden sollte. Zwei Dutzend Männer sollten darüber entscheiden. Nach längerer Debatte sagte ich folgendes: "Männer, wir haben einen furchtbaren Krieg hinter uns, aber ich glaube, das Größte liegt noch vor uns. Für diese schreckliche Zeit könnten wir uns kaum einen besseren Schutz sichern, als wenn wir diese Kirche dem Unbefleckten Herzen Mariä weihen." Diese Worte erbrachten den einstimmigen Beschluß, daß die Kirche dem Unbefleckten Herzen Mariä geweiht wurde. Anschließend sagte ich: "Den Bau als solchen wollen wir unter den Schutz des heiligen Josef stellen."

Unser Vertrauen wurde reichlich belohnt. Da keine Handwerker zu bekommen waren, arbeitete der Polier mit Hilfsarbeitern. Nun wurde der Bau in Frage gestellt durch einen Beinbruch des Poliers. Dieser Bruch heilte so schnell, daß man allgemein darin ein Wunder sah und die Arbeit nicht einmal unterbrochen wurde. Als bereits die volle Höhe der Mauern erreicht war, stürzte ein Arbeiter herunter. Er hätte tot sein können, doch o Wunder, es gab nur eine Hautabschürfung. Als der Turm bereits die Höhe erreicht hatte, rutschten zwei schwere Eisenplatten ab und sausten in die Tiefe, ganz knapp neben einen Arbeiter, der auf der Stelle tot gewesen wäre, wenn sie ihn getroffen hätten. Ganz bestimmt verdankten wir diesen Schutz in allen drei Fällen dem heiligen Josef. Er war damals unsere beste Versicherung, denn kein einziger Arbeiter war versichert. Wir haben seinen Schutz als Patron der Handwerker erfahren.

Wir vertrauen besonders auf ihn, auch als Patron der Sterbenden. Seine Statue ziert unseren Hochaltar.

Heiliger Josef, bitte für uns!   Franz Fuchs, Neußerling

Früher und jetzt

Warum nur diese Unruhe in der Welt, auch im kleinen? Weil nicht mehr richtig und gemeinsam mit der Weltkirche gebetet wird. Man sucht in den anderen Kirchen nach jenen Schätzen, die man in der eigenen Kirche viel reichlicher hat, aber nicht achtet. Oder haben die deutschen Katholiken auf einmal einen protestantischen Herrgott bekommen? Landesbischof Dietzfelbinger hat am 9. Oktober 1969 im Bayrischen Rundfunk erklärt: "Der Ruf nach Heimkehr in das römische Vaterhaus lockt uns nicht." Warum sollen nur wir Katholiken protestantische Gebetes- und Gottesdienstformen übernehmen, während die Protestanten nach wie vor weder das kostbare Blut verehren noch die heiligen Wunden oder den Rosenkranz beten, obwohl das alles biblisch wohl begründet ist? Am klarsten hat es jene protestantische Dame ausgesprochen, die unlängst einem katholischen Kirchenmann sagte: "Früher habt ihr Katholiken geglaubt, wir Protestanten würden wieder einmal katholisch werden; jetzt aber werdet ihr Katholiken protestantisch gemacht."

Emma Zechel, Ansbach

Sind wir so würdig?

Was die Hand- und Stehkommunion betrifft, so muß man wohl sagen, daß man mit der Hand wie mit dem Mund sündigen kann. Warum aber den Umweg über die Hand wählen, wenn es auch den direkten, ehrfurchtsvolleren Weg - gleich in den Mund - gibt? Sind die Menschen heute, gerade heute bei der sinkenden Moral und der steigenden Ehrfurchtslosigkeit, schon so würdig geworden? Nicht nur vor Kaisern und Königen verneigt man sich, man kniet sich auch nieder, wenn der Priester den Segen erteilt. Ist dieser Segen mehr zu achten als der Leib Christi? Ich habe mir vorgenommen, daß ich, wo immer ich auch sein mag, die Kommunion stets kniend empfange. Ich gehe ja weder zu einem Stehbüfett noch zu einem Selbstbedienungsladen, sondern zum Tisch des Herrn.

Es ist noch gar nicht lange her, da durfte nicht einmal der Mesner den Kelch mit bloßen Händen berühren. War das falsch? Und wer hat die Handkommunion verlangt? Die Gläubigen sicher nicht.

Ing. Otto H. Mallat, Wien

Er macht es so

Die Verbreitung des "Neuen Groschenblattes" ist deshalb so wichtig, weil es den Glauben positiv, ohne Auslassungen und Verunsicherungen, verkündet, während uns heute im Bereich der Kirche überall das Fragezeichen entgegengrinst.

Drum, liebe Leser, schaut nicht untätig zu, helft, das "Groschenblatt" zu verbreiten! Ich mache es so:

100 Stück nimmt mir ein einschlägiger Kiosk zum Verkauf ab; 100 Stück nimmt eine Geschäftsfrau zur Verteilung an die Kunden; 50 Stück darf ich einem anderen Geschäftsinhaber bringen, gegen Bezahlung natürlich. In meinem Wohnbezirk habe ich jetzt bei 20 Abonnements und hoffe, sie noch verdoppeln zu können. Andere nehmen mir monatlich zehn Stück ab. Wieder andere beliefere ich gratis und denke dabei: Wenn sie sich einmal an das Blatt gewöhnt haben, werden sie es auch gegen Bezahlung nehmen. Wenn mich das auch ein bißchen was kostet, ist es auch nicht schlimm.

Wer will es künftig auch so machen? Um der Liebe Christi willen, natürlich!

J. Berghammer, Salzburg

Menschen aus Menschenhand?

Heute kennt man den Aufbau und die Lebensvorgänge des menschlichen Körpers bis in die feinsten Einzelheiten. Sollte es da den Biologen nicht gelingen, nach dem Vorbild der Natur nun auch selbst lebendige Organismen zu schaffen, da die Konservierung des benötigten "Materials" in Tiefkühltruhen ja gewährleistet ist? Ein amerikanischer Wissenschaftler stellte schon vor Jahren in Aussicht, daß dieser Wunschtraum in 20 bis 30 Jahren in Erfüllung ginge. Bis dahin hätte man auch die Lebensvorgänge im menschlichen Gehirn voll erforscht, so daß man an die Schaffung eines lebensfähigen menschlichen Körpers gehen könne.

Doch gerade hier liegt der Irrtum. Dieses Laborprodukt wird, wenn es je entstehen sollte, kein Mensch sein, sondern ein hochqualifizierter Affe! Die Forscher haben nämlich vergessen oder leugnen es als Materialisten, daß der Mensch nicht nur einen Leib, sondern auch eine unsterbliche Geistseele hat. Sie macht ihn überhaupt erst zum Menschen und erhebt ihn über jede andere Kreatur. Die Seele ist nicht eine Begleiterscheinung des Menschen, die sich einstellt, wenn das Leben im Labor zu pulsieren beginnt, sie ist vielmehr die Voraussetzung für das Werden eines Menschen - das Geschenk Gottes an den neuen Menschen im Augenblick seiner Zeugung im mütterlichen Schoß. Hier stehen wir an der Grenze menschlichen Könnens: Geist und Unsterblichkeit zu verleihen ist allein Sache Gottes!   Irma Gall, Regensburg

"Nützliche Idioten"

Das mutige Wort Solschenizyns im März-"Groschenblatt" bedarf der Ergänzung, damit die westliche Welt aufwacht, bevor es zu spät ist. Dazu bringen die "Spezialinformationen" des Ordens der "Ritter Unserer Lieben Frau" in Nr. 2/76 unter der Überschrift: "Der Westen liefert sowjetische Technologie" wichtige Einzelheiten, indem sie eine Mitteilung der "Internationalen Exclusiv-Informationen", Vaduz, Nr. 32/75, übernehmen:

"Prof. Antony Sutton von der Standford University weist in drei umfangreichen Bänden nach, daß die gesamte sowjetische Technologie aus dem Westen, speziell aus den USA stammt. Er legte seine Beweise dem US-House of International Trade Sub-Comitee vor. Ergebnis: Die Weltpresse schwieg sich total aus. - Handelsschiffe: Die Sowjetunion baute nur 20 Prozent eigene Schiffsdieselmaschinen und das noch nach westlichen Lizenzen. 68 Prozent wurden importiert. - Computer: Eine eigene sowjetische Technologie existiert überhaupt nicht. In diesem Bereich hat der Westen wohl 100 Prozent Anlaufhilfe gewährt. - Kugellager: Die gesamte Kapazität ist westlichen Ursprungs, aus den USA, Schweden, Deutschland, Italien. - Lkw: Ford erbaute das Gorki-Werk. Die ZIL-Werke wurden von den USA ausgerüstet, zuletzt 1970, mitten im vietnamesischen Krieg. Das Kama-Lkw-Werk bauten USA-Firmen während der Nixon-Regierung. Lkw sind ebenso nützlich für die Industrie wie für das Militär. Die bundesdeutschen KHD liefern jetzt Tausende großer Lkw."

Hier könnte man seitenlang aufzählen, was in den letzten Jahren von der deutschen Regierung an die UdSSR und an Ostdeutschland geliefert wurde. Das

Ergebnis darf man nicht in der Zeitung lesen wollen, da muß man schon zu Privat-Depeschen greifen.   Fridolin Huber, Kalkar

Verkehrt im Denken

Die Bewältigung des Trieblebens ist höchste Aufgabe christlicher Menchenbildung und zugleich das, was den Menschen in besonderer Hinsicht vom Tier unterscheidet. Wenn man bestimmte Reaktionen auf die römische Erklärung zur Sexualethik liest, findet man die alte Erfahrung bestätigt, daß Verkehrtheit in der Moral auch zu verkehrtem Denken führt. Das Gute wird als schlecht und das Schlechte als gut erklärt - oder, wie der Völkerapostel sagt: Weil sie es nicht der Mühe wert fanden, nach der wahren Erkenntnis Gottes zu streben, gab Gott sie verkehrtem Denken preis und ließ sie in die schlimmsten Laster fallen (vgl. Röm 1,24-32).

Die römische Erklärung, die nur die eindeutige, immer gültige christliche Lehre über die Sittlichkeit darlegt und so zeigt, wie sich der Mensch vor dem Absinken in den Sumpf der Leidenschaften bewahren kann, wird als "die Menschenwürde verletzend" als "menschenfeindlicher Aberglaube", als "Werk alter Herren, die hinter der Zeit herhinken", ja, als "Sexualverbrechen" bezeichnet. Fürwahr - "nehmt den Menschen zehn Jahre lang die Führung durch die christliche Heilslehre, und sie werden die Tiere anbeten." (Nach einem Wort des hl. Pfarrers von Ars.)

So ungern der genußsüchtige Mensch es hört - wer seinem Triebleben die Zügel schießen läßt, sinkt am Ende unter das Tier hinab. Sogar die Bolschewisten in Rußland und die Kommunisten in China haben sehr rasch erkannt, was aus einem Volke wird, dessen Moral zerfällt und entsprechende Maßnahmen ergriffen (Einstellung der "Sexualerziehung", Abschaffung der "freien Liebe", Erschwerung der Ehescheidung, Verbot der Pornographie). Unsere "gebildeten" Mitteleuropäer dagegen haben offenbar die Fähigkeit verloren, aus der Geschichte zu lernen oder gar vom Gegner richtige Erkenntnisse anzunehmen.   Johannes Wild SJ, Pullach

Wie ein Thomas Morus

K. A. klagt, daß wir kritisieren. Was sie so nennt, ist nicht ein Kritisieren, sondern ein Verteidigen unseres Glaubens und der wahren katholischen Kirche. Wir schwimmen nicht mit, sondern gegen den Strom. Nur tote Fische schwimmen mit dem Strom. Das ist so bequem und kostet keine Anstrengung. Wir kämpfen, wie ein Thomas Morus und ein John Fischer gekämpft haben. Wir machen es nicht wie jene, die Papst Paul VI. zwar im Munde führen, ihm aber den Gehorsam verweigern und das Gegenteil von dem tun, was er sagt. Die große Masse derer, die sich Christen nennen, ist erschreckend unwissend und viel zu bequem und zu träge, nach der Wahrheit zu fragen. So fallen sie blindlings den falschen Neuerern zum Opfer. Christus aber hat gesagt: "Ich bin nicht gekommen, den Frieden zu bringen, sondern das Schwert." Und unser Heiliger Vater hat am 11. Oktober 1972 erklärt: "Ihr müßt euren Glauben so leben und eure Religion so praktizieren, wie man es euch gelehrt hat, und in der Weise, in der ihr aufgezogen worden seid. Hört, nicht auf die Verwirrung!" W. M., Bludenz

"Maria - Mutter hilf!"

Das April-"Groschenblatt" über die voreheliche Keuschheit war wieder sehr, sehr gut, nur haben Sie auf die "Zauberformel" vergessen, die immer hilft, zumindest mir immer geholfen hat - auch wenn das Blut bis hinter die Ohren rauschte: ein gläubig im stillen gerufenes "Maria!" oder "Maria hilf!" oder "Maria, du unbefleckt Empfangene, hilf mir!" Oft hat allein schon der Gedanke an Maria geholfen. Wie arm ist die Jugend, die von allen Seiten versucht ist, und die in ihrer Not nicht zu Maria, der sündelosen Jungfrau und Mutter, schreit!

Franziska Blau, Klosterneuburg

Weder Kanonen noch Bomber

"Betet, betet viel! Betet täglich den Rosenkranz!" hat Maria in Fatima gefordert. Und in Kerizinen sagt sie: "Die Zeiten sind ernst. Die Völker und Regierungen haben sich gegen Gott und das Christentum verschworen. die Welt ist in großer Gefahr, so sehr ist sie von der Sünde überflutet. Aber im Laufe der letzten Jahrhunderte ist sie wiederholt durch den Rosenkranz gerettet worden. Und heute werden es weder die Kanonen noch die Bomber sein, die den Kriegen und Drangsalen ein Ende bereiten werden. Darum, liebe Kinder der Erde, vereinigt euch von neuem von einem Ende der Welt bis zum anderen mit dieser mächtigen Waffe, die der Rosenkranz ist."

Abrüstungsgespräche und Friedensinitiativen sind gut und notwendig, sie werden aber ohne Erfolg bleiben, wenn die Menschen ihre Gesinnung nicht ändern. Gesinnungsänderung aber ist Gnade, und diese muß erbeten werden. Warum nur wollen die Menschen nicht beten? Warum weigern sie sich, das zu tun, was Maria von ihnen so nachdrücklich verlangt?

Es ist spät, aber noch nicht zu spät. Es ist nie zu spät, zu beten zu beginnen und sein Leben zu ändern. Mit dem Rosenkranz in der Hand können wir nicht nur das Schlimmste an äußeren Katastrophen abhalten, wir können, was weit wichtiger ist, uns und andere vor dem ewigen Verderben bewahren. F. Wicki, Zürich

Sie helfen uns

Es drängt mich, einmal zu erzählen wie oft mir die heiligen Engel schon geholfen haben, insbesondere im Verein mit Maria, der Königin der Engel. So wie es leider heute bei manchen Christen modern ist, den Teufel zu leugnen. was sein Wirken sicherlich nur noch erleichtert, so beten auch manche Christen viel zu wenig zu den heiligen Engeln. Und doch sind sie große und überaus verläßliche Helfer in allen Nöten des Leibes und der Seele.

Aus weltanschaulich-religiösen Gründen hatte ich mit einem Vorgesetzten eine große Auseinandersetzung, weil ich mich gegen seine unmoralischen Einmischungen und Ansichten wehrte. Sein Haß trat offen zutage; es schien für mich beruflich ganz schiefzugehen. Fast ein Jahr gingen wir uns aus dem Wege, gleichzeitig aber betete ich täglich zu seinem Schutzengel, zu Maria, der Königin der Engel und Hilfe der Christen, und bat für ihn um Einsicht und Sinnesänderung. Und siehe da, mein Gebet fand Erhörung; der einst so feindlich gesinnte Vorgesetzte war es, der mir beruflich weiterhalf und sich fortan sehr freundlich zeigte.

Wenn ich bei jemandem eine persönliche Abneigung spüre oder sich sonstwie Schwierigkeiten zeigen, insbesondere auch bei Kindern und Jugendlichen, so rufe ich ihre heiligen Engel an und es gibt dann immer eine befriedigende Lösung. Der offensichtliche dämonische Einfluß, dem manche Menschen unterliegen und die dadurch ihrer Umgebung zur Last, ja zum Anstoß werden, kann durch die Hilfe Mariens und der heiligen Engel gebändigt, ja überwunden werden. Vergessen wir das nicht und beten wir mehr zu den heiligen Engeln. B. G., Linz

Werbung für Entheiligung

In der Fernsehsendung "Lebendige Liturgie" hieß es unlängst, der Priester soll die Gläubigen "echt" begrüßen. Ich frage: etwa mit "Wünsch' guten Tag?" Und die Gläubigen sollen sich in der Kirche "natürlich" benehmen, sich ein wenig unterhalten! Nach der Predigt sollen sie mit dem Zelebranten diskutieren. Statt der Hostien sollen Brotstücke verteilt oder noch besser auf einer Tasse zum Aussuchen angeboten werden. Das war eine Werbesendung für die Entweihung des Gotteshauses und des Gottesdienstes! Das Konzil hat aber immer wieder betont: "Das Heilige ist mit Ehrfurcht zu vollziehen." Anton Hopfer, Graz

Sühne für Dr. Mynarek

Die Schmach, die Professor Mynarek unserem Heiligen Vater Paul VI. und der ganzen katholischen Kirche angetan hat, soll nicht unbeantwortet bleiben. Wir wollen nicht Richter spielen, das steht uns nicht zu. Wir können nur zutiefst bedauern, daß ein Priester, der so tief gesunken ist, seine verkrampften Sexprobleme im Haß gegen Papst und Kirche abreagieren will. Sein angekündigtes Buch wird sicher viel Höllengestank aufwirbeln, dem unglücklichen Autor auch viel Judasgeld einbringen, den Felsen Petri wird es aber nicht erschüttern können. Eher ist zu fürchten, daß der ehemalige Theologieprofessor, wie so mancher unglückliche Vorgänger, am Felsen Petri zerschellen wird, wenn er nicht zur Einsicht kommt.

Wir haben für den Irregegangenen wie für alle gestrandeten Priester am Fest der Unbefleckten Empfängnis in der Dominikanerkirche vor dem Allerheiligsten Sühne geleistet und um die Gnade der Umkehr gebetet. Möchten recht viele Gläubige auf die der Kirche angetane Schmach betend und sühnend antworten! Hermine Nowak, Wien

Nur nicht auffallen

In den neuen Seelsorgezentren gibt es keine Kirche im herkömmlichen Sinne mehr. Der für den Gottesdienst bestimmte Versammlungssaal wird auch für weltliche Zwecke in Anspruch genommen und erscheint auf diese Weise gut ausgenützt. Da nur Sessel vorhanden sind, gibt es auch bei Eucharistiefeiern kein Knien mehr. Dafür enthält die anschließende Sakramentskapelle Kniebänke, die selten benützt werden, da anscheinend ein Verlangen nach privater Andacht kaum noch vorhanden ist. Kein Kreuz und kein Glockenträger lassen diesen Kultbau von außen als solchen erkennen, so daß ein Ortsunkundiger sich erst durchfragen muß, um ihn zu finden. Keine Glocke ruft mehr zum Gottesdienst oder zum täglichen Gebet. Wird die nächste Entwicklung in Anlehnung an die Katakomben die Kellerkirche bringen, um in der Öffentlichkeit überhaupt nicht aufzufallen?

A. H., Graz

Es festigt den Glauben

Wenn ich heute still Rückschau halte über die "Groschenblatt"-Ausgaben des vergangenen Jahres, so drängt es mich, für die kleine Monatsschrift von Herzen zu danken. Werden doch die Leser im Glauben gefestigt. Das ist so dringend nötig, weil (wie mir scheint) die Zeit gekommen ist, da man die gesunde Lehre nicht mehr verträgt, sondern sich Lehrer zum Ohrenkitzel nimmt.

Man spürt aus jedem Blatt, wie sehr den Verantwortlichen die Glaubens-, die Heils- und Seelsorge am Herzen liegt. Ich freue mich auch im kommenden Jahr auf die kleine Monatsschrift unseres katholischen Glaubens, grüße Herausgeber und Schreiber herzlich und bete für sie. Karolina Uhl, Kempten

Die schlechteste Methode

Eine Einführung der "Fristenlösung", also des straffreien Schwangerschaftsabbruches in den ersten drei Monaten der Schwangerschaft, wäre nichts anderes als legalisierter Mord! Ganz verfehlt ist es, meiner Meinung nach, der Frau allein ohne jede Kontrolle die Entscheidung über Leben oder Tod ihres Kindes zu überlassen, da diese gerade in den ersten Schwangerschaftsmonaten zu einem objektiven Urteil bestimmt nicht fähig ist. Die Abtreibung ist die schlechteste Methode, um Konfliktsituationen zu lösen. Im Gegenteil: durch die körperlichen und seelischen Schädigungen, die die Frauen danach zu erwarten haben, schafft sie oft noch neue und größere Schwierigkeiten. Dr. Alfred Mikocki, Wien

Haben sie kein Gewissen?

Verehrte "Fristenlöser"!

1. Es ist und bleibt Mord, ein Kind im Mutterleib zu töten, auch in den ersten drei Monaten.

2. Wo wären Sie, wenn Ihre Mutter auch so gedacht oder gehandelt hätte, wie Sie denken oder handeln wollen?

3. Bedenken Sie: Wie viele intelligente Menschen, Staatsbürger und - wohlgemerkt - Steuer- und spätere Rentenzahler Ihrer unmenschlichen Idee zum Opfer fielen, wie viele Menschen Sie um ihr himmlisches Bürgerrecht bringen wollen! Haben Sie kein Gewissen?

4. Gott allein ist Herr über Leben und Tod - was maßen Sie sich die Rechte Gottes an?

5. Meine sterbende Mutter sagte: "Wie danke ich Gott und wie bin ich froh, daß ich euch alle aufs Kissen gelegt habe und nicht auf Gewissen."

Wir sind sechs von ihren acht Kindern, die noch leben und mit Gottes Hilfe zwei Kriege mit ihren furchtbaren Folgen glücklich überstanden haben.

Karoline Müller, Bregenz

Wer kann da dafür sein?

Professor Blechschmidt nennt einen Embryo am Ende des zweiten Schwangerschaftsmonates einen "vollfunktionsfähigen frühen Menschen", und die anerkannte amerikanische Wissenschaftlerin Geraldine Flanagan sagt von derselben Entwicklungsphase: "Im wesentlichen verändert der Körper nur noch seine Dimensionen und die Funktionstüchtigkeit seiner Organe, bis er mit 25 oder 27 Jahren ausgewachsen ist."

Am Ende des dritten Monats kann das Baby, wie vor allem die neuseeländische Fetologin Margaret Liley nachgewiesen hat, "mit den Beinen stoßen, die Füße drehen, die Zehen beugen und spreizen, eine Faust machen, den Daumen bewegen, das Handgelenk beugen, den Kopf drehen, schielen, die Stirn runzeln, den Mund öffnen und die Lippen fest zusammenpressen."

Kann da ein denkender Mensch für die "Fristenlösung" sein?

Prof. Johann Fritz, Wien

Nicht durch Ärzte!

Da es eine unwiderlegbare Erkenntnis der Biologie ist, daß die Existenz und die Entwicklung eines menschlichen Lebewesens im Augenblick der Befruchtung beginnt, habe ich die Abgeordneten zum Nationalrat in einem Offenen Brief ersucht, für den Fall, daß der vorliegende Gesetzentwurf mit der Fristenlösung trotz aller Bedenken angenommen werden sollte, "dafür zu sorgen, daß für die Durchführung des bevorstehenden Massenmordens nicht Ärzte, sondern eigens dafür ausgebildete Fachleute verwendet werden, denen man selbstverständlich keinen hippokratischen Eid abnehmen sollte. In den Zeiten der Todesstrafe hat es ja auch schon ähnliche 'Fachleute' gegeben, die man damals Scharfrichter oder Henkersknechte nannte.

Man könnte diesen Leuten ja den Titel 'Staatlich geprüfte und behördlich genehmigte Leibesfruchttöter' geben.

Auf diese Weise könnte wenigstens das ärztliche Berufsethos rein erhalten bleiben."

Univ. med. Dr. Alfred Moser, Wolfsbach